보건과 빈곤

세계보건 문제와 해결방안

보건과 빈곤: 세계보건 문제와 해결방안

발행일 / 2012년 8월 1일
지은이 / 기스 월레이븐
옮긴이 / 김춘배·김판석·남은우 외(빈곤문제국제개발연구원)
펴낸이 / 이재영
펴낸곳 / 도서출판 조명문화사
등록번호 / 제2-846(1989.7.13.)
서울특별시 성동구 성수1가1동 296번지 2F.
전화 02-498-3017, 070-4354-7417 / 팩스 02-498-3018
corewide@cmpress.co.kr / www.cmpress.co.kr

ISBN 978-89-7257-387-6
값: 20,000원

연세빈곤문제연구총서3

보건과 빈곤

세계보건 문제와 해결방안

HEALTH AND POVERTY

Global Health Problems and Solutions

기스 월레이븐_Gijs Walraven 저

김춘배·김판석·남은우 대표공역

도서출판 조명문화사 CMPress

역자: 연세대학교 빈곤문제국제개발연구원 가나다 순

김세형: 연세대학교 의료·복지연구소 의료·복지정책 및 통계센터 연구원 (kurukuru5@hanmail.net)

김영제: 연세대학교 빈곤문제국제개발연구원 전문연구원 (kyj9989@yonsei.ac.kr)

김재우: 연세대학교 의료·복지연구소 병원경영연구센터 연구원 (woo8809@naver.com)

김춘배: 연세대학교 원주의과대학 예방의학교실 교수
빈곤문제국제개발연구원 연구위원 (kimcb@yonsei.ac.kr)

김판석: 연세대학교 정경대학 사회과학부 글로벌행정학전공 교수
빈곤문제국제개발연구원장 (pankim@yonsei.ac.kr)

남은우: 연세대학교 보건과학대학 보건행정학과 교수
빈곤문제국제개발연구원 연구위원 (ewnam@yonsei.ac.kr)

신정우: 연세대학교 의료·복지연구소 의료·복지정책 및 통계센터 연구원 (shinje@hanmail.net)

안동원: 연세대학교 정경대학 사회과학부 글로벌행정학전공 교수
빈곤문제국제개발연구원 부원장 (dongwona@daum.net)

여지영: 연세대학교 의료·복지연구소 의료·복지정책 및 통계센터 연구원 (duwldud5@naver.com)

이규재: 연세대학교 원주의과대학 환경의생물학교실 교수
빈곤문제국제개발연구원 연구위원 (medbio@yonsei.ac.kr)

이현숙: 연세대학교 의료·복지연구소 병원경영연구센터 연구원 (llhhss1018@hanmail.net)

최정규: 국민건강보험공단 일산병원 연구소 연구원 (yolong-21@hanmail.net)

목 차

그림 목차

표 목차

Box 목차

역 자 서 문

오늘날 이 지구상에는 70억의 사람들이 살고 있다. UNDP (2009)나 National Geographics(2011)의 보고에 따르면, 놀랍게도 최저 빈곤선이라고 하는 하루 1.25달러(US $) 이하로 살아가는 인구비율이 대략 20% 이상으로 알려지고 있어 매우 심각한 지구적 문제가 아닐 수 없다. 세계화 속에서 21세기를 함께 더불어 호흡하는 우리에게 '가난', '궁핍', '빈곤'이란 용어뿐만이 아니라 '결핵', '나병' 등의 질병들이 여전히 산적해 있고, 에이즈와 말라리아 등 심각한 질병들이 가난한 자들을 더욱 힘들게 하고 있다.

우리는 1945년 해방 후 1950년대 초의 6·25전쟁 등으로 인하여 참으로 어려운 실정에 있다가 전쟁폐허가 된 이 땅을 일구어 한강의 기적을 만들었다. 실로 짧은 시간에 이루어낸 놀라운 기적이다. 이 과정에는 많은 성공변수들이 있을 것이다. 국가역량, 지도자의 역할, 교육과 보건의료제도, 경제산업 역량 등 많은 요인들을 검토할 수 있을 것이다.

그 가운데 개인적인 차원의 신화도 많을 것이다. 예를 들면 어려운 가정에서 태어나 성공한 사례가 많을 것이다. 일례로 어려서부터 넝마주의, 엿장수, 머슴살이 등으로 살아온 하사용씨는 "가난이 나의 적이었다. 하지만, 가난에 굴복하지 않고 가난과 싸워 승리하는 것이 나의 소원이었다"며 현재 충청북도 청원군에서 농사를 지으면서 근검절약으로 2006년 국민훈장 목련장을 받았다. 그는 "잘살기 경쟁을 시켰다는 것, 경쟁을 통해서 자조정신을 심어준 것, 그게 새마을운동을 성공시킨 거고, 내 스스로 나를 도와야 남도 나를 도와주는 것"이라며 새마을운동 전도사로서 가난 극복의 사례를 국내외에 전파하고 있다.

과거 뼈아픈 고통이었던 '빈곤'의 문제와 함께 깊숙이 연계되어 있는 각종 질병의 굴레를 해결하기 위한 한국의 경험을 학술적 그리고 융복합적 차원에서 풀어헤쳐 다른 가난한 국가들에게 전파하고자 2010년 첫 걸음을 띤 곳이 바로 연세대학교 빈곤문제국제개발연구원(Institute for Poverty Alleviation and International Development, IPAID)이다. 이 땅 위에 모든 가난한 자들에게 한강의 기적을 이룬 그 비밀, 아름다운 소식을 전하는 것을 아름다운 사명으로 삼고 있다. "모이면 시작이고, 모임의 관계가 지속되면 발전이며, 함께 일하면 성공이다"라는 자동차 왕 헨리 포드의 말을 되새기면서 세계 빈곤문제를 해결하기 위해 다양한 전략들을 가지고 노력하고 있다. 이 과정에서 여러 국제기관(WHO, UNDP, UN-ESCAP, World Bank, Asian Development Bank 등)과 협력하며 수많은 전문가들과의 호흡을 맞추어 나갈 것이다.

이에 IPAID는 그 일환으로 국제보건과 빈곤 관련하여 오랫동안 직접 현장에서의 체험과 해박한 지식을 바탕으로 저술한 기스 월레이븐_Gijs Walraven 박사의 『보건과 빈곤: 세계보건 문제와 해결방안』 책을 공동번역하기로 정하였다. 사실 2009년 이후 급격히 개발도상국에 대한 공적개발원조(ODA)의 관심과 규모가 늘어나고 있는 국내의 여건을 감안할 때 아직은 참고할만한 전문서적들이 많지 않은 것이 현실이다. 따라서 이 역서가 "빈곤과 국제보건"에 관심을 갖는 일반인뿐만 아니라 대학생, NGO 관계자, 한국국제협력단(KOICA), 한국국제보건의료재단(KOFIH)과 한국수출입은행 등의 관계 공무원 및 국제협력 전문가들에게도 귀중한 지침서로서 역할을 할 수 있기를 기대해본다.

연세대학교 대학원에서는 오래 전부터 국제보건에 관심을 갖고 "국제보건학" 강좌를 열어 왔으며, 그 과정의 하나로 2011년에 "국제보건과 빈곤" 강좌에 참여한 김세형, 김재우, 신정우, 여지영, 이현숙, 최정규 등이 공동번역 작업에 참여해주었다. 그리고 KOICA에서 20여년 이상 국제협력에 힘써 오다 IPAID 부원장으로 합류한 안동원교수님과 기생충 박멸 및 안전한 물공급에 다양한 경험을 바탕으로 네팔 티카풀지역으로 향후 3년 동안 파견을 간 이규재 교수님의 검토 의견에도 감사를 드립니다. 번역과정에서 전문적인 의학용어는 대한의사협회 의학용어위원회에서 정한 '의학용어 제5집(http://term.kma.org/)', 국제개발협력(ODA) 관련 용어는 '코이카 영문 홈페이지(http://www.koica.go.kr/)', 그리고 주요 인물용어는 '한국어 위키백과 홈페이지(http://ko.wikipedia.org/)' 또는 '네이버 홈페이지 사전(http://www.naver.com/)' 등을 활용하였다. 국제개발협력 관련 생소한 용어나 주요 인물은 독자의 이해를 돕기 위하여 (원저와 달리) 각주를 달아 부연 설명하였다. 이 책이 나오기까지 행정적 수고를 아끼지 않은 김영제 박사와 번역서의 편집, 국영문색인 작업에 적극 동참한 원주의과대학 예방의학교실 김준호 박사와 김동숙님에게도 고마울 따름이다. 또한 지리한 교정작업 과정에도 꿋꿋이 인내하시면서 격려를 하여 주신 도서출판 조명문화사 이재영 사장님과 이주헌 실장님에게도 감사의 뜻을 전해드린다.

2012년 8월

공동역자

서 문

동료이자 절친한 친구인 기스 월레이븐_Gijs Walraven 박사를 위해 이 서문을 쓰게 된 나는 매우 기쁘다. 『보건과 빈곤: 세계보건 문제와 해결방안』 책은 오늘날 전 세계 개발도상국의 가난한 사람들이 직면하고 있는 보건의료 이슈들에 대해 새롭고, 인간적으로 매우 친숙한 대안들을 제시하고 있다. 이런 주요 이슈들에 대한 직접 체험에 의해서 얻은 월레이븐 박사의 해박한 지식은 이 저술 작업을 위해 탄탄한 바탕이 되었다. 물론 이 책에 광범위하게 제안된 해결방안들은 이미 검증되었으며, 또한 실제적이며 효과적인 중재안들로서 확고히 자리매김하고 있다. 가난한 국가들에서 보건과 빈곤 사이의 복잡하고도 본질적인 연계에 대해 보다 쉽게 이해할 수 있도록, 그리고 '개발'의 일반적인 측면에서 통합적 사고에 도움을 줄 이 책에 단지 고마울 따름이다.

이 책은 전 세계 개발도상국의 빈곤한 개인과 가정, 지역사회에 파격적인 영향을 미치는 보건문제들을 밝혀내고 있다. 본문 4쪽에 있는 표 1.1은 고소득국가와 저소득국가간 기대수명, 모자보건지표 및 공중보건에 대한 재정 지출의 규모 차이를 극명하게 보여주고 있다. 『보건과 빈곤』은 또한 지금까지 공중보건 분야 개척자들의 노력들을 엿볼 수 있다. 즉, 이 책은 궁핍한 자에서 가장 흔하게 발생되는 보건문제들을 해결하고, 개별 국가의 지리학적 국경선에 국한하지 않고 대륙별로, 접경지역에 따라 접근할 수밖에 없는 빈곤과 질병의 문제들을 서술하는 등 신기원을 열고 있다. 끝으로, 보건재정, 가족계획과 '롤백말라리아(Roll Back Malaria)[1)]'와 같이 (OECD 국가의) 정부와 국제기구 등에 의해 원조되는 주요 이슈별 대처방안이 빈곤과 불건강의 순환 고리를 깨는 데 기여할 수 있으리라 확신한다.

이 책은 빈곤과 질병에 대한 대표 저술로서 받아들일 수 있는데, 그 이슈는 20년 이상 여러 개발도상국들에서 가난하고도 병든 사람들을 위해 전적으로 헌신해 오던 한 전문가의 시각으로 저술되었기 때문이다. 본문 내 특정 인물 중심의 개별 사례는 어느 지역사회나 국가에서도 실제적으로 흔하게 발생할 수 있는데, 저자가 가난과의 연관성을 알기 쉽게 설명하고 있어 매우 사려 깊고 실용적이다. 많은 공중보건전문가들은 지역사회 내의 보건문제들을 진단하고, 건강 수준을 증진시키기 위해 지역별로 보건사업의 우선순위를 설정하고, 각 개인과 가정을 위해 질병과 사망의 중요성을 설명하는 데만 익숙해져있다. 하지만, 기스 윌레이븐 박사는 거기에 만족하지 않고 한발 더 나아가 고통 받는 사람들을 위해서 자신의 경험을 저술하는 데 집중하였다. 그는 궁핍한 자에게 실제적인 영향을 끼치고자 문제점들을 밝힌 후 공중보건학과 지역 개발을 연계하고 이를 탐구하려는 자들을 우선 염두에 두었다. 따라서 이 책은 개인적 헌신의 근원이 무엇인지 다시 회상시킬 것이고, 목표 달성이 어느 정도 진척될 수 있는지를 확실하게 알려줄 것이다. 세계보건 전공자들이나 실천

---

1) 롤백 말라리아 파트너십(The Roll Back Malaria Partnership, RBM)은 말라리아에 대응하고자 국제협력을 주 활동내역으로 창립된 국제기구(http://www.rollbackmalaria.org/)이다. 유행국가들에서의 말라리아를 박멸하고자 말라리아 조절, 균형적인 협력 및 자원 동원 등의 핵심 역할을 강조하고 있다. 이 기구는 말라리아에 대한 전 세계적 협력 대응을 제공하려는 노력의 일환으로 WHO, UNICEF, UNDP 및 세계은행 간의 파트너로서 초기 데이빗 나바로_David Nabarro 박사의 리더십 하에 그로 할렘 브런트랜드_Gro Harlem Brundtland 박사에 의해 1998년에 설립되었다. 2006년에 RBM 파트너십은 국제 말라리아 조절을 위해 대두되는 도전에 보다 효과적으로 대응하고자 역량 강화 차원에서 재 조직화되었고, 2009년에는 유행국들을 포함한 8개 회원(선거)권역, 양자간 또는 다자간 개발 파트너, 민간영역, 비정부조직과 지역사회-기반 단체, 재단, 연구기관 및 학술단체 등의 수많은 기관들과 연합하게 되었다. 이는 제2장에 별도의 장으로 상세히 소개되어 있다.

적 개발전문가들은 또한 각 장의 말미에 서술한 '더 읽을거리를 위한 자료와 제안'뿐만 아니라 이 책의 끝에 덧붙인 용어사전편을 유용하게 활용할 수 있기를 바란다.

실용적 측면에서 판단해 볼 때 이 책은 빈곤-질병 패러다임에 대해 확실한 해결책들을 제안하고 있다. 월레이븐 박사는 전 세계의 개발도상국에서 부적절하고 불공평하게 제공되어 온 다양한 보건의료사업들이 '경제적으로, 윤리적으로, 사회적으로, 그리고 정치적으로 수용할 수 없다'고 비판하였다. 그는 이런 문제들의 해결방안과 적절한 재정(계획)이 국가별로 수립되어야 하며, 모든 단계에서 보건의료체계를 강화하도록 그 방향이 맞추어져야 한다고 확고하게 주장하고 있다.

나는 연구, 경험과 확신에 근거하여 쓰인 이 책이 유용하고 종합적인 정보를 제공하기에 세계보건에 관심 있는 모든 이들에 의해 읽혀지고 열띤 토론에 기여할 수 있기를 바란다.

자흐라 아가 칸_Zahra Aga Khan[2)]

---

2) 스위스 제네바에서 1970년 9월 18일에 태어난 자흐라 아가 칸공주는 아가 칸 IV의 장녀이다. 그녀는 르로제학교(Institut Le Rosey)와 하바드대학교에서 수학하였으며, 개발학(Development Studies)으로 1994년에 학위를 취득하였다. 졸업 후 프랑스 에글몽(Aiglemont) 단지에 있는 아가 칸 전하(His Highness the Aga Khan)의 사무국에서 일하였다. 사회복지부의 책임자이며, 또한 아가 칸개발네트워크(Aga Khan Development Network, AKDN)에서 교육(Aga Khan Education Services), 보건(Aga Khan Health Services)과 기획수립(Aga Khan Planning and Building Services) 등의 서비스를 제공하는 특별사회개발팀의 책임자이다.

알리는 글

이 책을 발간하는 목적은 세계보건 이슈들에 대한 일반 대중의 관심을 촉구하는 데 있다. 환자와 지역주민의 생생한 이야기들, (보건)문제의 역사적 배경과 핵심적 내용, 가난한 자들을 위하여 그리고 빈곤 국가들에서 지금도 여전히 왜 문제가 되고 있는지에 대한 이유, 또한 이를 해결하기 위해 실행할 수 있는 각종 정책 등이 이 책에서는 전장에 걸쳐 일정한 구성 체계를 유지하면서 서술되고 있기 때문에 독자들을 사로잡고 널리 활용될 수 있기를 희망한다. 어떤 이야기들은 내가 탄자니아에 있는 한 농촌지역 섬베병원(Sumve Hospital)에서 젊은 시절 열대의학 의사로 일할 때 즉, 15~20년 전에 쓰였다. 또 다른 '짤막한 사례들'은 감비아의 파라페니지역에서 임상역학자로 근무하면서 지낼 때 현장 경험을 바탕으로 만들어졌으며, 가장 최근의 사례들은 중앙아시아와 남아시아에 있는 지역사회와 보건기관들을 방문하는 동안 만난 사람들로부터 수집되어 작성되었다. 나는 내가 일하던 시기 동안에 알게 된 그리고 이 책을 쓰도록 내게 영감을 불러일으킨 환자, 지역사회 보건지도자, 선임 보건의료제공자, 연구자와 관리자 등 이런 모든 사람들이 이 세상에 알려지기를 간절히 원한다.

나는 이 책에 사례를 소개하도록 허락한 환자, 그리고 그 보호자나 친척에게 매우 고맙게 생각한다. 가능한 한 대부분 익명성을 보장하도록 이름과 특정 상황의 상세한 내용들은 변경하였으나, 내가 기술하고자 하던 것과 그들과 직접 만나면서 느꼈던 개개인의 품성과 특성은 사실대로 담아내고자 노력하였다.

내게 커다란 도움을 준 옛 그리고 새로운 동료와 친구들에게 감사한다. 로버트 비이글홀_Robert Beaglehole, 윌 돌만스_Wil Dolmans, 기어트 톰 헤이켄스_Geert Tom Heikens, 알란 힐_Allan Hill, 아비드 후세인_Abid Hussain, 술라이만 라드하니_Sulaiman Ladhani, 케이트 맥아담_Keith McAdam, 아시프 머챤트_Asif Merchant, 데이빗 몰리뉴스_David Molyneux, 나무딘 남_Najmuddin Najm, 고릭 움스_Gorik Ooms, 케어린 론스만스_Carine Ronsmans_와 렌가스와미 산카란나랸난_Rengaswamy Sankaranarayanan은 이 책의 각 장별로 도움이 될 만한 코멘트를 해 주었다. 이 책 전체 또는 각 장별 초고를 읽고 자문을 준 헨리 반 아스텐_Henri van Asten, 제니퍼 브럼_Jennifer Blum, 나즈닌 칸지_Nazneen Kanji, 데이빗 무어_David Moore, 앤거스 니콜_Angus Nicoll, 조스 반 루스말렌_Jos van Roosmalen, 마아텐 쉼 반 더 로에프_Maarten Schim van der Loeff와 존 토마로_John Tomaro에게도 감사를 드린다. 내가 썼던 제1장의 초고를 건네 받아든 순간에 바로 아낌없는 성원과 피드백을 바로 해 준 로자린드 콜만_Rosalind Coleman과 지오프레이 타겟_Geoffrey Targett에게 특히나 감사하게 생각한다. 더러 이 책에 많은 흠들이 있을지라도, 그것은 내 책임임을 밝힌다.

이 책은 전 세계의 모든 사람들로부터 수집, 분석한 각종 정보를 함께 제공해준다. 통계자료들은 특히 UN 관련 각 기관의 사무소들과 세계은행의 광범위한 자료원으로부터 인용되었다. 또한 나는 독자들이 찾아보기 쉽게 기꺼이 여러 통계자료들을 활용하여 세계지도를 제작, 지원한 올리비어 비어할터_Olivier Beerhalter를 이 책에서 소개하기 원한다.

끝으로, 나는 책의 출판을 흔쾌히 허락하고 탈고하는 동안 내내 도와준 Earthscan 출판사의 팀_Tim 사장과 그 직원들에게도 감사한다.

2010년 4월

기스 월레이븐_Gijs Walraven

제 1 장

가난한 자는 얼굴도 없고, 목소리도 가지고 있지 않다

세계 인구의 절반이나 다른 사람들이 어떻게 살아가는지 모른다는 것은 진부한 이야기일 수 있다. 어떤 상처가 치유될 수 있을지를 감히 누가 말할 수 있는가? 이 지구상에 살아가는 50% 세계 시민이 그 상처가 어떻게 해결되었는지를 이해를 하고, 또 그로 인해 타인(他人)에게 고맙다는 생각을 할지 상상이나 할 수 있을까?

마하트마 간디_Mahatma Ghandi, 1906

건강과 불형평(inequity)

건강과 빈곤은 불가분의 관계에 있으며, 각각이 서로에게 영향을 미친다는 사실은 의심할 여지가 없다. 그 때문에 건강을 증진시키는 자체가 홍보와 예방을 통해서든지 또는 치료를 통해서든지, 아니면 다른 방법을 통해서든지 빈곤을 줄일 수 있는 확실한 방법이 된다.

'하루에 1달러: 가난을 해결할 방안 찾기' 웹사이트, 2009
(www.library.thinkquest.org/05aug/00282/over_causes.htm.)

시간이 흘러감에 따라 불건강에 대한 위험요인들이 변하고 있지만, 국내외적으로 이들은 사회적 지위가 낮은 집단에 더 불균형하게 몰려 있다. 더 잘 살고, 교육을 더 받고, 부유할 뿐만 아니라 더 권력이 있는 사람들이 못사는 사람들보다 건강을 유지하고 향상시킬 수 있는 더 많은 잠재력을 가지고 있다. 이러한 경향은 같은 나이에서도 흔히 관찰된다.

19세기 이전까지 영아, 어린이와 모성의 사망은 세계적으로 당연한 일이었다. 오늘날의 기준에 따르면, 좋지 않은 영양 상태는 대부분 사람들의 성장을 방해하였다. 천연두, 홍역, 결핵과 같은 감염병은 지역사회 전체를 죽음으로 몰아갔으며, 많은 사람들에게 상처와 장애를 남겼다. 그러므로 세계적으로 기대수명(life expectancy)[3)]이 낮았다. 오늘날의 딱 절반에 해당하였던 영국 여성의 기대수명은 1600년과 1840년 기간에 세계에서 가장 높았고, 35년에서 45년 주기로 매우 급격히 변동하였다. 19세기 중반 이래로 전체적인 동향은 급격하게 변하였다. 의료기관은 수많은 감염병들을 관리하였을 뿐만 아니라 마침내 천연두를 근절시켰다. 영양과 전체적인 보건 및 주거 상태의 개선은 사망률을 낮추었고, 특히 영아사망률을 감소시켰다. 기대수명도 눈에 띄게 증가하였다. 1840년 이후로, 전 세계의 기대수명이 늘어나는 추세는 놀라운 수준이었다. 또한 160년 동안 10년 대비 기대수명이 지속적이고 균일하게 2.5년씩 증가하였다. 1900년에 가장 높은 기대수명은 60세를 겨우 초과하였으나, 2010년 현재에는 80세를 넘었다. 그러나 건강과 기대수명의 결과는 세계적으로 균일하지 않았다.

1960년과 2007년 사이에, 전 세계 출생아의 기대수명이 고소득

---

3) '출생 시 기대여명'에 해당하며, '평균수명'으로 대신 사용하기도 하여 '년' 또는 '세'로 설명이 모두 가능하다.

국가에서는 69세에서 79세로, 중국에서는 36세에서 73세로, 라틴아메리카와 카리브 해에서는 56세에서 72세로, 남아시아에서는 44세에서 64세로 각각 증가하였다. 그러나 사하라 이남 아프리카지역에서는 평균수명이 겨우 40세에서 46세로 늘어나 부유국보다 30세 이상이나 적었다. 그동안 잘 알려지지 않았던 사실 중에 하나는 한 국가 혹은 대륙 안에서도 큰 차이가 있다는 것이다. 오늘날 사하라 이남 아프리카지역 안에서도, 시에라리온에서 태어난 아이들은 42세의 기대수명을 갖는 반면, 모리셔스에서는 73세의 기대수명을 갖는다. 남아시아의 아프가니스탄에서는 44세였지만, 스리랑카에서는 72세였다. 스와질란드, 앙골라, 잠비아의 기대수명은 갓 40세를 넘었지만, 일본, 호주, 캐나다, 프랑스, 스웨덴과 스위스 등 국가의 기대수명은 80세를 넘었다. 에티오피아와 아프가니스탄에서 태어난 아이들이 5세 이전에 죽을 확률은 20%를 차지하지만, 남아메리카와 서유럽에서 태어난 아이들의 사망은 1% 미만이다. 부유국 여성의 분만 시 사망 위험은 10만명당 10명이지만, 빈곤국의 평균은 10만명당 790명이었다(표 1.1 참조). 이러한 보건지표의 불균형은 건강불형평으로 정의될 수 있다: 보건 분야에서의 이러한 격차는 불필요하며, 불형평하고 부당하다.

한 사회 안의 다양한 집단의 운명을 살펴보기 위해 국가의 자료를 수준별로 세분해보면, 한 국가 내에서도 건강불형평성이 나타난다. 핀란드, 네덜란드, 영국과 미국 등의 부유한 국가에서조차도 상대적으로 가난한 사람들은 부자들보다 5~15세 정도 더 빨리 죽는다. 이는 부유국 안에서 부자와 빈자의 차이가 줄어들고 있다는 사실을 가정하더라도, 지난 몇 십 년 동안 이러한 집단 간의 건강 차이는 늘어나고 있다. 부유한 사람과 상대적으로 가난한 사람의 삶과 경험, 많이 교육받은 사람과 그렇지 않은 사람 그리고 다양한 인종과 민족

표 1.1 고소득국가와 저소득국가 간의 주요 보건과 경제 관련 지표 및 생정통계의 비교

비교 지표	고소득국가	저소득국가
인구 수	10억 6천 8백만명	9억 7천 2백만명
출생 시 기대여명(기대수명)	79세	59세
출산율 (여성 1인당 출생아수)	1.8명	4.0명
모성사망률 (10만명 출생아 대비)	10명	790명
전문 보건의료인력에 의한 출산 (전체에서 차지하는 %)	99	43
5세 미만 영유아사망률 (1,000명당)	7명	120명
예방접종률, 홍역 (12개월~23개월의 유아 대비 몇 %)	93	78
인체면역결핍바이러스의 전체 유병률(15~49세의 인구 대비 몇 %)	0.3	2.3
누적 GDP*	US$ 43조 1,890억	US$ 5,580억
1인당 GDP	US$ 40,439	US$ 584
1인당 공중보건비용	GDP의 6~8%/ US$ 2,426~3,235	GDP의 1~2%/ US$ 6~12

* 국내총생산(GDP = gross domestic product)으로서, 국가 내에서 가계, 기업, 정부 등 모든 경제 주체가 일정기간 동안 생산 활동에 참여하여 창출한 부가가치 또는 최종 생산물을 시장가격으로 평가한 합계를 말함.
출처: World Development Indicators database, 2009.4.

간의 격차는 인류, 도덕과 현대 부유한 사회가 갖고 있는 가치에 질문을 던지게 된다.

하지만 빈곤국 안에서 불형평성은 더욱 커진다. 많은 빈곤국들을 대상으로 한 연구에서 가장 가난한 20%의 인구(1분위)의 소아사망률과 영양 상태를 포함한 보건결과가 가장 부유한 20%의 인구(5분위)보다 훨씬 좋지 않은 것을 알 수 있다. 5세 미만 영유아 사망의 평균에서도 가장 가난한 20%의 인구와 가장 부유한 20%의 인구에

서 2배 이상 차이가 나고, 일부 국가에서는 5배까지도 차이가 난다. 이러한 격차는 모성영양에서도 비슷한데, 가장 가난한 20% 여성의 영양부족은 가장 부유한 20%의 여성과 거의 두 배 정도 차이가 벌어진다.

그렇기 때문에 가난한 사람은 건강이 더 좋지 않아서 보다 젊은 나이에 죽게 된다. 이렇듯 매우 가난한 사람에게 건강은 더욱 중요하고 경제성이 있는 자산이 된다. 그들의 생계가 건강상태에 달려있다. 궁핍한 사람이 아프거나 부상을 당하면, 가계 전체가 소득을 잃게 되고 높은 보건의료비용을 지불해야 하는 가난의 덫의 소용돌이에 빠지게 된다. 연속적으로 영향을 미치는 도미노 효과처럼 소득의 창출이나 교육보다 질병을 치료받기 위해 많은 시간을 쓰게 된다. 가족 내의 질병으로 인해, 가축과 생계를 위해 꼭 필요한 땅과 같은 자산도 매각하기도 한다. 가난한 사람들이 질병에 더 걸리기 쉽고 보건의료 및 사회보험에 접근하는 데 제한이 있다면, 이들은 덫의 소용돌이에 더욱 더 취약해질 것이다. 반면 건강한 상태는 역으로 성장에 기여한다. 아픈 사람들보다 건강한 사람들은 더 생산적이며, 더 높은 임금을 받고 결근을 적게 한다. 따라서 늘어난 노동생산성은 결국 투자를 위한 인센티브를 만든다.

건강한 아이들은 더 나은 인지 잠재능력을 가진다. 건강이 증진되면, 결석률과 조기 학교 중퇴율이 낮아져 아이들은 더 많이 배우게 되며, 이는 인적 자원의 성장으로 이어진다. 결국 건강증진과 교육의 향상은 출산율(fertility rate)의 저하와 사망률을 낮추는 데 기여할 수 있다. 특히 (초산연령의 증가에 따른) 출산 지연으로 출산율은 사망률보다 보통 빨리 떨어지며, 인구성장을 늦추어 '의존요인(노동자에게 의존하는 비율)' 즉, 부양률을 감소시킨다. 이러한 '인구보너스효과(demographic dividend)[4)]'는 가난한 국가에서 1인당 성장의 중요한 자원으로 역할을 한다; 또한 가난한 가정의 가계 수준에 있어서도 중요하다. 가난한 가정에는 자녀들이 너무 많아 이들의 교육과 건강에 덜 투자하는 경향이 있다. 그러므로 더 좋은 건강과 높은 교육 수준을 보이는 가구원 수는 감소한다. 이러한 아이들은 소아질환으로 인해 초래되는 인지적 그리고 신체적 나쁜 결과로부터 벗어나 더 교육받고 싶어 한다. 아이들은 남은 생애 기간 동안 불편함과 장애로부터 벗어나고 싶고 동시에 과부담 의료비를 원하지 않으며, 잠재 소득원을 만들고자 한다. 이렇게 자란 건강한 성인들은 자기 자녀들의 치료, 건강과 교육에 투자할 자원을 갖고 있다. 건강증진은 세대 사이에 퍼지는 영향력이 있다; 건강은 미시경제와 거시경제 모두 발전의 토대이다.

가난한 사람과 부자 간의 건강 격차는 왜 날까?

> 나에게 있어 한 마디로 상대적 부 때문에, 불형평성 비중은 매우 충격적이고 터무니없어 보인다. 즉, 다른 사람이 죽어갈 때 나는 살아가며, 다른 수 백만명이 질병과 죽음으로 고통을 당할 때 나는 건강한 상태를 유지하게 된다.
>
> 에드윈 카메론_Edwin Cameron, 2000

가난은 사람을 질병에 더욱 취약하게 만든다. 2005년 세계은행

---

4) 인구배당효과라고도 하며, 생산 가능 인구의 증가에 따라 부양률[14세 이하 및 65세 이상 인구와 비교해 생산 가능 인구(15~64세)가 몇 명인지를 보여주는 수치]이 하락하면서 경제성장이 촉진되는 효과를 뜻한다. 인구보너스효과는 1차와 2차 효과로 구분되는데, 1차 효과는 고출산 농촌 경제가 저출산 도시 경제로 전환되면서 생산 가능 인구비율이 높아지는 반면, 부양률이 낮아져 저축률이 상승하고 경제가 성장하는 효과다. 또한 2차 효과는 인구구조 변화에 따라 노년층의 경제활동 참여가 확대되는 방향으로 개인의 경제 행위와 정부 정책의 조정이 이뤄지면서 경제성장이 촉진된다.

은 14억명이 공식적으로 새로운 기준에 해당하는 절대빈곤(extreme poverty) 계층의 경계라인 1.25달러 미만으로, 12억명은 1.25달러에서 2달러 정도로 각각 하루를 살아간다고 보고하였다. 현재에도 약 10억명이 여전히 1달러 미만으로 하루를 살아가고 있는데, 이들은 '최하 극빈층 10억명'으로 불린다. 남아시아의 40%(대략 600만명)와 사하라사막 이남 아프리카의 절반(대략 380만명)이 1.25달러 혹은 그 이하의 돈으로 하루를 살아가고 있다. 이들 대부분은 안전한 식수, 적절한 위생, 음식, 교육, 고용, 보건정보와 전문적인 보건의료에 접근하는데 어려움이 있다. 사하라 이남 아프리카 거의 절반의 사람들은 필수의약품을 얻을 수 없으며, 50% 미만의 여성만이 숙련된 조산사의 도움을 받아 아이를 낳는다. 세계 유아사망의 90%를 차지하는 42개국들을 살펴보면, 9개의 핵심 중재 프로그램 중에서 오직 2개만이 절반을 조금 넘는 아이들에게 제공된다. 예를 들어, 이러한 대다수 국가들이 1990년에서 2005년까지 그 기간 동안에 예방접종률의 증가를 경험하지 못했다. 즉, 2005년도에 12개월부터 23개월 사이의 아이들 중 일반적인 유아 감염에 대비한 예방접종률이 부유국에서는 95%인데 비해, 빈곤국에서는 오직 75% 수준이었다. 낮은 소득 이외에도 수많은 즉 서비스, 고객과 조직 요인들이 가난한 국가 사람들의 적절한 치료에의 접근성을 방해한다. *서비스 요인(service factors)*에는 높은 치료비용과 교통비용, 서비스 받기에 먼 거리와 치료받기 위해 도달하는데 걸리는 시간, 좋지 않은 질, 부적절한 치료, 부정적인 직원들의 태도, 문화적 그리고 언어적 차이 등이 있다. *고객(이용자) 요인(client factors)*에는 사회적·문화적 제약들, 특별히 여성에 있어서는 이동의 제한과 저소득 가정 안에서의 역할 때문에 버거운 시간적 부담과 질병에 대한 잘못된 인지 등이 해당된다. 일반적으로 가난한 사람은 종종 건강 관련 정보와 서비스 이용에 관한 권리에 있어 제한점이 많다. *조직 요인(institutional factors)*으로는 건강증진과 질병 예방에 대한 충분치 않은 예산 배정, 국가적인 진료지침의 부재, 오명, 제공자에 의한 차별, 그리고 보건예산 배분을 포함하는 정책과정에서의 리더십 부족 등이 있다.

보건과 새천년개발목표 (Millennium Development Goals, MDGs)

> 새천년개발목표는 2015년까지 달성할 수 있겠지만, 단 모두가 평상시처럼 행하던 사업 행태를 깨고 현재의 계획을 더 적극적으로 추진하고 확대할 경우에만 가능할 것이다.
>
> 코피 아난_Kofi Annan[5], 2005

그 이전보다 현재 보건은 훨씬 더 국제적인 의제이며, 가난한 사람들의 건강에 관한 관심은 개발에 있어서도 주요 이슈이다. 전 세계 모든 국가들은 수용할만한 최고 수준의 건강을 향유하는 것이 인간의 인종, 종교, 정치적 신념, 경제적 혹은 사회적 상태와 상관없이 필수적으로 누려야 할 기본 권리의 하나로 동의하였다. 역사적으로 세계 지도자들이 가장 많이 모인 2000년 9월 새천년 정상회의에서 각 국가들이 빈곤 퇴치를 위해 새로운 세계적 파트너십을 형성하고 모든 목표 달성의 기한을 2015년까지로 하기로 하고 세부목표를 수립한 UN의 새천년 선언(Millenium Declaration)을 채택하였다. 이 선언에는 8가지 새천년개발목표들이 포함되었다; 세 가지는 직접적으로 보건과 관련이 있는데, 영아사망률의 3분의 2 감소, 모성사망률의 4

5) 가나 출신(1938.4.8~). 1996년 10월 17일에 국제연합 사무총장이 되었다. 취임 후 '개혁총장'이라는 별명을 들으며, 국제연합 사무국 내의 1,000여 개 직책을 폐지하고 대폭적인 기구 통폐합을 하였다. 2001년 국제연합과 공동으로 세계 평화에 기여한 공로가 인정되어 노벨평화상을 받았다.

분의 3 감소, HIV/AIDS, 말라리아 및 다른 감염병들에 관한 퇴치가 해당된다. Box 1.1에는 8가지의 목표와 18가지의 세부목표가 적혀있는데, 세계의 가장 가난한 사람들을 위한 지속가능한 발전을 달성하기 위한 확고한 약속이다.

1번째에서 7번째까지의 새천년개발목표는 빈곤, 질병과 환경파괴의 급격한 감소를 요구한 것이고, 8번째 목표는 본질적으로 세계적 파트너십의 약속으로 부유한 국가와 가난한 국가들이 서로 협력하여 앞의 7가지 목표들을 달성하기 위함이다. 또한 가난한 국가들이 적합한 필수의약품에 접근 가능하도록 보장하는 것을 포함한다. 새천년개발목표를 보면, 절대 빈곤이 다양한 속성을 갖고 있음을 알 수 있다. 즉, 단지 적은 소득뿐만 아니라 질병의 취약성, 교육을 제공받을 기회로부터의 배제, 굶주림과 영양부족의 상존, 안전한 물, 적절한 위생과 보금자리 등의 기본적인 편의시설에 접근성의 부족, 생명과 삶을 위협하는 토지부식과 삼림벌채와 같은 환경파괴 등이 포함된다. 이 중 단지 세 가지 목표들만이 직접적으로 보건과 연관되어 있을지라도, 특히 건강이 절대 빈곤과 굶주림을 제거하고 성 평등의 증진을 통한 여덟 가지 모든 목표들을 달성 가능하도록 하는 중심축에 해당된다. 그러나 국제 수준에서의 보건에 대한 관심, 그 이전에 없었던 열의 및 자원에도 불구하고 보건과 관련된 새천년개발목표를 달성하는 단계가 너무 느려서 2015년까지 큰 진척을 이루지 못할 것 같다. 게다가, 심지어 정해진 목표와 목적을 달성하는데 있어서 형평성(equity)을 무시하는 국가들도 존재한다. 또한 가장 가난한 사람들은 한시적이나마 정치적 응집력을 갖고 유지하기가 무척 어렵기 때문에, 정부 스스로 자신의 필요를 우선적으로 판단하는데 인센티브를 거의 가질 수 없다. 국가 평균에 추가하여 부의 5분위(wealth quintile)를 넘어 세부목표의 측정은 형평성 측면에서 매우 중요하다.

Box 1.1 *새천년개발목표와 세부목표*

1. 절대 빈곤과 기근 박멸	• 1990년부터 2015년까지 소득이 하루에 1달러 이하인 인구의 비율을 절반으로 줄임 • 1990년부터 2015년까지 기근으로 고통 받는 인구의 비율을 절반으로 줄임
2. 보편적인 초등교육의 달성	• 2015년까지 모든 지역의 아이들 즉, 소년과 소녀 모두 동일하게 초등교육의 전 과정을 마칠 수 있도록 추진함
3. 성평등 증진과 여성 권한 강화	• 2005년까지는 우선적으로 초등교육 및 중등교육에서의 성차별을 제거하고, 늦어도 2015년까지는 교육의 모든 과정에서 성차별을 없앰
4. 아동사망률 감소	• 1990년부터 2015년까지 5세 이하 사망률을 3분의 2로 줄임
5. 모자보건의 향상	• 1990년부터 2015년까지 모성사망률을 4분의 3으로 줄임
6. HIV/AIDS, 말라리아, 다른 감염병에의 대응	• 2015년까지 HIV/AIDS의 확산을 방지하고 퇴치시킴 • 말라리아와 다른 주요 감염병의 발생률을 2015년까지 억제하고 퇴치시킴
7. 환경의 지속가능성 보장	• 지속가능한 개발의 원칙을 국가 정책과 프로그램에 통합하고 환경 자원의 고갈을 방지함 • 2015년까지 안전한 음용수와 기본 위생에 지속적으로 접근할 수 없는 인구의 비율을 절반으로 줄임 • 2020년까지 최소한 1억 명의 빈민가 거주자의 생활이 보다 윤택해지도록 노력함
8. 개발을 위한 세계적 파트너십 증진	• 개발이 가장 안 된 국가, 육지로 둘러싸인 국가, 작은 섬으로 이루어진 국가에 대한 개발 필요를 특별히 해결함 • 더 개방적이고, 규칙에 기반을 두며, 예측할 수 있으며, 차별 없는 무역과 재정체계 개발함 • 개발도상국의 부채를 총체적으로 관리함 • 제약회사와의 협력을 통해 개발도상국에 이용가능한 필수의약품에 대한 접근성을 제고시킴 • 민간 부문과의 협력을 통해 새로운 기술, 특별히 정보와 의사소통에서의 가능한 편익을 도모함

형평성에 대한 보편적 측정은 점차 늘어나고 있는데, 이는 국민 중 가장 부유한 20%에 대한 가장 가난한 20%의 지표의 비로서 5분위비(quintile ratio)로 불린다.

세계보건(Global health)

'세계보건'이 최근에 유행하는 용어인데, 과연 이는 무슨 의미일까? 이것은 세계 모든 국가들의 국경을 뛰어넘어 과거에 있었던 질병과 최근에 급부상하는 신종 질병을 포함하는 보건문제로 볼 수 있다. 세계보건기구(World Health Organization, WHO)는 홈페이지에서 다음과 같이 정의하고 있다: '보건은 필수 의료에 대한 공평한 접근과 초국가적인 위협에 대한 집단적인 방어를 포함하는 책임의 공유를 말한다.' 앞의 설명에는 두 가지 요소가 포함되어 있다: 전 인류의 건강을 위해 책임의 세계적 공유와 국경을 넘어설 수 있는 '무언가'에 의해 유행하는 세계적 질병의 위협이 해당한다. 비록 '무언가'가 더 많은 감염병을 의미할지라도, 이는 취약성의 공유와 전 인류의 건강을 위한 책임감의 부여가 왜 중요한지에 대해서도 매우 가시적이며, 분명한 사례들을 제공(해주는 몇몇 감염병을 말)한다. 가난한 국가에서 부유국으로 이동하면서 전 세계적인 감염병이 될 수 있는 조절되지 않는 유행병(pandemics)은 잘 사는 사람들이 가난한 사람들을 돕도록 하는데 동기를 유발할 것이다. 왜냐하면 조금 더 잘 사는 사람들은 가난한 사람들의 질병에 걸리고 싶지 않기 때문이다. 보건을 위한 개발원조가 감염병에 불균형적으로 집중되는 점은 아마도 우연한 일이 아닐 것이다. 그러나 우리 모두를 위해 달성 가능한 최고 수준의 건강에 대한 권리는 세계보건뿐 아니라 감염병에 따른 세계적 위협을 예방하겠다는 의지를 뛰어넘는 새로운 국제 사회운동의 목적에 점점 더 절실하게 동화되어가고 있다. 또한 비감염병에 대한 동등한 관심과 유기적 연대의 보장도 물론 원한다.

따라서 세계보건의 영역은 모성사망, 영양부족, 비만, 흡연관리, 손상 예방, 스트레스로 인한 건강결과, 도시화, 직업적 위해와 지구온난화도 포함해야 한다. 제프리 코프란_Jeffrey Koplan 등은 최근에 '세계보건이라는 말에서 세계는 단순히 지리적 위치가 아닌 여러 보건 문제들의 범위를 의미한다'라고 강조하였다. 세계보건은 건강을 위협하는 모든 영역의 중요한 공중보건학적 문제들에 대응해야만 하며, 협력뿐만 아니라 예를 들어 국제 보건의료인력의 수련과 배치에도 관심을 기울여야 한다. 이것은 부유국과 빈곤국 간의 또한 상호 책임과 실제적 파트너십, 경험과 지식의 축적, 그리고 쌍방향의 교류에 대한 공유를 의미한다. 그리고 생의학, 역학, 공중보건학, 인구학, 인류학, 역사학, 경제학, 정치학, 법학, 공학, 지리학, 정보학 및 철학의 다학제간 협력이 필요하다. 코프란 등은 '세계보건은 전 세계 모든 사람의 건강증진과 건강형평성 달성에 우선순위를 두고 시행되는 연구, 조사 및 실천을 위한 분야이다'라는 정의를 다음과 같이 제안하였다: 세계보건은 초국가적인 보건 이슈, 결정요인과 해결방안을 강조한다; 보건과학 내외의 많은 학문 분야들을 포함하고 학제 간의 협력을 촉구한다; 그리고 개인 수준의 임상서비스와 함께 국민-중심 예방서비스의 통합을 의미한다.

뉴욕대학교의 경제학 교수인 윌리엄 이스털리_William Easterly는 해외원조에 관해서 아마도 노골적인 회의론자 중에 한 명이다. 『백인의 부담(*The White Man's Burden,* 루드야드 키플링_Rudyard Kipling의 유명한 시 제목에서 인용)』에서 이스털리는 해외원조 공여자를 '기획자'[가난한 국가에 대해 상의하달식의 (새천년개발목표를 포함하여) 대형 계획의 적용을 지지하는 자]와 '탐색자'(특별한 필요에 대해 하의 상달식의 세부적인 해결책을 추구하는 자)의 두 가지로 구분하였다. 기획자는 이상주의자와 오만한 사람으로 그려지며 -이렇게 요약될 수 있다: '서쪽의(서양인) 우리는 나머지 세계의 사람들을 위해 무엇이 좋은지 가장 잘 알고 있다.'- 반면에 이스털리에 따르면, 탐색자는 가난한 사람들 자신과 지역사회의 노력에 대해 충분히 이해하고 존중하면서 현실적인 중재에 더 중점을 두게 되므로 더더욱 성공할 가능성이 높다. '치유자: 승리와 비극(The Healers: Triumph and Tragedy)'의 장(章)에서 이스털리는 보건은 해외원조가 가장 뚜렷한 성공을 거두는 분야라고 언급했다. 이와 같은 이유에 대해서 보건 분야는 가난한 사람들의 필요와 욕구가 분명하며, 결과도 뚜렷하며, 연구방법이 잘 계획되고 측정 가능하며(탐색자가 관여할 기회가 늘어남), 부유한 국가의 정치적인 지지를 받으면서 가난한 자들의 필요와 일치하기 때문이라고 그는 역설하였다.

지난 수십 년 동안, 새로운 자원, 정치적 공약 및 국제보건 이슈(international health issues)에 대해 더 많은 관심이 쏟아지면서 세계보건이 국제원조 분야에 있어 주요한 부분으로 대두되었다. 보건에 대한 개발 원조 재정은 1990년 56억 달러에서 2007년 218억 달러로 4배 증가하였다. 동시에, 질병 예방, 치료방법과 정교한 의료기술의 축적으로 인한 그 가용성이 필요와는 정반대로 변해가는 경향이 있다; 즉, 최고의 치료가 가장 덜 필요한 사람들에게 제공되는 경향이 있다. 우리 모두를 위해 최고 수준의 건강을 달성하고자 노력해 온 세계보건(기구) 공동체는 분절화된 채 운영되고 있다. 이는 에이즈, 말라리아, 결핵(새천년개발목표 6에서의 주요 목표) 대(對) 모든 다른 질병들, 영유아 생존(새천년개발목표 4) 대 모성보건(새천년개발목표 5), 새천년개발목표 대 생식보건, 만성 비감염병, 정신보건 및 손상과 같은 비(非) 새천년개발목표(Non-Millenium Development

Goals), 에이즈, 결핵 및 말라리아 퇴치를 위한 세계기금(Global Fund to fight AIDS, Tuberculosis and Malaria)과 백신예방접종세계연맹(Global Alliance for Vaccines and Immunizations, GAVI)과 같은 수직적 세계보건단체 대 보건의료체계 및 포괄적 일차보건의료 간의 경쟁에 손상을 미치게 된다.

이 책에 대한 개요

이 책은 보건 관련 문제들에 대한 이야기를 언급하고, 특정 문제에 대해서 역사적 배경을 제공하며, 지금도 가난한 사람들과 가난한 국가들에서 여전히 왜 문제가 되는지 고찰하면서 무엇을 할 수 있는지를 알려준다. 저술의 목적은 가난한 자에게 불균형적으로 영향을 미치는 건강 관련 문제들과 질병들을 예시해주며, '한 인간'으로서의 경험을 제시하고자 한다. 말라리아(제2장), 결핵과 HIV(제3장), 소외열대질환(제8장)과 같은 감염병, 고혈압과 당뇨병(제10장)과 같은 비감염병뿐만 아니라 '전파될 수 있는 비감염병'(제6장에서의 자궁경부암)과 연관된 문제들을 포함한다. 건강상태의 차이는 또한 건강의 사회결정요인으로도 불리는 건강위험의 다양한 노출의 결과이다. 대부분 이러한 차이들은 빈곤과 연관되는데, 이 책의 안전한 모성보건(제4장), 가족계획(제5장), 물과 위생(제7장), 그리고 영양부족(제9장) 편에서 다루어질 것이다. 이 책은 또한 보건재정(제11장), 국경인근지역 보건의료(제12장), 그리고 통합적인 일차보건의료 및 보건의료체계(제13장)와 같은 보건의료의 접근성 관련 한계점에 대해 살펴보았다.

나는 이 책이 우리 모두를 위해 건강의 최고 수준을 달성하는데 현존하는 실제적 가능성에 대해 최적의 동기를 창출하도록 기여하기를 원한다. 누군가 이 책을 읽어나갈 때, 가난한 자에게 불균형적으로 영향을 주는 질병에 대해 예방하고 치료할 수 있는 신기술을 포함한 중재들이 적절하게 준비되어 있다는 것을 발견할 수 있으리라 본다. 건강의 사회결정요인의 중요성과 발생 기전, 일차보건의료체계의 강화와 총체적 접근, 보건의료의 지속성의 중요성, 그리고 지역사회 안에서 공중보건, 예방 및 치료의 통합 패키지를 어떻게 확립해 나가야 할지에 대한 일치점을 모아놓고 있다. 서론격인 제1장의 제목을 "가난한 자는 얼굴도 없고, 목소리도 가지고 있지 않다"라고 했는데, 이는 건강과 보건의료의 불형평성에 기여할 것이다. 라민_Lamin, 펜도_Pendo, 캐디_Kaddy, 마이무나_Maimuna, 라메쉬_Ramesh, 닐럼_Neelum, 싯파트_Sifat, 아우스만_Ousman, 하산_Hassan, 마리아마_Mariama, 헬레나_Helena와 사남_Sanam의 이야기도 각자의 시각과 견해를 제공해준다. 이 책은 또한 경제적, 윤리적, 사회적, 그리고 정치적으로 부적절하고 불공평한 보건의료는 반드시 수용해서는 안 된다는 즉, 건강과 보건의료에서의 형평성 달성을 향한 노력을 경주해야 한다는 메시지를 전달하려 한다. 이 책의 시각과 목소리에 대한 반응은 우리에게 달려있다.

오늘날 이 세계는 그동안 축적해 온 부와 지식의 소유로 우리가 세계보건공동체를 분열시킨 분절화 문제를 해결할 수 있다면, 우리는 2015년까지 보건 관련 새천년개발목표의 달성뿐만 아니라 생식보건이나 만성 비감염성질환과 같은 '비(非) 새천년개발목표', 그리고 불과 몇 년 전에 가능하리라 생각했던 '모두를 위한 달성 가능한 최고의 건강 수준'을 달성하기 위해 진전시키는 방향으로 나아갈 수 있겠다. 이 책은 우리가 무엇을 할 수 있는지에 대한 사례들을 제공하므로 나는 또한 우리가 어떻게 해야 할지 모른다고, 그것을 할 여유도 없다고, 그리 해야 할 이유도 없다고 더 이상 말하지 말라는 메시지를 강하게 전달하고 싶다.

더 읽을거리를 위한 자료와 제안

Dean Jamison 등이 저술한 『*Disease Control Priorities in Developing Countries*』(Oxford University Press와 World Bank의 공동출간, 2006)의 두 번째 출판본은 이번 장과 책 전체에 있어 정보와 영감의 주요 근거를 제공할 뿐만 아니라 Alan D. Lopez와 그 동료들이 쓴 『*Global Burden of Disease and Risk Factors*』와 또한 Dean Jamison이 저술한 『*Priorities in Health*』의 짧은 요약문의 보충자료로 사용되었다(상기 두 책 모두 2006년 Oxford University Press/World Bank에서 발간). Timothy Evans 등의 『*Challenging Inequities in Health*』(Oxford University Press, New York, 2001)는 건강 불형평성을 어떻게 줄이고, 그 문제에 대해 논쟁할 수 있도록 장을 열어주고 있다. 나는 또한 2003년(Paris) Organization for Economic Co-operation and Development(OECD)와 World Health Organization(WHO)에 의해 출판된 『*Poverty and Health*』에 자문해주었다. 2006년에 TED (Technology, Entertainment and Design의 약자)에서 Hans Rosling은 국민 1인당 평균 소득별로 국가 간 및 국가 내에서의 영유아 생존의 시계열적 차이를 매우 재미있으면서도 동시에 동일 방법으로 분석하여 이야기하고 있다(www.ted.com/talks/hans_rosling_shows_the_best_stats_you_ve_ever_seen.html).

독자가 부유한 사회에서의 불평등과 불공평성 문제를 이해하는 데에 관심이 있다면, Richard Wilkinson의 책 『*The Impact of Inequality: How to make Sick Societies Healthier*』(The New Press, New York, 2005)를 읽어볼 것을 추천한다. Richard Wilkinson과 Kate Pickett는 『*The Spirit Level - Why Equality is Better for Everyone*』(Allen Lane, 2009; Penguin, 2010)에서 불형평성으로 고통 받는 특정 국가의 가난한 자들뿐만 아니라 전 국민에 대한 중재 사례를 제시하였다. United

Nations(UN)의 Millennium Development Goals 웹사이트(www.un.org/millenniumgoals/)는 목표와 세부목표, 시기별 달성 정도뿐만 아니라 목표와의 격차와 이슈에 대한 풍성한 정보들을 제공해준다. 세계보건의 정의에 대한 개발과정을 더 숙고해보고 싶다면, Jeffrey Koplan 등의 견해가 담겨 있는 'Toward a common definition of global health' (*The Lancet* 2009; 373: 1993-5) 논문과 Richard Horton의 'Global science and social movement: Towards a rational politics of global health' (*International Health* 2009; 1: 26-30) 논문을 보면 좋다. William Easterly의 『*The White Man's Burden: Why the West's efforts to Aid the Rest Have Done so Much Ill and so Little Good*』(Penguin, New York, 2006)은 -물론 그의 생각과 견해에 동의하지 않더라도- 개발협력에 포함되어야 할 내용으로 필수적인 읽을거리를 제공해준다. 이는 더 많은 사고를 위한 자료에 대한 시야를 열어준다. Dambisa Moyo의 『*Dead Aid: Why Aid is Not Working and How There is a Better Way for Africa*』(Farrar, Straus and Giroux, New York, 2009)는 가난한 국가들이 해외원조에 의지하는 대신 재정개발을 어떻게 할지를 제안해주는 또 다른 책에 해당된다.

제 2 장

롤백 말라리아
(Roll back malaria)

말라리아, 혈액에서 오랫동안 잠에 들다
살무사의 번식처럼 급증하였고, 갑자기 -
인체는 준비도 되지 않은 채 그냥 내버려졌다 ...

도로씨 리버세이_Dorothy Liversay, 1983

라민_Lamin 이야기

1997년 10월 서아프리카의 감비아 외곽 파라페니(Farafenni)지역은 (오랜만에) 비가 와서 농부들이 쌀과 땅콩의 풍작을 기대하게 되었다. 그러나 비는 말라리아도 동반하였다. 파토우_Fatou의 두 살짜리 아기인 라민은 소아과 병동에 입원했다. 그는 지난 2주 전부터 말라리아 치료를 받았으나, 어제 오후에 다시 열이 심해졌다. 파토우는 열을 내리기 위해 파라세타몰(해열진통제)과 물수건뿐만 아니라 클로로퀸(chloroquine)을 먹였다.

하지만 라민은 다시 토했고, 두 가지의 설사 증세도 보였다. 더욱이 경련을 일으켰을 때, 파토우는 아들을 바로 병원으로 데리고 왔다. 도착할 당시 그는 깨어나지 못했고 축 쳐져 있었으며, 열이 높았다. 라민은 의학적으로 빈혈상태였고, 촉진으로 이미 커진 비장이 발견되었다. 혈액도말검사(blood film) 결과, 적혈구에는 많은 말라리아 기생충들이 있었다. 헤모글로빈과 혈당 수치 또한 매우 낮았다. 이에 라민에게 퀴닌(Quinine)과 글루코오스를 정맥 주입, 안전을 위해 경비위관을 사용하면서 경련이 더 악화되지 않도록 항경련제를 투여하였다. 그러나 이러한 처치에도 불구하고, 라민은 더 심각한 경련을 일으켰다. 며칠 후 열이 떨어져 말라리아 기생충이 적혈구에서 사라졌음을 알았고, 헤모글로빈 수치와 혈당도 정상으로 돌아왔다. 하지만, 여전히 라민은 깨어나지 못했고, 신경검사의 자극에 비정상적으로 반응을 보였다. 파토우는 라민의 호전 여부에 대해 계속 물어 보았는데, 의료진은 예측을 하고 있었지만, 쉽게 답을 할 수 없었다. 2주일 후에 다행히 라민은 퇴원했으나, 생기 있는 눈을 가졌던 아이처럼 더 이상 익살스러운 행동을 하지 않았다. 결국 라민은 3개월 후에 죽었고, 나는 파토우에게 라민에 대해 더 이상의 질문을 하지 않았다. 이렇듯 미래가 보장되지 않는 심각한 질환이나 장애를 가진 아이들이 주변에 수없이 많다.

로마열

말라리아는 수천 년 동안 우리와 함께 공존해왔다. 히포크라테스_Hippocrates는 발한에 이어 주기적으로 반복되는 열과 초기 오한(initial rigors)이 발생하는 환자라고 하였으며, 이것이 때로는 비장의 비대와 관련 있다고 기술하였다. 말라리아는 고대 인도의 의학문헌에서도 찾아볼 수 있는데, '질병의 왕(King of diseases)'이라는 말로 표현되어져 두려운 공포 대상으로 여겨졌다. 이 심각한 병은 열을 지닌 시바_Shiva 신[6]의 분노로부터 기인하는데, 열이 3일(삼일열) 내지 4

6) '길상(吉祥)·상서(祥瑞)'라는 뜻을 지니는 데, 불전(佛典) 등에서는 대자재천

일(사일열)에 한 번씩 발생한다. 이 문헌이나 중국의 문헌에 따르면, 삼일열과 사일열은 별도로 분류되며, 비대해진 비장과 연관되어 있다고 전해진다. 열에 주어진 이름으로 보아 이들과 연계된 역사적 기원을 반영한다. '말라리아(malaria)'는 열병을 초래하는 '나쁜' 공기라는 개념으로부터 유래된 것이며, 반면에 라틴어 어근('palid' = swamp)을 갖는 'paludism(말라리아)', 이탈리아에서는 말라리아에 역사적인 의미를 담아 'swamp fever', 'marsh fever' 또는 'Roman fever(로마열)'[7]라고 명명하기도 하였다. 기원전 200년부터 1930년대 초반까지 로마 인근에서는 말라리아가 심하게 유행하였다. 말라리아와 로마는 밀접한 관련성이 있었고, '로마열'이라 명명할 정도로 로마인들은 말라리아를 지독한 질병으로 보았다. 1740년 호레이스 월폴_Horace Walpole(Desowitz, 151쪽)[8]은 말라리아에 대해서 영어 용어로 처음 언급하면서 로마(Rome)와 말라리아를 함께 가져와서 'mal'aria라 불리는 치사율이 높은 병이 매 여름마다 로마로 와서 사람을 죽인다'라고 표현하였다.

그러나 1880년 10월 20일 프랑스 군의관 알퐁스 라브랑_Alphonse Laveran(Desowitz, 167쪽)이 열이 있던 환자의 피를 가져와서 현미경 슬

(大自在天) 등으로 옮기고 있다. 그 기원은 일설에 인도 토착민의 신앙 속에 있다고 하나, 문헌상으로는 인도 최고의 종교·철학 문헌인 『리그베다』에 나타나며, 폭풍의 신 루드라의 호칭이라고 한다. 사람을 죽음으로 몰아가기도 하고 열병을 가져오기도 하는 무서운 신이지만, 춤과 음악을 즐기며 이를 관장하고, 고행자에게는 은혜를 베풀며 생식(生殖)을 지배하는 신으로 보기도 한다.

7) 로마열은 역사적으로 몇몇 중요한 사건·변화들이 일어난 시대를 거치는 동안 이태리, 로마에 영향을 미쳤던, 특히나 로마제국의 몰락에 기여한 치명적인 말라리아 종(strain of malaria)을 말한다. 밤에 집중적으로 심해져 위험하기로 알려진 이 감염병은 미국인 작가인 헨리 제임스_Henry James와 에디쓰 횟톤_Edith Wharton의 소설인 『Daisy Miller』와 『Roman Fever』에 소개된 바 있다.

8) 영국의 소설가(1717~1797). 최초의 공포 소설 『오트란토 성(城)』과 방대한 서간집으로 유명하다.

라이드에 올려놓고 관찰했던 적혈구 안의 기생충 발견은 로마가 아닌, 알제리의 본(Bône, 안나바의 옛 이름)에서였다. 라브랑은 초승달 모양의 이상한 형체[말라리아 기생충인 열대열원충(*Plasmodium falciparum*)의 생식모세포]를 보았으며, 1880년 11월 6일에는 다른 환자로부터 가져온 혈액에서 표면이 '구불구불하고 실이 얽혀있는' 것처럼 보이는 둥근 형체(살아있는 기생충, 수컷 생식모세포의 편모체)를 보고 더욱 놀랐다. 이를 계기로 그는 말라리아의 원인이 되는 기생충을 처음으로 입증하였다.

열대의학의 '아버지'라고 불리는 영국의 패트릭 맨슨_Patrick Manson 경(Desowitz, 35쪽)은 1876년 곤충이 사람과 사람 사이의 말라리아 확산의 매개체라고 처음으로 기술하였다. 맨슨은 1884년에 처음으로 라브랑의 결과보고서를 읽었지만, 1892년이 되어서야 '라브랑'의 기생충을 확인하였다. 그는 런던에서 인도의 아픈 한 환자를 진찰하였다. 그는 환자로부터 채혈하여 즉각적으로 슬라이드에 혈액을 떨어뜨린 후 현미경으로 편모체를 바로 본 것이 아니라, 얼마 지나서 관찰할 수 있다는 사실에서 영감을 얻었다. 정상적인 조건에서 말라리아는 한 사람으로부터 다른 사람에게 바로 전파되지 않는다는 사실과 연관되며, 이러한 관찰은 '모기 ···· 또는 유사한 흡입 곤충이나 벌레들'이 인체로부터 말라리아 원충이 탈출하도록 돕는다는 주장을 지지하였다. 이러한 가정은 1894년에 논문으로 발표되었고, 그 해 맨슨은 인도의료원(Indian Medical Services)에서 근무하던 영국 군의관 로널드 로스_Ronald Ross[9])를 만났다. 말라리아가 모기에 의해 전파된다는 맨슨의 제안에 이끌려 로널드 로스는 인도의 세쿤다라바드

9) 영국의 열대병 학자(1857~1932). 말라리아를 연구하기 시작하여 1894년 모기가 말라리아의 전파에 관계가 있다고 한 C. L. A. 라브랑과 P. 맨슨의 학설을 연구한 끝에, 1898년 모기 체내에서의 말라리아원충의 생활환을 확인했다.

(Secundarabad)지역으로 되돌아가 이 가설을 증명하고자 했다.

1897년 8월 20일 1,000여 마리의 모기를 실험한 결과, 로스는 4일 전에 말라리아 환자를 물었던 모기의 위벽 섬유점막에서 작은 검은 반점을 보았다. 또한 로스는 얼룩날개모기(*Anopheles* mosquito)의 위벽에서 열원충 주기의 중간 단계인 난포체를 보았다. 로스는 모기에 의한 감염의 전파 경로를 설명하고자 즉, 모기 내에서 기생충의 성장을 반드시 입증하기 위해서 조류 말라리아(bird malaria)를 사용하였다. 동시에, 이탈리아의 그라시_Grassi, 비냐미_Bignami와 바스티아넬리_Bastianelli도 말라리아[열대열원충(*P. falciparum*), 삼일열원충(*P. vivax*)과 사일열원충(*P. malariae*)]가 인체 내에서 살아가기 위해서는 유사한 순환과정을 거쳐야 함을 확인하였다. 말라리아가 모기에 의해 전파된다는 발견은 새로운 영역(말라리아의 퇴치)의 시작이었다. 로스는 모기가 알을 낳는 곳을 관리한다면 말라리아를 퇴치할 수 있을 것으로 생각했다. 이로 인해 로스는 1905년 노벨의학상을 탔고, 영국 훈장을 받으면서 인도를 떠났다. 그는 후에 세계 곳곳을 여행하며, 물을 없애는 토목공사를 하거나 물 표면에 윤활을 함으로써 모기를 퇴치해야 한다고 외치고 다녔다.

20세기 초, 서구의 부유한 선진국들은 경제 이익집단에 의해 동요되어, 말라리아를 없애고자 거대한 토목공사를 실시하였다. 미국은 파나마운하를 필요로 하였고, 이 때 윌리엄 크로포드 고거스_William Crawford Gorgas[10] 장군은 파나마운하 지대에서 말라리아와 황열을 옮기는 모기를 없애기 위하여 습지와 침투(누수, seepages)를 억제하는 배수시설을 만들었다. 말라리아를 퇴치하기 위한 활동으로서 가장 기념비적인 업적은 무솔리니시대의 이탈리아에서 수행된 프로젝트이

10) 미국의 의사·유행병학자(1854~1920). 파나마운하 건설 당시, 위생부대를 지휘했다(1904~13). 군의감(軍醫監)을 역임(1914~18)하였다.

다. 1930년대 무솔리니는 이탈리아의 말라리아 학자들의 충고를 받아들여 로마의 서부지역에 있는 폰티노(Pontina)에서 비용이 많이 든 대규모의 프로젝트를 시행하였다. 그 결과로 거대하고 복잡한 배수시설이 만들어졌다. 폰티노지역은 건조해지기 시작했고, 얼룩날개모기는 서식지를 잃기 시작했다. 이로써 사람이 정착하기에 알맞은 수준으로 말라리아 감염은 감소하였다.

폰티노지역에서의 인상적이고 거대한 무솔리니 사업이나 파나마지역에서의 고거스 사업의 혜택은 의심할 여지가 없지만, 결코 아프리카나 아시아, 열대성 아메리카와 태평양지역에서 말라리아의 위협으로부터 많은 사람을 도와준 것은 아니다. 가난한 국가에서의 거대한 환경 조성 공사는 엄두를 못 낼 만큼 비용이 많이 소요된다. 그리고 충분히 커서 잘 마르지 않고, 모기나 애벌레를 잡아먹는 거대한 물고기가 살기에 어려운 물웅덩이에 아마도 얼룩날개모기가 알을 낳는다는 사실을 밝힌 로스에게는 1899년 시에라리온에서의 과업이 개인적으로 더 중요했을 것이다. 시에라리온의 수도 프리타운(Freetown)에는 열대성 서식지가 많으며, 특히 파라페니지역을 포함하여 사하라사막 이남의 아프리카지역에는 운하나 토목공사를 하더라도 비가 오면 쉽게 마르지 않는 웅덩이와 구덩이가 많다. 그러므로 물웅덩이를 윤활하는 로스의 방법은 역시 성공적이지 못했고, 모기의 유충 역시 물 처리 작업이 중단될 때마다 다시 나타났다.

DDT

> 지금은 말라리아(학)에 있어서 DDT 시대이다. 처음으로 경제적으로 가능하게 되었으며, 발달 수준이 어느 정도이든지, 기후가 어떻든지 간에, 그들의 국경지역에서 완전히 말라리아를 퇴치할 수 있게 되었다.
>
> 폴 러셀_Paul F. Russell, 1955

가난한 국가에서는 저렴하고, 비교적 단순하며, 상대적으로 지속가능한 말라리아 퇴치 방법이 필요했다. 이러한 요구는 다이클로로다이페닐트리클로로에틸렌(Dichloro-diphenyl-trichloroethylene, DDT)이 발명되면서 충족되었다고 생각되었다. DDT는 1874년에 처음으로 만들어졌다. 그러나 살충제로 등장한 시점은 1939년이 되어서였다. DDT 잔류분무(일반적으로 모기가 쉬려고, 특히 사람을 물고 난 후에 앉는 곳에 DDT를 남기는 방법)는 위험한 수준이 될 때까지 얼룩날개모기(*Anopheles* mosquito)가 오래 번식하는 것으로부터 막을 수 있고, 몇 달에 걸쳐서 DDT는 효과적으로 남아있게 된다. 1930년대에 폰티노에서 물을 퍼냈고, 말라리아가 없어졌지만 완전히 퇴치되지는 않았다. DDT가 살포된 이후에 폰티노습지(Pontine Marshes)의 전 지역에 걸쳐 말라리아는 급격히 사라지기 시작했다. 비록 이것은 말라리아의 전파가 적은 아열대지역이나 섬지역에서 중점적으로 시행되었고, 그 이후 여러 나라에서도 DDT 살포의 효과가 좋았다. 1950년 유명한 말라리아 학자들은 DDT를 3~6개월 정도 뿌리면 말라리아를 전파하는 모기를 줄일 수 있음을 보여주면서 말라리아 퇴치를 위해서 DDT의 사용을 권장하였다. 1955년, WHO 총회(World Health Organization Assembly)는 말라리아의 국제적 퇴치 정책을 지지하였다.

1960년대 말, 말라리아 발생 지역에서 말라리아를 박멸하기 위해 DDT를 살포하면서 그동안 거대한 양의 자본과 노력을 들인 것이 실패로 끝났음을 확신했다. 얼룩날개모기 매개체는 DDT에 저항력이 생겼고, 그들의 행태를 변화시켰다. 그리고 정치적 의지의 부재, 부적절하고 지속적이지 못한 재원 마련, 관료주의적인 절차, 취약한 보건의료체계와 적절하지 않고 덜 숙련된 인력이 실패의 추가적인 중요한 요소로 밝혀졌다. DDT가 모기와 '해충'의 유충을 죽이는 것을 멈췄을 때, DDT 분사 캠페인에 대한 공적인 지원은 감소하였고, 그나마 남아있던 정치적·재정적 헌신도 차츰 줄어들었다. 이로서 1972년 국제적 퇴치 프로그램은 공식적으로 사라졌다.

동시에 DDT 살포에 따른 중독, 생물대사 축적과 같은 환경오염 측면에서의 우려가 대두되었다. 먹이사슬에 있어서 DDT의 지속적인 대사 축적이나 물고기를 포함한 야외생활에서의 해로움 등이 걱정거리였다. 많은 나라들이 DDT의 사용을 반대하고 있지만, 모기의 퇴치를 위해 사용되는 DDT의 해로움은 농업을 목적으로 쓰이는 양에 비하면 매우 적은 것이다. 물론 사람에게 있어서 내분비장애나 생식능력 저하와 같은 해로움이 의심되기도 하였다. 그러나 DDT가 인간의 건강에 미치는 영향력에 대해서는 아직 밝혀진 바가 없으며, 실내 분사의 결과로서 측정된 DDT의 위해도 미미해서 제한된 범주에서 다시 사용량이 증가하였으며, 이는 결국 말라리아의 관리를 향상시켰다. (현재 상용되는) DDT 대체 살충제들이 값비싸고 효과가 적기 때문에 세계보건기구는 그 권위로 DDT에 대한 지속적인 역할을 인정하고 있다(Stockholm Convention on Persistent Organic Pollutants[11], 1998). 그러나 DDT를 실내에서만 사용할 경우 환경오염이 제한적으로 발생하겠지만, 그렇지만은 않기 때문에 안전하고 비용-효과적인 대체 살충제들에 대한 연구를 우선적으로 시행하면서 동시에 DDT의 사용을 줄이거나 궁극적으로 없애려는 목표를 세워놓고 있다.

---

11) 잔류성유기오염물질(Persistent Organic Pollutants, POPs)에 대한 협약으로 POPs조약·스톡홀름협약이라고 한다. 유해화학물질 가운데서도 특히 독성이 강하고 유해한 잔류성 유기오염물질[다이옥신·DDT·퓨란·알드린·클로로단·디엘드린(dieldrine)·엔드린·헵타클로르·미렉스·톡사펜·폴리염화비페닐(PCB)·헥사클로로벤젠 등의 12종]을 국제적으로 규제하여 인간의 건강과 환경을 보호할 목적으로, 국제연합환경계획(UNEP)이 주도하여 2001년 5월 22일 채택되었다.

내 이름은 오늘이다

우리는 많은 실수와 잘못에 대하여 죄책감을 느끼고 있다.
그러나 우리의 가장 나쁜 범죄는 어린아이를 버리는 것이며,
삶의 원천을 무시하는 것이다.
우리는 원하는 많은 것들을 기다릴 수 있다.
그러나 아이는 아니다.

이제 막 태아의 뼈가 생성되기 시작했고,
혈액이 만들어지며, 그의 감정이 발달하기 시작했다.
태아에게 우리는 "내일"이라고 대답을 하지 않는다.
태아의 이름은 "오늘"이다.

가브리엘라 미스트랄_Gabriela Mistral[12), 1924

모기가 말라리아를 전파한다는 사실이 로스에 의해 발견됐던 시대에 라민은 말라리아로 죽었다. 그리고 말라리아를 퇴치하고자 시도한지도 벌써 50년이 지났다. 최근의 추계에 따르면, 1년에 100만 명(하루에 3,000명) 정도에서 말라리아가 사망의 직접 원인이 되며, 그 대부분은 아프리카지역의 어린이라고 한다. 영양이나 다른 감염과 같은 간접 효과를 생각한다면, 이보다 더 많을 것이다. 다른 추계에 따르면, 말라리아는 1년에 5억건 정도 발생한다고 한다. 어찌되었든, 지난 35년 동안 말라리아 발병은 증가했다. 말라리아 풍토병의 유행 지역에서는 임신 중 말라리아 감염에 의해 심각한 빈혈(anaemia)을 경험하는 산모가 최고 25%까지 발생한다고 하며, 이로 인해 결국 모성사망에 이르기도 한다. 더불어 어린아이가 저체중으

12) 1889년 칠레 비쿠냐에서 출생한 시인으로 주요 작품은 『황폐(荒廢)』(1922), 『애정』(1924), 『개간(開墾)』(1938) 등이 있으며, 미래소설 『유리알유희』로 1945년에 노벨문학상을 수상한 바 있다.

로 태어난 경우 영아 사망 내지 신생아 사망이 발생하기도 한다. 말라리아는 학교 출석률을 낮추고 일의 생산성을 감소시키기도 하며, 지적 수준의 차이를 발생시키기도 한다. 말라리아에 걸린 어린이들은 잠재력을 발휘하지 못하고, 만족스러운 교육 수준에 도달하지 못하므로 세대 간의 가난을 대물림하게 된다. 이와 같이 어린이의 비중이 높은 지역은 사회나 국가 발전에 영향을 받을 것이다.

말라리아는 인간에게 질병부담 측면에 있어서 가장 중요한 기생충 감염이며, 세계적으로 가난한 국가에서 많은 사상자를 내고 있다. 그러면 어떻게 말라리아의 기생충이 열을 발생시키는가? 그리고 혈액에 비슷한 기생충 밀도를 가지고도 왜 어떤 사람은 죽고, 어떤 다른 사람은 살아남는가? 그림 2.1은 말라리아의 생애주기를 보여준다. 라브랑은 적혈구에서 생식모세포[gametocytes, 모기가 사람을 물 때 인체 내로 침투되는 기생충의 성체(性體)]를 보았고, 로스는 얼룩날개모기의 위벽에서 난포체(oocysts)를 보았다. 열원충(*Plasmodium*)에 의한 인체의 감염은 이미 감염된 얼룩날개모기에 물림으로써 시작되는 데, 이때 모기는 사람에게 포자소체(sporozoites)를 주입한다. 포자소체는 기생충 운동에 의해 혈류로 급속히 침투하고, 간세포로 이동하게 된다. 1~2주 정도 사이에는 증상이 나타나지 않지만, 포자소체는 수천만 마리의 분열소체들(merozoites)로 분열된다. 그리고 혈류 단계에서는 분열소체들이 적혈구로 침투하여 번식하고 증식한다. 새로운 분열소체들은 기생하던 적혈구를 파괴하고 나와 새로운 적혈구로 들어간다. 열은 수십억 개의 분열체들(schizonts)이 동시에 파열되면서 발생한다. 이때 유전자에 따라서 말라리아 독이 방출하여 면역계에 좋지 않은 반응을 일으키게 되는데, 이로 인해 나중에 심각한 일이 발생하거나 사망에 이를 수 있다. 독이 발산되면 인체는 '발열원'을 방출하는데, 이는 때때로 기생충을 파괴시키는데 일조하

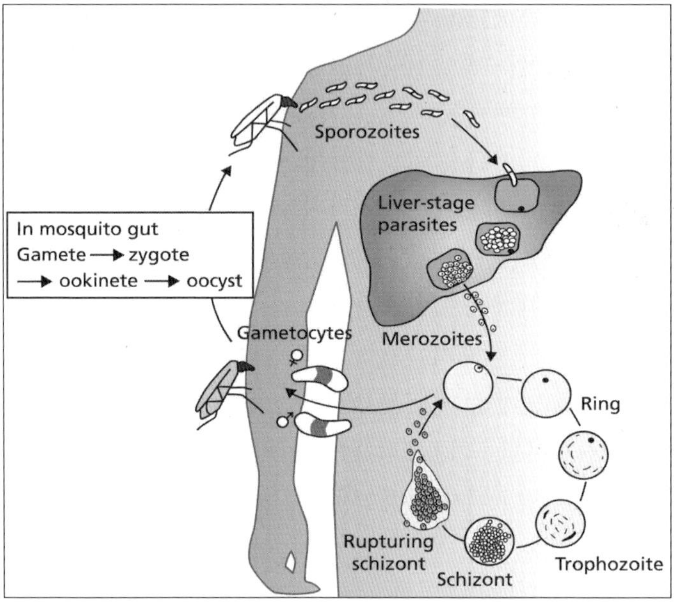

그림 2.1 말라리아 기생충의 생애주기
출처: Greenwood. B. et al., *The Lancet* 2005; 365: 1487-14

기도 한다. 이때 생리적으로 열이나 오한이 발생하고, 몸은 차가워지며 맥박이 빨라지게 된다. 이러한 발열인자 중 하나인 종양괴사요인(tumour necrosis factor, TNF)은 이러한 면역반응에서 특히 중요하다고 생각된다. 이런 종양괴사요인은 다른 반응을 일으켜 말라리아를 심각하게 한다.

라민은 사망을 초래할 수 있는 뇌성 말라리아(cerebral malaria)로부터 고통을 받았으며, 열원충 다섯 가지 중 한 가지만으로도 발생할 수 있는 코마 증후군을 경험하였다. 아프리카 지역에서 주요 감염의 원인이 되는 열대열원충은 여러 아시아 지역에서도 그 수가 증가하고 있으며, 가장 심각한 질병과 사망의 원인이 된다. 뇌성 말라리아는 작은 대뇌혈류에 은둔하는 성향이 있다. 종양괴사요인은 대뇌혈류의 내벽에 알을 낳아 세포의 접착성을 높이면서 뇌성 말라리아를 증대시킨다. 신경 전달과 관련된 산화질소 역시 종양괴사요인에 의해서 유발된다. 또한 종양괴사요인은 저혈당이나 빈혈의 발생에도 기여하는데, 라민은 두 가지 증상을 모두 가지고 있었다. 종양괴사요인을 막는 유전자의 차이에 따라 열대열말라리아(*falciparum* malaria)의 심각성이 달라지기도 한다.

라민은 살충제 처리된 침대용 모기장에서 잠을 자지 않았다. 이 방법은 DDT 살포 이후에 대규모로 보급된 것이다. 1992년 파라페니 지역에서 시행된 연구는 모기장이 말라리아에 의한 아동 사망을 확실하게 감소시켰다고 증명해 주었으며, 이 성공에 따라 국가 차원의 모기장 사업이 감비아에서 이루어졌다. 이곳에서는 1990년대 중반 어린이 사망에 이 사업이 큰 영향력을 미쳤다. 불행하게도, 살충제 처리된 모기장(insecticide-treated net, ITN)의 지속적인 조치(6개월 주기로 재조치를 해야 함)가 어려웠으며, 특히 사용자가 돈을 지불해야 할 경우 더욱 그러하였다. 더욱이, 살충제 처리된 생활용품들의 구입은 인구사회학적 또는 행동의 변화를 요구했다. 즉, 더운 환경에서 선풍기나 에어컨도 없이 모기장 안에서 잔다는 것은 자연스럽게 실천되는 행동이 아니었다.

라민은 처음과 두 번째 경우 모두 클로로퀸(1940년대에 발견되어 말라리아의 치료와 예방에 효과적으로 사용되었음)으로 치료를 받았는데, 이 사례는 박멸캠페인이 끝나가던 무렵에 해당되었다. 라민의 사망 1년 후인 1998년, 세네갈 인접지역에서 일을 하던 장 프랑수아 트랑페_Jean-Francois Trape 등은 '클로로퀸을 반대하는 운동이 일어난 후, 말라리아에 의한 아동 사망이 1984년부터 1995년까지 12년간 최고 6배나 증가하였다'라는 내용의 논문을 발표하였다. 1999년 말라리아를 연구하던 한 전문가단체는 저명한 의학 잡지 란셋(*The Lancet*)에 '말라리아 재난을 방지하기 위하여(Averting a malaria disaster)'라는 제목의 글을 발표하였다.

> 값싸고 효과적인 항말라리아 의약품의 확산에 의해 말라리아 사망률과 발병률의 증가가 억제되었다. 하지만 이런 약제들의 내성 발생에 따른 폐기는 열대제국 국민의 건강에 유일하면서도 가장 중요한 위협으로 드러날지도 모른다. 즉, 클로로퀸은 지난 40년간 항말라리아 치료제로서 대들보 역할을 담당해왔으나, 이를 반대하는 경향이 만연하였으며, 그 영향을 받지 않은 국가들이 거의 없었다.

이에 대한 대응으로 WHO, UNICEF, World Bank 등 약 90여 개 이상의 국제기구들이 국제적인 공조를 하여 '롤백 말라리아(Roll Back Malaria)'를 설립하였고, 이 연합체는 말라리아에 의한 사망률을 줄이기 위한 역할을 주도했다. 2005년 란셋에는 '롤백 말라리아'에 대해 다음과 같은 글이 게재되었다.

> 이 연합체가 시작된지 7년이 지났지만, 말라리아의 발생은 계속 증가하였다. 그리고 연합체는 잃어버린 기회와 음울한 실패에 대한 값비싼 목록을 축척(逐斥)하였다.

그러면, 그 이후로는 무슨 일이 발생했는가?

아르테미시닌 병용요법과 모기장 사업

> 약은 계획보다는 우연한 기회에 의하여 종종 발견된다. 적어도 최근까지는 약에 대한 우리 신체의 작은 반응에 대하여 거의 알지 못했다. 비록 우연한 기회에 알게 된 경우도 있지만, 이제 우리는 약의 작용기

전에 대해 많은 파악을 하였다.

아담 제만_Adam Zeman, 2008

특정 약물에 내성이 생긴 말라리아에 의한 위험 확산을 방지하기 위하여 오늘날 우리는 다른 작용을 하는 약을 복합적으로 사용하는 방법을 그 치료에 있어서 선호한다. 그 중 아르테미시닌 병용요법(artemisinin-based combination treatments, ACTs)이 가장 많이 사용된다. 관목으로부터 아르테미시닌을 추출할 수 있는 개똥쑥(*Artemisia annua*)은 많은 질병을 치료하기 위하여 중국의 약초상에 의해 2천년 이상 사용되었다. 이의 항말라리아제로의 활용은 4세기경에 처음으로 언급되었다. 1967년 마오쩌둥 정부는 중국의 전통 약방에 대한 체계적 검토(systematic review)를 지시하였고, 결국 이는 1972년 아르테미시닌이나 칭하오수(*qinghaosu*)의 추출을 이끌어냈다. 이것은 라민의 말라리아 치료에 사용되었던 퀴닌의 한 가지였던 약과 다르지 않으며, 1800년대 남아메리카 지역에서 '기나피(*cinchona* bark)' 또는 '열기나수(fever bark tree)'로부터 추출되었다. 유효성분을 추출하기 전까지 수 세기동안 기나피는 열을 다스리기 위해 사용되었다. 칭하오수의 발견이 있은 후로도 오랜 시간 동안 그 효과에 대해서는 많은 국가에 알려지지 않았다. 그러나 좋은 효험과 효과적인 데이터가 여러 가지 아르테미시닌 병용요법을 지지하였다.

공식적인 의료서비스가 제공되기 전에는 말라리아로 인해 많은 사람들이 사망하였다. 여러 가지 발전은 이러한 상황을 개선시킬 수 있는 잠재력을 갖고 있다. 이러한 잠재력에는 효과적인 치료를 제공할 가정관리, 약 판매자에 대한 교육, 병원으로 이송되기 전에 심각한 말라리아를 초기 단계에서 치료할 수 있는 아르테미시닌의 개발 등이 해당된다.

아르테미시닌 병용요법에서의 주요 장애요인은 가격이다. 이것은 클로로퀸이나 다른 단일 치료제보다 10배나 비싸고, 보조금이 없는 가난한 사람들에게 어느 정도까지 제공될 수 있을지 알 수 없다. 2001년 아프리카지역은 일제히 아르테미시닌 병용요법의 형태를 도입하려고 했으나, 필요도에 대한 무시, 4배나 비싼 비용, 재료의 부족 등과 같은 잠재해 있던 문제로 2000년대 중반에 이르러서야 접근 가능하였다. 이제는 사실상 말라리아가 발생하는 모든 국가들이 첫 번째 치료 방법으로 아르테미시닌 병용요법을 도입하지만, 이러한 종류의 약을 공급받는 어린이의 비율은 높지 않다. 만약 이 약의 가격이 낮아진다면, 항말라리아제에 대한 접근은 높아질 것이라는 사람들의 인식이 커졌다. 아르테미시닌 병용요법의 도매가격을 몇 센트 정도로 낮추도록 보조금을 제공하려던 '말라리아-전문의료기관(Affordable Medicines Facility-malaria, AMF-m)'에 의한 노력을 포함하여 수많은 혁신적인 계획들이 촉구되었다. 말라리아의 가장 효과적인 치료를 위한, 이러한 확장된 접근은 기생충에 대한 신속한 진단검사를 확대함으로써 말라리아를 추정하고 불필요한 치료를 줄이려는 목표와 연계되어 있다. 많은 국가에서 강조되어야 할 또 다른 주요한 문제는 기준에도 미치지 못하는 약이 분배되었다는 것이다.

살충제를 그물 섬유에 포함시킴으로써 오랜 시간동안 사용이 가능해진 살충제(용) 그물(망)이 개발되었다. 불가피하게, 피레드로이드(pyrethroids)라고 불리는 살충제에 대한 모기의 저항력이 생겼지만, 그물을 처리하기 위한 대체 가능 살충제와 무더운 기후에서도 사용이 가능한 창문(커튼)과 같은 자재로의 진척이 있었다. 그물, 창문, 살충제에 대한 모든 비용을 만회해주는 조치는 가난하고 취약한 사람들이 그것들을 사용할 수 있도록 해주었다. 바우처를 이용한 부분적인 비용 지원정책은 때로, 사회적 마케팅과 결합하여 여러 문제들을 해결하기도 했다. 살충제(용) 그물(망)의 무료 공급은 어린이들의 정기적인 백신, 산전 클리닉 방문 등의 다른 보건정책들과의 연계 속에서 탄력을 받았다; 그러나 이러한 전략은 국제사회의 명확하고 지속적인 약속을 요구한다.

말라리아 유행지역에서의 연구에 의하면, 임신기간 중에 정기적인 항말라리아제의 복용이 심각한 모성 빈혈의 발생을 줄이는 동시에, 신생아의 몸무게를 향상시킴을 알 수 있었다. 유사하게 어린아이에게 이루어지는 간헐적인 예방 치료는 말라리아 발생과 심각한 빈혈을 감소시킨다. 아직 행해져야 할 연구들이 많이 있지만, 간헐적인 예방 치료는 말라리아를 없애는데 촉망되는 추가적 방법이다. 빌·멜린다 게이츠재단과 같은 거대한 새로운 파트너의 재정 지원, 주요 제약회사의 참여에 의한 공공과 민간의 협력, 말라리아백신연구소와 같은 국제기구의 중재에 의해 향상된 연합 등으로 지난 5~10년간 말라리아 백신 연구가 진행되어 왔다.

말라리아와 빈곤

개별적인 수준은 아니더라도, 말라리아와 빈곤은 밀접하게 관련이 있다. 말라리아는 부자와 가난한 사람을 차별하지 않는다. 그러나 말라리아는 아프리카와 같은 가난한 국가에서 특히 문제가 된다. 아프리카에서 말라리아로부터 자유로운 지역은 부유한 국가가 존재하는 북부와 남부 최단지역이다. 가난한 사람이 가장 많은 국가에 해당하는 인도는 말라리아 문제가 심각하다. 특히 아이티는 서반구에서 말라리아에 의한 사망률이 가장 높은 곳이고, 또한 가장 가난한 국가이기도 하다. 그림 2.2에서 보듯이 말라리아 발생은 지역적 특징이 있다. 심각한 말라리아는 대부분 열대성 기후지역에 국한된다. 가난도 또한 지역적 특성이 있다. 그림 2.3에서 볼 수 있듯이, 가난한 국

그림 2.2 (연간 인구 1,000명당) 말라리아(발생 위험)의 세계적 분포를 보여주는 지도

출처: World Malaria Report 2008, World Health Organization, Geneva, Switzerland, 2008.

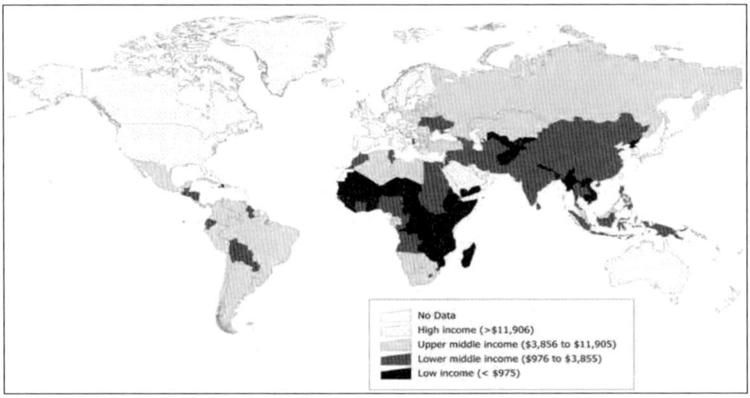

그림 2.3 국민 1인당 소득의 세계적 분포를 보여주는 지도

출처: World Bank at www.worldbank.org (2010년 2월 24일 검색)

가는 말라리아가 발생한 지역에서 지배적이다. 반면, 거의 대부분의 부유한 국가는 심각한 말라리아 권역에서 벗어나 있다.말라리아가 발생하는 국가는 가난할 뿐만 아니라 경제성장도 느리다. 거시경제

학자 제프리 삭스_Jeffrey Sachs[13]는 1965~1990년 사이에 말라리아가 발생한 국가의 1인당 소득 수준의 향상 정도를 살펴본 바, 다른 국가(5배 정도 높음)가 2.3% 정도 향상을 보인 반면, 심각한 말라리아가 유행하는 국가는 0.4%에 그쳤음을 알 수 있었다. 그렇다면 말라리아가 경제성장을 둔화시키고 빈곤을 야기하는가? 아니면 빈곤이 높은 말라리아 발생률의 원인인가? 아니면 양 방향적인가?

궁핍한 가계나 정부는 이런 재앙과 싸울 재정적인 능력이 없기 때문에 가난은 말라리아를 악화시킨다. 부유한 가정은 살충제(용) 그물(망)을 구매할 수 있고, 모기가 들어오지 못하도록 망을 친 문이나 창문을 만들 수 있다. 그리고 필요하면 의료서비스를 이용하거나 효과적인 약물치료를 받을 수도 있다. 하지만, 말라리아로 인한 사망의 58%는 전 세계 인구의 20%에 해당하는 가난한 사람들에게서 발생한다. 이는 다른 어떤 질병보다 높은 비율이다.

말라리아는 가난의 원인이 되기도 한다. 앞에서도 살펴보았듯이, 말라리아를 지닌 어린이는 오랫동안 지속되는 병에 시달릴 수 있다. 종종 이 질병이 유행하면, 출석률이 떨어지고 배움의 잠재능력이 적어져 학교 다니는 것을 그만둘 수밖에 없다. 그리고 그들의 부모는

---

13) 미국 경제학자(미시간 주 디트로이트에서 1954년 11월 5일에 출생)로서 현재 컬럼비아대학교 지구연구소(Earth Institute) 소장이다. 하버드대학교 출신의 가장 젊은 경제학교수 중 한 명인 삭스는 공산주의체제에서 시장주의 체제로의 전환기 동안 또는 경제위기 동안에 북유럽과 개발도상국 정부들에 대한 소위 경제충격요법(economic shock therapy)의 실행에 따른 자문가의 역할로 유명해졌다. 물론 일부 권고안들은 논란의 여지가 많기도 하였다. 하지만, 그 후에 그는 경제발전, 환경의 지속가능성, 빈곤감소, 채무면제 및 세계화의 도전에 관한 많은 연구업적들로 세계적인 명성을 얻게 되었다. 특히 그는 뉴욕타임지의 베스트셀러로 소개된 『빈곤의 종말과 연방국(The End of Poverty and Common Wealth)』을 포함한 수많은 책들을 저술하였다. 이에 그는 2004년과 2005년에 연속적으로 두 번이나 타임매거진에서의 "세계에 영향력을 끼친 인물 100인"에 선정된 바 있다.

말라리아로 인해 생산성과 수입을 잃게 된다. 많은 아이들이 죽을 것이라고 생각한다면, 부모들은 과잉보상으로 출산을 많이 할 것이고 따라서 아이들은 더 많아져, 심각한 결과를 초래할 것이다. 가계 내의 모든 어린이에게 교육을 하지 못할 정도로 가난하다면, 이 가정은 주로 나이가 많은 한 명 내지 두 명의 어린이만 교육시킬 것이다. 만약 말라리아가 유행하는 지역에서 가난한 가정의 어린이가 생존한다면, 이 경우에는 살아감에 있어서 필요한 그리고 적절한 교육이 이루어지지 않은 상태에서 어른이 되는 것이다. 이것은 여자에게 있어서 두드러지게 나타난다.

말라리아의 사회적, 경제적 영향력이 크기 때문에 한 국가나 지역사회에 말라리아가 유행한다는 점은 개인과 국가 모두의 발전에 방해가 된다. 말라리아에 감염될 위험은 투자를 포기시킬 수 있고 여러 가지 방면에서 의사결정에 어려움을 줄 수 있으며, 경제성장과 생산성에 부정적인 영향을 줄 수 있다. 이러한 예로서, 수확기 동안 노동력에 악영향을 줄 말라리아 때문에 노동집약적인 환금 작물보다는 생계형 작물에 대한 개별농가의 선호, 말라리아 발생지역을 방문하기 꺼려하는 여행자들로 인해 개발이 안 되는 관광산업, 그리고 말라리아 발생지역으로의 이동과 투자를 원치 않는 중개인들로 인한 개발 시장의 둔화를 들 수 있다.

말라리아를 퇴치하려면 어떤 것들을 할 수 있겠는가?

말라리아 조절, 퇴치 또는 박멸?

남부아프리카의 쿠아줄루 나탈 주(KwaZuluNatal)에서 효과적인 말라리아 조절 프로그램의 개발(예를 들어, 양성 환자 발견과 함께 살충제를 집안에 분사하여 매개체의 관리를 강화하고 아르테미시닌 병용요법으로 치료)은 말라리아의 현저한 감소와 지속적인 조절을 가능하게 했다. 남부아프리카와 달리, 불충분한 의료자원과 높은 말라리아 감염률로 인해 고통을 받는 있는 사하라사막 이남 아프리카지역에서, 이러한 결과를 얻을 수 있을지는 아직까지 의심스럽다. 그러므로 의료전달체계에 있어서 지속적인 투자와 새로운 약에 대한 보조금 지원 등이 요구된다. 최근, 말라리아의 발생이 높았던 잔지바르(Zanzibar)[14]에서는 말라리아로 진단 받은 사람에게 아르테미시닌 병용요법과 오래 지속되는 모기장을 무료로 나눠줌으로써 말라리아와 관련된 질병의 발생과 사망을 현저히 감소시켰으며, 말라리아 기생충을 가진 증상이 없는 사람들을 10배나 감소시켰다. 이러한 결과는 기후적으로 말라리아 기생충이 전파되기 쉬운 기간이었음에도 불구하고 프로그램을 시작한지 얼마 되지 않아서 이룬 성과이다. 또한 아시아(특히 베트남)와 에리트레아, 케냐, 탄자니아의 본토, 르완다, 잠비아, 모잠비크 등의 동아프리카 및 남아프리카와 세네갈, 기니비사우, (라민이 살았던 파라레니지역이 있는) 감비아 등의 서아프리카 지역에서 이러한 전략으로 인해 말라리아 발생과 사망이 감소했다는 보고가 있다. 이것은 말라리아에 대해 정부 또는 기부단체의 늘어난 재정 원조와도 관련이 있다. 그 결과, 말라리아가 많이 발생하던 일부 지역에서는 말라리아를 퇴치하기 위한 전략을 세웠다. 예를 들면 보츠와나, 나미비아, 남아프리카와 스와질란드는 2015 퇴치 목표(2015 elimination goal)를 세웠고, 약간 늦은 속도이기는 하지만 말라리아 퇴치에 대한 계획을 세우고 있던 북부 이웃 국가인 앙골라, 모잠비크, 잠비아 및 짐바브웨(뒤의 세 개 지역은 감염률이 높은 국가임)와도 연합체를 형성하였다.

오늘날, 우리는 말라리아를 없애려는 노력을 배가하고 더 많은

14) 아프리카 동해안의 섬; 1963년 공화국으로 독립; 1964년 탕가니카(Tanganyika)와 합병하여 탄자니아의 일부가 되었다.

자원을 투입하고 있지만, 또한 말라리아 문제가 심각한 아프리카지역을 눈여겨보아야 한다. 말라리아 퇴치를 위한 새로운 노력과 자원이 정부나 빌·멜린다 게이츠재단, 미대통령 말라리아 대책기구(US President's Malaria Initiative), 세계은행의 부스터 프로그램(booster programme), 에이즈, 결핵 및 말라리아 퇴치를 위한 세계기금(Global Fund to fight AIDS, Tuberculosis and Malaria) 등에서 유입되고 있다. 2002년에 설립된 세계기금은 2009년 11월까지 1억 4백만 개의 모기장과 1억 8백만 개의 아르테미시닌 병용요법을 제공하였다. 말라리아 조절을 위한 국제적인 기부를 통해 마련된 기금은 연간 약 10억 달러(US)에 달한다. 하지만, 이는 복합적인 조절 프로그램을 제공하는데 있어 결코 충분한 것이 아니다. 왜냐하면 이 프로그램을 제공하는 데는 연간 50억 달러(US)가 필요한 것으로 추정되기 때문이다. 그러나 이러한 활동은 향후 추진 일정에 있어서 큰 첫걸음이며, 말라리아가 발생한 지역에서 모기장과 아르테미시닌 병용요법의 확산을 가능케 하였다. 또한 피레스린살충제나 DDT를 집안 내부에 뿌리는 방법이 늘어나고, 그 규모도 커지고 있다. 이는 한 국가 내에서의 주요한 도전 과제이며, 많은 국가에서의 의료제도의 강화는 말라리아를 없애는데 꼭 필요한 한 걸음인 것이다.

국제사회는 말라리아에 대항하여 새로운 툴(tool)을 어떻게 개발, 발전 그리고 실행할 지와 균형을 어떻게 잡을 지에 대해서 어려운 결정에 지속적으로 직면할 것이다. 특정 지역(특히 높은 전파력을 가진 변두리 지역)에서의 말라리아의 퇴치는 달성 가능하겠지만, 기존의 방법으로는 세계적 박멸(global eradication)이라는 희망적인 목표를 충족하기에는 충분치가 않다. 그러므로 새로운 약, 새로운 매개체 근절 방법, 백신 개발 등을 포함한 새로운 개념과 방법 등이 말라리아 박멸을 위해서 필요하다.

많은 국가들에서 말라리아의 임상적 부담을 줄이기 위한 효과 있는 치료제와 매개체 조절 프로그램의 광범위한 개발의 예기치 못한 성공은 주로 질병을 예방(전적혈구기를 목표로 시행. 혈류로 침투하여 말라리아의 특정 임상단계로 진행하는 것을 막고자 방위 수준을 제공)하고자 했던 말라리아 백신의 효용을 낮추었다. 1년에서 2년 정도 지속되면서 30% 정도의 효과를 가지고 있는 백신은 말라리아의 퇴치에 있어서 더 이상 효용이 없었다. 말라리아를 조절하고 퇴치하기 위해서는 조금 더 높은 효능이 있는 말라리아 백신이 필요하였다. 말라리아의 발생이 높은 지역의 경우 기존 방법이 말라리아의 전파를 방지하기에 충분하지 않다는 점이 인정되고 있다. 유성단계의 기생충을 목표로 개발된 약은 박멸의 마지막 단계에 있어서도 효능이 있는 방법으로 제공되지만, 이러한 약(또는 약의 조합)은 모든 인구에게 제공되어야 하며, 이는 기존에 없던 것이어야 함과 동시에 안전한 것이어야 한다. 이는 모든 인구에게 제공되어야 하고, 높은 안전성이 요구되어야 한다는 일반적 기준으로 볼 때, 그 대안은 말라리아의 전파를 막는 백신이 해당된다. 따라서 이런 요구에 의해 말라리아의 전파를 차단하는 백신이 개발되고 있으며, 이는 또한 말라리아 백신 개발사업의 중요한 목표가 될 것이다. 최근 말라리아 전파 차단의 잠재력이 있는 백신(포자소체 또는 생식모세포 단계에서)이 개발되었다. 전파-차단 백신은 특히 삼일열원충(*P. vivax*; 아시아의 우성 기생충)을 퇴치하는데 중요하다. 삼일열원충이 특히 문제가 되는 이유는 간에서 휴면기를 갖기 때문인데, 기간이 한 달이 될지, 일 년이 될지 알 수 없기 때문에 더욱 위험하며, 주기상 감염이 재발할 수도 있는데, 이는 열대열원충(*P. falciparum*)보다 삼일열원충의 퇴치를 더 어렵게 만든다.

세계적으로 유명한 말라리아 학자이며, (최근 세대의 과학자들에 의해) 말라리아 과학의 신이라고 불리는 브라이언 그린우드_Brian Greenwood와 동료 과학자들은 '말라리아 조절, 퇴치 또는 근절의 성공은, 과학과 공공보건이 기존 방법의 유효 수명을 늘리면서 열원충 기생충의 복잡한 라이프 사이클을 중단시킬 새로운 중재법을 만들기 위하여 얼마나 잘 공조하는가에 달려있다'라고 주장한다(*Journal of Clinical Investigation*). 연간 1인당 5달러 정도면 효과적인 말라리아 조절 프로그램을 만들 수 있기 때문에 말라리아의 예방과 치료는 가능하다. 그 예로 살충 처리된 모기장(ITNs)이나 실내잔류분무(indoor residual spraying, IRS) 그리고 아르테미시닌 병용요법(ACTs)을 들 수 있다. 이 금액은 적은 것 같지만, 가난한 국가에서는 평균 수준으로 살아가는 가구의 일주일 봉급에 해당된다. 이러한 간단한 개입으로 폭넓은 보장을 이룰 수 있지만, 가난한 국가에서는 역시나 보조금이 필요하다. AIDS, 결핵 그리고 말라리아에 대항하려는 세계기금의 계획과 다른 기관들에 대한 국제사회의 지원을 지속적으로 유지하고, 늘리는 것이 중요하다. 가난한 국가에 사는 라민을 비롯한 많은 아이들이 말라리아에 의해 죽었고 많은 이들이 또 죽을 것이지만, 그 숫자를 계속 줄이도록 해보자. 가능할 것이다.

더 읽을거리를 위한 자료와 제안

말라리아의 역사를 위해 Desowitz의 『*The Malaria Capers: Tales of People and Parasites*』(W. W. Norton & Company, 1991, New York)와 S. Litsios의 『The Tomorrow of Malaria』(Pacific Press, Wellington, New Zealand, 2nd edition, 1997)를 참고하였는데, 이것들은 매우 읽기 쉽고 유용한 정보를 주며, Walpole, Laveran과 Manson으로부터의 인용은 각각 151쪽, 167쪽, 35쪽에 수록되어 있다.

『*Essential Malariology*』(David Warrell and Herbert Gilles, Arnold

에 의해 출판, 2002)는 말라리아의 임상, 연구와 공중보건 영역을 포함하고 있는 표준 교과서이며, 또한 질병의 진단, 치료, 예방을 포함한 실용적 지침서이다. 말라리아에 대한 최신의 훌륭한 종설논문으로는 *The Lancet* (2005; 365: 1487-1498)에 게재된 Brian Greenwood 등의 'Malaria', *Journal of Clinical Investigation* (2008; 118: 1266-1276)에 발표된 Brian Greenwood 등의 'Malaria: progress, perils, and prospects for eradication', *Parasite Immunology* (2009; 31: 582-586)에 실린 Brian Greenwood와 Geoffrey Targett의 'Do we still need a malaria vaccine?'이 있다. Nick White와 그 동료들은 *The Lancet* (1999; 353: 1965-1967)에 'averting a malaria paper'를 발표하였다. Jeffrey Sachs의 『*The End of Poverty*』 (Penguin, New York, 2007)는 세계가 빈곤에 어떻게 대응할 것인지에 대해 매우 다른 아이디어를 가진 것으로, 내가 이 장에서 인용한 3개의 책 [Paul Collier의 『*The Bottom Billion*』 (제12장 참조)과 William Easterly의 『*The White Man's Burden*』 (제1장 참조)] 중의 하나이다. 『*Shrinking the Malaria Map. A Prospectus on Malaria Elimination*』 (Richard Feacham, Allison Phillips와 Geoffrey Targett에 의해 편집; The Global Health Group, Global Health Sciences, University of California, San Francisco, 2009)은 자세하고 실용적인 로드맵으로서 말라리아 근절을 위해 선택할 수 있는 방향성과 도구를 포함한 대안을 제공한다. *PLoS Medicine* (2007; 4: e309)에 Achuyt Bhattarai 등이 발표한 'Impact of artemisinin-based combination therapy and insecticide-treated nets on malaria burden on Zanzibar' 논문은 말라리아가 유행하는 국가에서 말라리아 방지 효과가 장기간 지속되면서도 안정되어 있는 방법의 확산과 함께 아르테미시닌을 기반으로 한 통합치료를 강력하게 제안하였다. 감비아에서 말라리아 질병과 사망 감소의 지표는 Serign Ceesay와 그 동료

들에 의해 *The Lancet* (2008; 372: 1545-1554)에 보고되었다. A. Kameko 등(The Lancet 2000; 356: 1560-1564)은 대만과 모리셔스(Mauritius)를 포함한 섬 지역에서의 말라리아 근절을 제시하고 있다. Stockholm Convention on Persistent Organic Pollutants의 내용은 웹사이트 www.chm.pops.can에서 찾아볼 수 있다.

제 3 장

결핵과 인체면역결핍바이러스

만약 질병이 한 개인에게 발생하는 좋지 않은 현상 중 하나라면, 감염병은 거대한 인류의 삶에서 일어날 대혼란 현상일지도 모른다.

루돌프 피르호_Rudolf Virchow[15)], 1848

라메쉬_Ramesh 이야기

만약 당신이 뭄바이국제공항에서 시내 쪽으로 고속도로를 지나가게 된다면, 세계에서 가장 큰 사창가 중에 하나인 주후(Juhu)지역을 접할 수 있을 것이다. 주후는, 8개 부문에서 아카데미상(Oscar)을 수상한 영화『*슬럼독 밀리어네어*(Slulmdog Millionaire)』의 배경으로 유명한 뭄바이 빈민가 가립 나가르(Garib Nagar) 지역과는 다르다. 22살 라메쉬는 주후의 두 개

15) 독일의 병리학자(1821~1902). 병리학 분야에 저서『세포병리학』을 비롯하여 백혈병, 병적 종양, 색전증뿐만 아니라 인류학과 의사학 분야에서도 두개골의 측정, 트로이 전쟁의 발굴 유물 연구, 병원사와 매독사의 연구, 의학자의 전기 집필 등의 업적이 있다.

의 방이 딸린 판잣집에서 부모님, 두 남동생과 여동생 한 명과 같이 산다. 가족 중 유일한 수입원인 라메쉬는 너무 아파서 일을 할 수 없을 때까지 근처 가게 코너에서 보조원으로 일당 2달러 밥벌이를 하였다. 라메쉬가 발병 초기에 보건의료서비스(health care)를 찾아가지 못했던 것은 최근 뇌졸중(stroke)을 앓는 아버지 간병, 비참한 재정 상황, 자신의 심각함을 인지하지 못한 실수 등이 복합적으로 작용했기 때문이다. 라메쉬가 의사를 찾았을 때, 전형적인 폐결핵(lung tuberculosis)의 증후와 증상(때로는 피로 얼룩진 심각한 기침)이 한 달 이상 심각하게 지속되었으며, 밤새 고열이 나고, 10kg 이상 체중이 감소하는 등 여러 가지가 발생하였다. 그의 흉부 엑스선(X-ray)에서 오른쪽 폐의 중간 폐엽과 윗부분에 큰 병소를 가진 청진 이상 부위가 발견됐다. 가래에는 (폐렴으로 진단한 후 나중에 배양된) 항산막대균(acid-fast bacilli)이 있었다. 라메쉬는 또한 심각하게 (특히 병으로) 쇠약하고, 빈혈이 있었으며 일반적인 증상인 발진을 보였다. 라메쉬는 상담 후에 HIV검사를 할 것도 허락했다: 초기 검사와 확진 검사에서 HIV 양성으로 나타났다. 라메쉬는 혈액 속에서 병균과 싸우는 세포의 수를 측정한 CD4 세포 수가 1mm^{3}당 200개로 낮은 수준이었다. 라메쉬는 병원에 입원하여 결핵 표준 다제약제 치료를 받았다. 나중에는 빈혈과 피부발진 증상의 치료와 함께 후천성면역결핍증(AIDS)의 치료도 시작했다.

결핵

> 독일은 올해 최악의 상황이다. 결핵은 영양실조에 걸린 노동자 계층, 특히 청소년들에게서 많이 발생한다.
>
> 아그네스 메들리_Agnes Medley, 1921

결핵(tuberculosis)은 오랜 역사동안 인류를 괴롭혀왔다. 결핵에 감염된 사람이 기침과 재채기를 할 때 사람과 사람에게 공기를 통해 전파된다. 결핵의 원인이 되는 박테리아는 주로 폐를 공격한다. 그렇지만 결핵은 신장, 척추, 그리고 뇌를 포함한 신체의 다른 장기(臟器)도 공격할 수 있다. BC 4000년경으로 거슬러 올라가보면, 중국문헌에서 결핵의 증거를 발견할 수 있으며, BC 2000년경 인도의 종교문헌에서도 볼 수 있다. BC 400년경 고대 그리스시대에 히포크라테스_Hippocrates[16] 또한 '소모성 질환(phthisis)'(이 용어는 소모한다는 그리스어에서 유래)이라고 한 아리스토텔레스_Aristotle[17]처럼 결핵에 대하여 언급한 적이 있다. 결핵은 1600년대 유럽에서 시작되었고, 200년 이상 계속된 '백인의 대역병(great white plague)'이라 불렸다. 결핵의 역사를 통해 일반적으로 사용되는 소모성 질환과 백인의 역병의 다른 이름은 연주창(scrofula)[18], 소모병(몸의 체력이 점진적으로 소진), 결핵(tubercle bacillus, 결핵균 그 자체나 산출물이 존재)이다. 결핵으로 인한 사망은 특히 젊은이들과 가난한 사람들 사이에서 흔하게 발생하지만, 엘리트들도 결핵에서 자유롭지는 못했다. 결핵은 존 키츠_John Keats[19], 프레데릭 쇼팽_Frederyk Chopin[20], 프란츠 카프카_Franz Kafka[21], 조지 오웰_George Orwell[22]과 같은 문화적 우상인 유명 인사들의 삶을 단축시켰다. 19세기 결핵은 비록 치명적이었지만, 1853년 베니스(Venice)에서 첫 공연된 『*라 트라비아타 (La Traviata)*』[23]에서 비올레타_Violetta의 얼굴에서 보이듯이 로맨틱하게 여겨지기도 했다. 동시에 결핵은 유전적으로 걸리기 쉬운 사람들에게서 나타나는 일종의 장애

16) 그리스의 의사(460?~377? B.C.), 의학의 아버지(Father of Medicine)라 불림
17) 고대 그리스의 철학자(384~322 B.C.)
18) 목 부위 림프샘의 결핵성 부종인 갑상선종이 헐어서 터지는 병
19) 영국의 시인(1795~1821)
20) 폴란드 태생인 프랑스의 피아니스트·작곡가(1810~1849)
21) 체코 출생의 소설가(1883~1924)
22) 영국의 소설가·비평가(1903~50), 정치우화 『동물농장(Animal Farm)』으로 명성을 얻었고, 지병인 결핵으로 입원 중 걸작 『1984년』을 완성
23) 뒤마의 소설 『춘희(椿姬) La Dame aux Camélias』(1848)를 소재로 한 이탈리아의 작곡가 베르디의 오페라(3막 4장으로 구성)

로 여겨졌다. 평균적으로 차츰 허약해지던 세대에서는 아름다운 여성들이 결핵을 감염병으로 간주하지 않고, 단지 연약한 여성들의 짧은 삶이 촛불의 불꽃 주위에서 팔랑이는 나방의 아름다움과 같다고 생각했다.

로베르트 코흐_Robert Koch(1843~1910)[24]는 박테리아연구 분야의 신으로 여겨질 수 있으며, 현미경으로 항산막대균을 발견하는 그의 방법은 결핵의 박테리아 진단을 위한 황금 기준(gold standard)으로 여겨진다. 코흐는 1882년 3월 베를린생리학회(Berlin Physiological Society) 주관의 국제학회에서 결핵의 원인인 결핵균(*Mycobacterium tuberculosis*) 조직의 발견을 발표했다. 1896년에 푸치니_Puccini[25]의 오페라 『*라보엠*(*La Boheme*)』이 튜린(Turin)[26]에서 처음으로 공연되었을 때, 푸치니와 전 세계 사람들은 결핵이 가난한 사람들의 비좁고 불결한 상태에서 더욱 심각해지는 감염병으로 알고 있었다. 미미_Mimi는 여전히 비올레타만큼 아름다우며 비극적으로 운명한 것으로 알려졌지만, 『*라보엠*』의 무대는 『*라 트라비아타*』 보다 과학적으로 더욱 진실하고 사회적으로는 더더욱 현실감 있어 보인다. 오페라에서 미미의 심한 기침이 무엇을 의미하는지, 그래서 그녀의 애인인 시인 로돌포_Rodolfo는 그녀의 질병이 무엇을 암시할지 두려웠기 때문에 그녀를 캐스팅하지 않았다.

결핵균의 발견에 관한 코흐의 연구는 전 세계적으로 지대한 관심을 받게 되었고, 런던타임지(London Times)와 나중에는 뉴욕타임지(New York Times)에 과학자들에 의해서 요약, 보도되었다. 편집자들은 코흐의 발견이 결핵 치료법으로 발전될 것이라고 추측했다. 사

---

24) 독일의 세균학자·의학자, 노벨 생리·의학상 수상(1905)

25) 이탈리아의 가극 작곡가(1858~1924)

26) 이탈리아 북서부의 상공업 도시(토리노)

람들은 결핵을 '사자(死者)의 대장(captain of the men of death)'으로서 두려워했고, 19세기 유럽과 미국에서는 약 7명 중 1명이 결핵 때문에 사망한 것으로 나타났다. 그러므로 결핵은 놀랄만한 것이 아니었고, 코흐의 발견 소식은 결핵의 즉각적인 통제에 관한 것으로 간주되어 비현실적인 희망을 불러일으켰다. 실제로 효과적인 치료법이 가능해지기까지는 60년이 더 걸렸다. 결핵을 마땅히 치료할 의학적인 방법은 별로 많지 않았지만 사회적으로 위생 상태가 나아졌고, 적절한 영양 상태는 사람 간에서의 감염률을 감소시켰고, 결핵균에 대한 사람들의 저항력도 강해졌다. 두 가지 기능(아프거나 감염을 발생시킬 수 있는 사람들을 격리시키며, 적절한 식이요법과 더불어 깨끗한 환경에서 휴식을 취하며 감염 관리가 잘되고 있는 병원에서 치료를 받도록 함)을 제공하는 요양소들이 영국과 미국에서 많이 설립되었다.

1944년 미국에 이민 온 러시아인 셀먼 왁스먼_Selman Waksman[27]은 토양 미생물인 스트렙토미세스 그리세우스(*Streptomyces griseus*)[28]로 만든 스트렙토마이신(Streptomycin)이라는 항생제를 발표하였다. 이 항생제는 결핵균에 대항하여 활성화되는 것이었다. 스트렙토마이신의 사용은 빠르게 증가하였지만, 변종에 저항할 수 있는 파라아미노살리실산(para-amino-salicylic acid, 1949), 이소니코틴산 히드라지드(isonicotinic acid hydrazide) 혹은 아이나(isoniazid, 1952)의 개발로, 이 세 가지로 이루어진 치료법(triple-therapy)이라는 병용요법이 더욱 효과적으로 사용되었다. 이어서 피라진아마이드(pyrazinamide, 1954), 사이클로세린(cycloserine, 1955), 에탐부톨(ethambutol, 1962)과 리팜피신(rifampicin, 1963)이라는 항결핵제가 등장하였다. 장기

---

27) 러시아 태생의 미국 세균학자(1888~1973), 노벨상 수상(1952)

28) 스트렙토미세스(Streptomyces) 속의 방선균

간 병용치료법(long-term combination therapy)은 결핵치료법의 표준이 되었다.

미국에서는 1900년대, 연간 100,000명당 110명이 결핵으로 사망하였으나, 1950년에는 22명까지 감소하였다. 그리고 여러 가지 다양한 항결핵제의 이용이 가능해진 1960년에는 5.4명, 1975년에는 1.2명만이 사망하게 되었다. 만약 항결핵제들이 발견되지 않았다면, 그 유병률이 감소되었을지 아닐지 결코 알 수 없었다. 하지만, 항결핵제의 사용을 가능케 한 1950년대 임상시험은 분명 유병률 감소에 지대한 영향력을 끼쳤다. 몇 년 내에 부유한 국가들의 요양소들이 대부분 없어지거나 그동안 흉부외과 전문의의 생계 수단이었던 결핵을 대체할 질병 -예를 들면, 만성 기관지염, 폐기종, 폐암- 등을 취급할 '흉부(전문)병원'으로 전환될 것이다.

많은 전문가들은 머지않아 결핵을 항생제로 제어할 수 있다고 예상했지만, 그 생각이 바뀌었다. 가장 최근의 세계 결핵 감염 추정치는 2007년에 9천 3백만 명으로 이 중 새로운 환자인 1천 7백만 명이 사망하였다. 그림 3.1에서와 같이 새로운 환자 발생의 부담이 큰 지역은 주로 아프리카, 아시아, 전 소비에트 공화국으로 나타난다. 신규 환자의 절반이 아시아(인도 단 한 국가에서 2천 1백만 명)에서 그리고 삼분의 일이 아프리카에서 발생하였다. 결핵 감염자 중 80%를 15세와 65세 사이의 노동인력이 차지하여 거대한 경제적 손실을 초래하였다. 결핵 예방, 진단과 치료에 있어서 기존의 방법이 갖는 한계점은 이 질병에 걸린 사람들이 HIV-감염 의심자로 증가되었다는 점과 병용약물요법(combination drug-therapy)에 내성이 있는 변형균의 출현이 강조된 것이다. 이에 1993년 세계보건기구(WHO)는 결핵을 보건 분야의 국제적인 긴급과제라고 선언하였다.

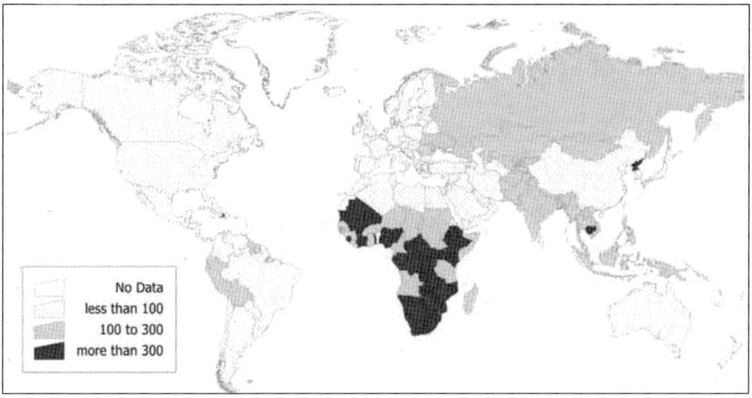

그림 3.1 결핵 신환(연간 인구 100,000명당)의 세계적 분포를 보여주는 지도

출처: Millenium Development Goals Indicators. mdgs.un.org/unsd/mdg에 있는 MDG 지표에 대한 UN의 공식 사이트. (2010년 2월 17일에 접속)

현미경검사법(microscopy)의 발견 후 이는 지금까지 125년 동안 폐결핵 진단의 초석이 되었다. 이 현미경검사법은 요구되는 도구가 비교적 간단하여 다른 방법에서도 쓸 만하고, 결핵유병률이 높은 지역에서도 유용하기 때문에 결핵을 진단하는데 있어서 특별하다. 그러나 이 검사법을 이용하기 위해서는 박테리아가 발견될 수 있을 정도로 침 속에 고농도로 존재해야하는 반면, HIV감염 환자들은 종종 적은 박테리아를 가지기에, HIV가 유행하는 지역에서의 현미경검사법의 민감성(sensitivity)은 떨어진다. 가래도말 양성 결핵(sputum -positive tuberculosis) 환자들의 절반 이상이 현미경검사법에 의해 반드시 발견되지 않는다는 점이 가장 큰 장애요인이다. 현미경검사법으로 인한 성과가 가장 저조하였던 세계의 특정 지역에서는 결핵의 조기발견에 대한 필요가 매우 많았다. 진단서비스에 대해 보다 나은 접근성, 보건전문가의 교육, 그리고 단순하지만 양질의 가래 채취 지침(sputum-submission guidance)의 제공에 따른 환자의 교육을 통

해 검사받아야 할 잠재적인 결핵 진단이 늘어나 비로소 환자들의 수가 증가되었다.

결핵에 대한 전통적인 단기요법은 지난 수십 년 동안 변화되지 않았다. 가장 흔하게 권장되고 효과적인 병용요법은 첫 2개월 동안 환자에게 아이나, 리팜피신, 피라진아마이드, 에탐부톨을 투여하고 난 후 연속해서 4개월간 아이나, 리팜피신을 추가하는 것이다. 실제적인 보건사업 여건 하에서 부분적이나마 많은 환자들이 일단 자신의 증상들이 좋아지면 매일매일 치료를 계속한다는 것이 어렵다고 알고 있기 때문에 치료완성률은 다양한 차이를 보인다. 완벽한 치료의 실패는 감염이 없어지지 않고 재발되는 것, 약에 대한 내성이 생기는 것과 연관이 있다. 직접 복약 확인치료, 단기요법(Directly Observed Therapy, Short course, DOTS)은 치료의 완성도를 높이기 위해서 환자가 진료소 직원, 지역사회 보건담당자 또는 가족 구성원에 의해 6개월간 결핵약의 복용을 감독받는 것도 포함한다. 새로운 항결핵제를 찾는 것은 다제내성 결핵환자의 치료를 향상시키고, 치료의 기간을 줄이기 위해서 필요하다.

세계적으로 결핵 환자의 4% 이상이 다제약제내성 균종(multi-drug resistant strain)에 감염되었다고 추정되는데, 이에 대한 치료는 그 기간이 늘어나고 효과적이지 못하며, 비용도 비싸지고 환자들이 잘 견디지도 못한다. 더더욱 놀랍게도, 상당히 많은 다제내성 결핵 환자들의 비율은 점차 늘어나고 있으며, 일명 '광범위한 약제 내성 결핵'에 의해 초래된다. 이 용어는 정확히 이 질병의 중증도를 정의하는 것이 아니라, 현재의 약으로는 결핵의 치료가 어려운 실정이라는 것을 보여주는 내성의 수준을 묘사한다. 라메쉬가 결핵 치료를 받는 동안 병원장의 딸이 약제 내성 결핵으로 사망하였다. 다른 뭄바이 병원에서 감염병동의 의사로 일해 왔던 그녀는, 두통과 경도의 발열이 있었고 구토를 시작하면서 의식이 분명치 않아져 목 경직이 발현되었다. 그리고 뇌척수액(cerebrospinal fluid) 검사에서 그녀는 결핵 뇌수막염으로 진단받았다. 그녀는 표준 치료방법으로 치료받다가 테스트에서 다제내성 결핵으로 판단되어 다른 약제들을 추가로 처방받았다. 그러나 2개월 동안의 치료에도 불구하고 그녀는 결국 사망하였다.

또 다른 문제는 현미경검사법으로 발견할 수 없는 가래도말 음성 결핵(smear-negative disease)이다. 비록 이러한 질병이 보다 낮은 전파 특성을 가지고 있을지라도 국제적인 결핵 질병과 사망률에 중대하게 기여한다. 빌·멜린다 게이츠재단(Bill and Melinda Gates Foundation)으로부터 초기 재정을 지원받아 2003년에 세계보건총회(World Health Assembly)에서 출범한 혁신진단기법재단(Foundation for Innovative New Diagnostics)은 산업체와 학계 전문가 그룹이 공동으로 보건의료체계의 수준에 맞게 현미경검사법을 적절한 진단 기술로 대치하거나 향상시키고자 노력하였다. 그 결과 나타난 진단기술은 가래도말 양성 결핵을 발견하는데 사용되었다. 또한 그들의 다른 업무로는 가래도말 음성 결핵 환자의 진단, 약 감수성검사, 그리고 잠재감염의 발견을 위한 새로운 진단도구의 개발을 계속적으로 수행하는 것이었다. 기술은 이용 가능한 인적 자원에 부합하도록 각기 다른 보건의료체계의 수준 및 진단학적 질문의 복잡성 정도에 따라 즉, 대부분의 환자들이 무엇보다도 첫 번째로 치료받을 수 있고 어느 장소에서든 가장 기본적인 단계에서 이용될 수 있는 진단검사법들에 우선순위를 두고 개발되었다.

1921년 파리에 있는 파스퇴르연구소(Pasteur Institute)에서 개발한 막대균(Bacillus Calmette-Guérin, BCG) 백신은 결핵 예방을 위해 현존하는 유일한 백신이다. BCG는 소결핵균(*Mycobacterium bovis*),

즉 (약해졌지만) 살아있는 소결핵막대균의 균주로부터 만들어졌고, 수년 동안 인공배지에서 특별히 배양되어 인간의 몸에서 독성을 상실하게 되었다. BCG는 어린이들에게 있어서 뇌수막염과 같이 심각한 결핵에 대항하여 어느 정도 예방을 해주지만, 열대지역의 가난한 국가들에 사는 성인 폐결핵 환자들에게는 비현실적이다. BCG는 어린이들을 보호해주기 때문에, WHO는 결핵이 풍토병으로 매우 흔하게 전파되는 국가에서 태어난 모든 어린이들에게 BCG를 예방접종하도록 권장하였다.

최근 결핵에 대한 수많은 새로운 후보 백신들이 개발되었고, 동물에게 시험했을 때 희망적인 결과들도 보여주고 있다. 그들 중 일부는 사람을 대상으로 안전성 임상시험에 들어가 있다. 일부 백신들은 면역계에 의해 인지되는 특정 결핵항원에 과도하게 발현되도록 고안되었다. 즉, 인체의 방어기능이 결핵균에 폭로되도록 미리 준비시켜 준다. 또 다른 후보 백신들은 박테리아가 세포에 은폐(은폐는 박테리아가 신체 면역체계를 피해가는 전략)하는 것을 예방함을 목적으로 한다. 결핵으로부터 소아 및 성인 인구를 모두 예방할 수 있고, 잠재결핵이 활동성 질병단계(전 세계 인구의 3분의 1이 결핵균에 감염되었다고 추정)로 진행되는 것을 예방하고, 그리고 약물요법의 기간을 단축시키거나 재발의 위험을 줄여주는 새로운 결핵 백신들이 결핵을 관리하려는 우리의 접근방향을 근본적으로 바꾸어 줄 수 있다.

그러나 우리가 새로운 진단, 신약과 백신을 기다리는 동안, 언론은 결핵의 대참사에 대해 강조할 필요가 있다. 특히 사하라사막 이남의 아프리카지역에서는 HIV로 인한 유행이 상존한다. 2007년 9백3십만 여명이 새로이 결핵에 감염되었다고 보고되었는데, 이중 1백3십만 명은 HIV에도 함께 감염되었다. 동시감염인 456,000명이 죽었듯이, 결핵은 HIV에 걸린 사람들의 가장 흔한 사망 원인으로 밝혀졌다. 앞에서 언급한 어려움에도 불구하고, 결핵은 여전히 예방가능하고 치료가 가능한 질병이지만, 보건의료체계를 무력하게 만든다. 결핵에 대한 태도는 보건전문가와 일반 대중 사이에서도 변화해야 한다. 임상검사센터와 의원은 질병의 진단, 보고 및 관리에 있어서 현재를 기준으로 가장 좋은 지침을 따라야 하며, 또한 그렇게 할 수 있는 최상의 도구가 필요하다. 부가적으로 결핵을 억제하려는 노력들은 결핵으로 인한 오명을 줄이기 위해서라도 지역사회의 참여를 요구하며, 의료서비스를 지원하고 지역적인 해결책을 개발해야 한다. 이들은 결핵과 쌍둥이인 끔찍한 HIV에 대해 필수적인 규제성의 보건사업들과 그렇게 다른 것은 아니다.

인체면역결핍바이러스

> 매일, 항레트로바이러스 치료를 받기 시작하는 환자의 세 배 가까운 사람들이 HIV에 새로 감염된다. 우리가 가까운 미래에 후천성면역결핍증을 제거할 수 있으리라는 환상에 기초해서 전략을 세워 나간다면 혼란을 스스로 자초하게 될 것이다.
>
> 피터 피옷_Peter Piot, 2008

1981년 6월 5일에 미국 질병관리본부(US Centers for Disease Control and Prevention, US CDC)는 주폐포자충에 의해 생긴 폐렴이 동반된 면역결핍에 걸린 로스앤젤레스 게이들의 사례를 발표하였다. US CDC는 처음에 이 새로운 질병이 동성애자들에게 한정되어 발생한다고 믿었지만, 연말에는 약물 주사를 사용한 비동성애자에서도 발생했다는 보고를 하였다. 또한, 미국을 벗어나 영국에서도 동일 사례가 발견되었다. 아이티를 포함한 아프리카나 여러 국가의 다른 인구집단에서도 다른 면역결핍증 질환이 발생하였다고 보고되었다.

1983년 5월, 레트로바이러스(나중에 인체면역결핍바이러스 human immunodeficiency virus, HIV의 용어로 불림)는 파스퇴르연구소(Institut Pasteur in Paris, France)의 뤽 몽타니에_Luc Montagnier[29])와 프랑수아 바레 시누스_Francoise Barre_Sinoussi[30])에 의해서 후천성면역결핍증 환자로부터 분리되었다. 그리고 대략 22개월 후에 미국 식품의약품안전청(US Food and Drug Administration, US FDA)은 바이러스를 감지할 수 있는 영리 검사를 승인하였다. 1985년까지 71개 국가들은 17,000명 이상의 AIDS 환자를 제네바의 WHO에 보고하였다.

1980년대를 거치면서, 성행위를 하는 공동체들과 마약주사기를 여러 명이 함께 사용하는 공동체들이 서로 겹쳐지면서 전 세계에서 대략 수만 명의 사람들이 인체면역결핍바이러스에 감염되자, 대부분의 정책결정자들과 일반 대중은 이를 별로 이해할 수 없는 현실로 보았다. 즉, 이 질병은 사회의 주류에서 벗어난 집단에 집중되어 발생하는 것처럼 보였다. 대다수 국가들의 정부는 인체면역결핍바이러스나 이와 관련된 위험한 행동이 자국(自國)에서 발생되었다는 것을 부인하였다. 그러나 몇몇 역학자들과 사회운동가들은 이 감염병이 세계적 범유행병이 되어 결핵을 능가하게 될 것이라고 예상하였다. 대부분 사람들은 이 병에 대해 회의론적인 입장이었다. 동시에 이 유행은 미디어의 조명을 받기도 했는데, 그 이유는 잠비아의 대통령 케네스 카운다_Kenneth Kaunda, 영국 락밴드 퀸의 프레디 머큐리_Freddy Mercury, 우간다의 팝 스타 필리 루타야_Philly Lutaaya, 프랑스의 계몽가 미셸 푸코

---

29) 프랑스의 바이러스학자(1932~). 파스퇴르연구소에서 프랑수아 바레 시누시와 함께 후천성면역결핍증을 일으키는 인체면역결핍바이러스를 발견하여 2008년 노벨생리·의학상을 공동으로 수상하였다.

30) 프랑스의 바이러스학자(1947~). 파스퇴르연구소의 레트로바이러스감염예방센터(Unité de Régulation des Infections Rétrovirales) 소장으로 뤽 몽타니에와 공동으로 AIDS의 원인인 HIV를 구명하는 연구를 수행하여 2008년 노벨생리·의학상을 수상하였다.

_Michel Foucault[31], 미국의 유명 배우 록 허드슨_Rock Hudson, 농구 스타 매직 존슨_Magic Johnson과 같은 사회 저명인사들이 이 병에 걸렸기 때문이다.

1980년대 말과 1990년대 초 잠시 동안 미디어의 소동은 없어졌지만, 인체면역결핍바이러스는 1990년대 동안 전 세계로 끊임없이 번져나갔다. 1990년대 말 HIV의 유병률은 세계적으로 약 1%에 못 미쳤지만, 사하라사막 이남 아프리카지역의 15~49세 성인 중 6%가 HIV에 걸려 있었다. 인체면역결핍바이러스가 어떻게 전파되는 지에 대한 정보가 비록 일찍이 알려졌지만, 이 질병에 대한 최초의 대응은 지연되었고, 매우 충분하지 않았으며, 분산되어 있었으며 일관성도 없었다. 1980년대 중반 미국에서는 후천성면역결핍증 환자의 대부분이 백인 동성애자가 차지하게 되면서, 이것은 '게이의 질병'이라는 인식이 퍼졌다. 이 범유행병이 들끓고 있는 아프리카 및 카리브해지역과 같은 많은 국가들에서도 도덕적 믿음과 편견 때문에 세계적인 오명을 어쩔 수 없이 뒤집어쓰게 되었다. 치료 방법이 없는 '보잘 것 없는 병(slim disease)'으로 죽어가는 아프리카지역의 AIDS 환자의 사진은 에이즈에 대해 공포 분위기를 만들었고, 누적된 인종차별과 질병에 대한 부정적 인식을 더욱 불러일으켰다. 많은 종교단체들은 후천성면역결핍증 환자를 동정적으로 돌보았지만, 콘돔을 제공하거나 어린아이들에게 성교육을 하는 것을 거부하였다. 이는 상대를 가리지 않고 이루어지는 성교를 용서하거나 권장하는 것으로 보일까봐 인식되었기 때문이다.

비록 인체면역결핍바이러스/후천성면역결핍증 감염자의 수가 인구성장과 비례하여 늘어났지만, 1990년대 말 이래 세계적으로 의과학의 진보와 함께 환자의 치료가 가능해졌고, 그 덕분에 HIV의 유병률은 안정화되었다. 현재 인체면역결핍바이러스 감염자는 3천 3백

31) 프랑스 출신의 사학자, 철학자(1926~1984)

만 명으로 추정된다. 2007년에는 2백 50만 명이 새로 감염되었고, 2백 10만 명이 후천성면역결핍증과 연관된 질병으로 사망하였다. 지난 25여 년 동안 백신은 개발되지 않았고, 신규 감염자 수는 여전히 치료에 접근하는 수를 앞지르고 있다. 따라서 어떤 조치를 취할 지에 대한 계획을 장기적으로 수립할 필요가 있다.

1980년대의 연구는 인체면역결핍바이러스가 인체에 침투하는 정확한 경로를 규명하였다. 사람에서 사람으로 정액, 질 분비액과 피를 통해서 감염되며, 인체면역결핍바이러스의 주요 목표 장기는 신체로부터 외부 병원균을 제거하는 면역계 세포('병원체와 싸우는' CD4 세포/대식세포)이다. 면역계 세포로 들어간 후 바이러스는 복제 과정을 시작하며, 이는 유일한 전파 경로로 새로운 감염세포를 지속적으로 퍼트린다. 이런 과정에서 면역계는 황폐화될 수 있다. HIV는 생애주기(life cycle) 동안 자신의 유전 물질을 숙주세포에 전달하며, 또한 세 가지의 주요 바이러스성 효소의 사용을 필요로 한다. 이 세 가지 효소들은 바이러스 복제 과정에 필수적이기에 인체면역결핍바이러스의 가장 진전된 치료방법은 효소의 이러한 작용을 막는 것이다.

1986년에 미국 식품의약품안전청(US FDA)은 인체면역결핍바이러스의 복제를 예방하기 위해 사용할 수 있는 최초의 항바이러스제제인 지도부딘(zidovudine, 'AZT')을 승인하였다. 1986년과 1991년 사이 HIV에 감염된 환자에 대한 항바이러스성 치료의 기준이 된 것은 당시 매우 비싼 약인 단일 약제였다. 결핵과 마찬가지로 단일 약제에 의존했던 인체면역결핍바이러스의 치료법은 내성을 보이기 시작했다. 다양한 항바이러스약제의 개발은 단일치료(monotherapy)에서 병용요법을 가능하게 했고, 이에 따라 동시에 두 개 혹은 그 이상의 항바이러스약제들의 다양한 약효들을 얻게 되었다. 이러한 약들의 조합은 고활성항레트로바이러스치료(highly active antiretroviral therapy, HAART)라고 불린다. 병용요법의 효과성에 대한 뉴스가 그 해 밴쿠버에서 열린 후천성면역결핍증 국제회의에서 발표되었고, 컨퍼런스 이후 뉴스 보도에서는 후천성면역결핍증 유행의 종결을 언급했다. 뉴욕타임지의 헤드라인, "흑사병이 끝났을 때: 유행병의 쇠퇴기"는 경제적 여유가 없어서 치료받지 못한 수많은 환자들에게 잘못된 희망을 갖게 하였다. 사실 병용요법은 과거에도 기적적인 치료가 아니었고, 현재에도 기적적인 치료가 아니다. 즉, 이는 인체에서 인체면역결핍바이러스를 제거하지 못했으며, (원치 않은 부작용이 발생하더라도) 평생 동안 엄격한 복용 계획을 지속적으로 지켜나가야 한다.

필자는 1983년에 탄자니아 남서쪽의 시골 병원에서 4개월 동안 인턴으로 일하던 시절 인체면역결핍바이러스 감염 환자를 처음으로 경험한 바 있다. 당시, 필자를 포함하여 경험이 풍부한 선임의사들도 카포시육종(Kaposi's sarcoma)이 HIV와 관련 있다는 사실을 전혀 알지 못했다. 20년 후 동아프리카와 서아프리카에서 내과의사로 일하고 있을 때 나는 수많은 인체면역결핍바이러스 양성 반응의 환자들을 치료하였고, 그 중 일부는 내 동료들과 친구들이었다. 나는 그들이 일찍이 또한 천천히 고통스럽게 죽어가는 것을 보아왔다. 2002년에는 감비아 파라페니의 친구들과 동료들이 인체면역결핍바이러스와 관련된 질병으로 인해 매우 심각한 상태인 채로 발견되었다. 그는 아프리카 시골에서 항레트로바이러스 치료를 받을 수 있는 첫 번째 환자가 되었고, 치료를 위해 매달 세네갈 카올락(Kaolack)지역의 정부병원으로 후송되어야 했다. 이것은 에이즈, 결핵 및 말라리아 퇴치를 위한 세계기금(Global Fund against AIDS, Malaria and Tuberculosis)의 후원으로 이루어지는 치료 프로그램이었다. 그는 여전히 매일 치료를 받고 있다.

2003년에는 WHO가 항레트로바이러스 약제에 대한 접근성이 떨어진 상태를 국제보건(international health)의 또 다른 긴급 상황으로 선언하였다. 당시 WHO의 이종욱 박사가 이를 진두지휘했는데, '5에 의한 3(three by five)'이라는 목표로 3백만 명에 대한 치료약제의 공급을 2005년 말까지 달성하자는 것이었다. 비슷한 시기인 2003년 말과 2004년 초 윌리엄 빌 클린턴 재단은 두 가지 약제의 가격인하를 위하여 선도적 제약회사이기도 한 '거대한 공룡 제약회사(Big Pharma)'와 협상을 중개하였다. 두 가지 협정으로 인체면역결핍바이러스/후천성면역결핍증의 검사와 치료비용이 3,600달러에서 250달러까지 줄었다. 2007년 말까지, 비록 치료가 요구되는 것으로 추정되는 9백 70만 명의 인구 중에서 3백만 명이라는 목표를 이루지는 못했지만, '5에 의한 3'은 가난한 국가들에 대한 치료 접근성을 보장하는데 중요한 역할을 하였다.

불행히도 의료에 대한 접근성 확보 캠페인은 예방 캠페인으로 연결되지 못하였다. 가난한 국가에서는 감염자 중 20% 정도만이 자신의 HIV 감염 상태에 대해서 알고 있었다. 한 조사에 따르면, 15세에서 24세의 인구 중 40%의 남성과 38% 정도의 여성만이 HIV에 대해 정확하고 포괄적인 지식을 가지고 있었으며, 또한 어떠한 방법으로 감염을 피할 수 있는지를 알고 있었다. 국제보건 정책결정자들은 유행병 발생 초기에 가난한 국가로부터의 요구에 대한 지원과 치료를 무시했고, 근래에는 예방에 대한 노력 없이 항레트로바이러스 치료만을 확대하는데 투자를 함으로써 적절한 예방과 치료의 균형을 이루는 것에 실패하였다.

2004년 2월, 당시 인체면역결핍바이러스/후천성면역결핍증 세계경영인연합회(Global Business Coalition on HIV/AIDS) 의장이었던 리차드 홀브룩_Richard Holbrooke은 뉴욕타임즈에서 HIV의 정기적인 검사에 대해 다루어 주기를 간청하였다. 그는 일반적인 검사가 결혼하기 전, 아이가 태어나기 전, 그리고 병원에 방문했을 때 이루어져야 한다고 말했다. 그는 광범위하고 정기적인 검사는 인체면역결핍바이러스의 전파를 방지하는데 중요한 방법이라고 주장하였다. 검사가 우선시 되지 않는 것에 대해서 그는 사회로부터 낙인화라는 침통한 마음과 치료가 불가능하다는 사고방식 때문이라고 생각하였다.

후천성면역결핍증, 성과 약물

> 세계은행은 빈곤과 성불형평성이 후천성면역결핍증을 유행시킨다고 짐작했다. 나도 성과 마약이 후천성면역결핍증을 확산시킨다고 생각한다.
>
> 엘리자베스 피사니_Elizabeth Pisani, 2008

나는 후천성면역결핍증의 유행에 있어서, 사람 간에 상대적 주요 요인이 다르다는 것을 확신한다. 세계적으로 인체면역결핍바이러스는 다양한 방법으로 퍼져나가고 있으며, 한 국가 내에서도 인체면역결핍바이러스에 감염되는 위험의 정도는 다양하다. 종종 국가들 사이에 HIV의 감염이나 전파 위험을 줄이고 예방활동을 실천하기 위한 노력 간의 부조화가 발생한다. 주요한 장애 요인은 어느 인구집단이 대상이 되어야 하는 지에 대한 무지가 아니라 목표된 계획의 실행을 막는 정치적, 법적, 문화적, 그리고 사회적 장벽이다. 상황요인, 위험 결정요인과 예방에 대한 장애물은 중재 프로그램을 기획하는데 있어 가장 주목받을 만하다. HIV에 새로 감염되는 대부분 환자들은 청소년들과 성인들의 성행위에 의한 것이며, 낮은 비율이지만 마약주사 사용자들이 바늘을 공유함에 따라 감염되기도 한다. 안전한 성행위를 하는지 혹은 불안전한 성행위를 하는 지는 주로 개인의 선택사항이지만, 이러한 결정은 명백히 동료들이나 가족, 지역사회에 의해 영향을 받는다.

인체면역결핍바이러스에 대한 백신은 아직 없고, 그 백신을 개발하기 위해 지난 25년 동안 10억 달러 이상이 투자되면서, 어려움이나 놀라움을 경험하였으며, 여전히 백신의 효과가 언제쯤 나올 지는 예상하기 어렵다. 전통적인 접근방법은 실패하였다. 폴리오와 같은 감염병에 대한 백신은 인체 내에서 항체 형성을 자극하도록 고안되었는데, 이러한 방식의 인체면역결핍바이러스 연구는 환자 자신뿐만 아니라 환자들 간에도 바이러스 구조의 변이 때문에 백신에 대한 반응이 매우 빈약하고 미약하여서 실패하였다. HIV 백신연구에 대한 어려움은 효과적인 백신 반응을 위해 필요로 하는 면역세포를 손상시키는 인체면역결핍바이러스라는 바이러스 자체의 속성 때문이다. HIV는 지구상에서 서로 다른 비율로 발견되는 명백한 계통 분기들을 포함하는 세 가지 주요 군(群)의 속성을 가지고 있으므로 유전적으로 매우 다양하다. 추가적으로 HIV는 세포를 감염시킨 후에 유전정보를 리보핵산(RNA)에서 데옥시리보핵산(DNA)으로 변환시킨다. 이는 DNA를 인간의 CD4 세포 안으로 숨기기 전에 일어나는 과정이다. 아무 때나 더 많은 인체면역결핍바이러스들을 만들기 위해서 말이다. 그리고 이는, 효과적인 HIV 백신이 몸속에서 인체면역결핍바이러스 생성을 예방하기 위해 오랫동안 면역 반응을 유지할 수 있어야 한다는 것을 의미한다. 마지막으로, 인체면역결핍바이러스 입자 표면의 단백질을 목표로 만들어진 백신은 단백질의 모양과 위치가 항체 표면의 수용체와 합쳐질 때 바뀌기 때문에 비효율적이다. 그러므로 대부분 전문가들은 적어도 향후 20년 동안 백신의 개발이 불가능할 것이라고 언급하였다.

일반적으로 남성 콘돔이 올바르고 지속적으로 사용된다면, 인체면역결핍바이러스의 감염을 효과적으로 막을 수 있다고 알려졌다.

문제는 남성들이 콘돔을 사용하겠는가의 의지 여부에 있다. 세계적으로 여성과 어린 소녀들이 인체면역결핍바이러스가 유행하는 지역에서 감염된 자의 대부분을 차지한다. 사회문화적, 경제적 그리고 성적 불형평성의 차이가 원천적으로 남성 콘돔을 사용할 수 없는 여성의 HIV 감염률을 높이는데 기여를 했다. 신체적 차단법(여성용 콘돔, 경부 피임용 가로막)과 국소 항균성 제품의 사용이 보다 쉽고, 저렴하며, 독성이 없으며, 성관계 중에 HIV 전파를 효과적으로 막을 수 있으나, 아직 덜 알려져 있다.

더욱이 가난과 성불형평에 처한 15세 미만의 아이들은 보통 성과 마약에 연관되지 않은 채 산모에서 직접 자녀에게로 전파되는 수직감염을 통해 인체면역결핍바이러스에 감염되었다. 이러한 모자 수직감염(mother-to-child transmission, MTCT)의 80%가 아프리카에서 발생되었는데, 이로 인해 후천성면역결핍증이 수십 년 동안 아이의 생존을 위협하기 시작했다. 모자 수직감염은 인체면역결핍바이러스에 감염된 여성이 임신기간 동안 즉, 산통, 출산 및 수유과정에서 신생아에게 바이러스를 전달하는 것을 말한다. 여성이 치료를 받지 못하면, 15~30% 정도의 신생아는 임신기간이나 출산 중에 감염되며, 5~20%는 수유 중에 감염된다. 고소득 국가에서는 다양한 방법들에 의해 감염률을 2% 미만으로 낮추었다. 이는 검사와 상담, 항레트로바이러스요법, 제왕절개술을 포함한 선택할 수 있는 안전한 출산문화, 모유수유 대체제의 광범위한 가용성과 안전한 사용 덕분이다. 만약에 이러한 중재가 빈곤국에서도 이루어진다면, 매년 수많은 아이들을 살려낼 수 있을 것이다. 불행하게도, 많은 빈곤국의 환경에서는 선택적 제왕절개술과 지속적인 모유수유의 대체가 종종 안전하지 않고, 수용성이 낮으며, 비용이 많이 든다. 또한, 출산기간 전후로 임산부와 신생아에 대해 항레트로바이러스 치료가 이루어지지 않는다.

산모의 사망률과 유병률을 줄이고, 감염되는 영아의 수를 줄이기 위하여 어린이에 대한 인체면역결핍바이러스 감염의 예방과 치료의 확대가 필요하며, 모자 수직감염에 대한 예방이 강화되어야 한다.

일차원적인 생체 의학의 어떤 측면에서 인체면역결핍바이러스/후천성면역결핍증 치료가 불가능하다면, '병용예방'도 '병용요법'처럼 범유행병을 막기 위해서 필요하다. 비용-효과적이라고 알려진 포경수술도 유일한 방법이 될 수는 없다. 적절한 보건교육이 뒤따르지 않는다면, 포경수술 후의 위험한 성행동의 증가는 반대로 포경수술의 부정적인 영향을 가져올 수 있다.

HIV의 효과적인 예방은 또한 국가적으로 상황에 맞는 접근이 필요한데, 여기에 개인적이며 사회적인 표준, 구조와 인간의 권리가 연계되어야 한다. LA의 게이 남성, 뭄바이의 윤락녀, 두샨베(Dushanbe)의 마약주사 사용자, 캄팔라(Kampala)의 무절제한 커플에 있어서 HIV 감염을 줄이기 위해서는 다양한 접근이 필요하다. 유행이 집중적으로 발생한 경우와 일반적으로 발생한 경우 사이에 세계적으로 명백한 구분이 있다. 유행 시 감염이 한정된 취약집단- 일반적으로 남자와 동성애를 즐기는 남자, 매춘 혹은 약물주사 사용자와 그들의 파트너-에서 발생하면, 집중적인 유행이 시작되므로 이들의 보호가 결국 더 넓은 사회를 보호하는 것이다. 반대로 감염이 사람들의 성행동에 의해 전파되면, 취약집단에게 효과적인 프로그램을 실행하더라도 일반적으로 유행이 지속된다. 광범위하게 살펴보았을 때, 동남 아프리카지역의 경우를 일반적인 유행이라고 할 수 있고(그림 3.2에서 보듯이), 인도를 포함한 아시아지역이 집중적인 유행이라고 할 수 있다. 불행히도 이런 극단 사이에서, 서아프리카나 중앙아프리카는 집중적인 것인지, 낮은 수준의 일반적인지, 혼합적인지가 명확하지 않다.

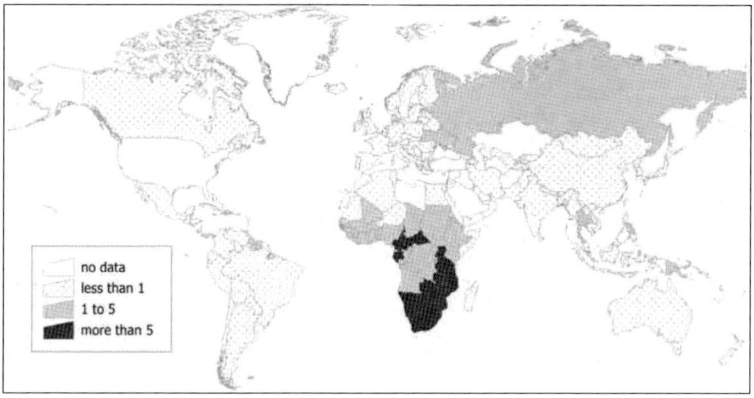

그림 3.2 연령 15~49세 세계 인구 중 HIV 유병률(%)의 세계적 분포를 보여주는 지도

출처: Millenium Development Goals Indicators. mdgs.un.org/unsd/mdg에 있는 MDG 지표에 대한 UN의 공식 사이트. (2010년 2월 17일에 접속)

이 유행병에 대해서 더 잘 알게 되면, 과학적으로 입증된 접근방식에 따라 대응할 수 있을까? HIV 유행을 부채질하는 남성과 남성간 성행위를 통한 전파가 실제 현실에서는 매우 비관적이지만, 과연 대응이 가능한가? 대부분 가능하겠지만, 그렇지 않을 수도 있다. 즉, 동성애에 대하여 열려있는 마음으로 긍정적으로 보는 견해도 있기 때문이다. 만약 성노동자에 의해 시작된 집중적인 유행에 직면한다면, 우리는 무엇을 해야 할지 알고 있다. 교육, 콘돔, 성적 건강, 사회연대성, 성노동자의 권리와 권한 부여를 장려하는 목표가 있는 중재 프로그램들이 성공적이었다고 밝혀졌다.

물론 약물주사 사용자에게 무엇을 해야 하는 지에 대한 좋은 지침도 있다: 깨끗한 바늘과 주사기 사용프로그램, 메타돈을 이용하는 마취제 대체치료, 사용자와 성 파트너를 대상으로 한 콘돔프로그램, 그리고 결핵 예방, 진단과 치료 등이다. 불행하게도 많은 국가들에서 약물주사 사용자의 피해를 최소화하고자 불법으로 유통되는 약의 수요와 보건프로그램의 공급 사이에서 올바른 균형을 찾는데 어려움을 겪고 있다. 정책 수립과 집행 간에 종종 불일치가 발생하는데, 피해 감소 전략을 더 포괄적으로 사용하는 많은 국가들은 강압적 규제방식의 권한을 확보하는데 실패했다.

우간다와 같이 국가 차원에서 일반적으로 유행하는 인체면역결핍바이러스의 유병률을 감소시킨 사례는 예방 프로그램이 매우 유용한 것임을 보여주었다. 우간다에서 방송채널연합은 여러 가지 위험 요인들의 감소를 위해 간단하고 명확한 메시지(첫 성경험을 지연시키거나 많은 파트너의 수를 줄이는 것, 모르는 사람과의 성관계 시 콘돔 사용하기, 성행동으로 감염된 인체면역결핍바이러스의 검사와 치료 옵션)를 널리 전했다. 위험 감소전략(금욕 혹은 파트너 감소)은 또 다른 규정(콘돔 사용) 이상 강조되지 않았으며(동등하게 강조되었으며), 사람들에게 선택권을 주면서 복합적인 전략의 활용을 가능케 했다는 점이 중요했다. 정부의 지원 속에서 지역사회의 참여, 메시지 디자인, 생산과 전파는 다른 중요한 특징이었다.

그러나 한 가지 접근방식은 절대적으로 다른 모든 곳에서도 적용 가능해야 한다. 인체면역결핍바이러스/후천성면역결핍증 예방의 지속가능한 효과는 미래의 어른인 어린아이들의 행동에 달려 있다. 심지어 유행병이 여전히 제한적이나마 특정집단에 집중되어 발병하더라도 모든 어린아이들에게 HIV 예방 관련 필요한 정보를 확실히 제공한다. 또한, 이 유행병은 역동적으로 변화하므로 어느 한 집단에게만 머물지 않는다는 사실도 알려야 한다. 나이에 걸맞은 포괄적인 성교육은 초등학생 연령층에게 명백히 필요하다. 성교육은 종종 비난을 받았던 난혼을 권장하기 위해서 이루어진 적이 없다. 성교육은 성활동을 지연시키고 안전한 성관계를 촉진한다.

모든 국가들에서 또한 필요한 것이 정치적 리더십이다. 리더십이 따르지 않는, 나쁜 정치는 인체면역결핍바이러스의 효과적인 예방의 주요 장애물이다. '조건부원조(tied aid)'는 국가나 NGO 단체가 콘돔 사용과 같은 예방 정책을 피하게 만든다. HIV 예방은 성과 마약 문제를 해결하기를 원한다. 정치적 위기와 연관된 관점에서 정책입안자들은 HIV 예방프로그램을 자연스럽게 제공하지만 마지못해 옹호한다. 그래서 정책결정자들은 대중들을 이끌기 보다는 대중들의 의견에 뒤쳐진다. 추가적으로 짧은 정치적 순환과정은 중·장기적 측면에서 성과의 산출이 예상되는 예방프로그램은 반대하고, 오히려 단기간 눈에 보이는 가시적인 성과들을 이루어낼 만한 공공정책 분야로의 재정지출을 지지하는 등의 편견을 초래하곤 한다. 불행히도 AIDS에 대한 공공정책은 종종 질병 예방보다는 감염 환자의 치료에 더 호의적이다.

결핵, 인체면역결핍바이러스와 빈곤

> 결핵과 인체면역결핍바이러스/후천성면역결핍증은 분리될 수 없다. 이들의 동시 감염은 함께 해결해야 한다. 결핵/인체면역결핍바이러스에 대해 제한되거나 산발적인 치료·예방 활동으로는 충분하지 않다.
>
> 조르제 삼파이오_Jorge Sampaio, 2007

결핵은 가난으로 인한 전형적인 질병이다. 전 세계 80%의 결핵이 발병하는 22개 국가 중에서 17개 국가들이 저소득 국가에 속한다. 이러한 나라들에서 가난한 사람들은 치료받기가 쉽지 않다. 빈곤국에서 결핵관리 프로그램으로 무료 진단과 치료를 제공한다 하여도 가난한 사람들은 막대한 보건의료비 지출에 직면하게 된다. 진단 전의 고비용과 치료기간 동안의 높은 간접비용 때문에 가난한 사람들은 과부담 의료비에 직면하게 된다. 특히 치료에 들어가는 1달러 당

15달러의 생산성을 이끌어 낸다고 추정할 때, 2009년 기준, 전 세계적으로 결핵관리에 필요한 46억 달러 중에서 16억 달러가 부족했다는 것은 부끄러운 사실이다.

세계적으로 인체면역결핍바이러스의 높은 유병률은 가난한 국가들에서 두드러졌지만, 사하라사막 이남 아프리카지역의 최빈국들에서 가장 높은 유병률을 보이는 것은 아니다. 그럼에도 불구하고, 가난이 인체면역결핍바이러스/후천성면역결핍증에 대해 취약성을 증가시키고, 유행으로 인한 황폐화를 더욱 심하게 하는 것은 사실이다. 빈곤은 사람이 인체면역결핍바이러스에 대처할 수단을 빼앗아 버린다. 빈자가 부자보다 더 알지 못하고 인식하지도 못하며, 바이러스로부터 지켜낼 힘이 없고, 이 질병에 감염되면 치료를 덜 받는다. 인체면역결핍바이러스/후천성면역결핍증을 위해 사용가능한 전체 자원은 1996년 3억 달러 미만에서 2007년 100억 달러까지 증가하였다. 에이즈, 결핵 및 말라리아 퇴치를 위한 세계기금, 후천성면역결핍증 구호를 위한 미국대통령긴급계획(US President's Emergency Plan for AIDS Relief), 그리고 세계은행의 아프리카 다국가 후천성면역결핍증 프로그램(World Bank's Africa multi-country AIDS programme)은 가장 긴급히 도움이 필요한 지역을 후원해 왔다. 그러나 예방을 위한 후원금은 치료를 위해 쓰이는 비용보다 덜 모였다. HIV에 감염되거나 전염의 가능성이 가장 높은 인구집단과 그들에게 예방프로그램을 제공하고자 하는 노력이 일치되지 못하는 것도 또 다른 걱정거리이다.

결핵과 인체면역결핍바이러스/후천성면역결핍증은 젊은이들이 경제활동 시기를 놓치게 하여 결국 가족에게 좋지 않은 결과를 초래하며, 장기적으로는 국가 발전을 저해시킨다. 교사나 의료전문가가 농부와 광부처럼 죽어가는 사회에서 만약 유행병이 관리되지 않는다면, 인체면역결핍바이러스/후천성면역결핍증과 결핵이 또 다른 세대를 가난하게 만들 것이다. 따라서 통합 방식으로 이를 조정하는 정책이 현재로선 최선에 해당된다. 라메쉬는 표준화된 항결핵제에 잘 순응했으며, 10일 뒤에 퇴원하였다. 10개월 지난 지금 라메쉬는 집에서 에이즈 치료를 계속 받으면서 결핵치료를 위해 6개월 동안 이루어진 '직접 복약 확인치료, 단기요법(DOTS)' 과정을 끝냈다. 그의 체중은 늘었고 더 이상 약해지지 않았으며, 피부 발진도 사라졌으며, CD4 세포수도 400개/mm^3이다. 그리고 가장 중요한 점은 라메쉬의 기분이 좋아졌다는 것이다. 그는 직장으로 되돌아갔다.

결핵과 에이즈 관리를 위한 재정이 지난 십여 년 동안 상당히 증가했다고 해도 아직 충분한 진전은 없으며, 또한 전체적인 보건의료체계가 강화되지 않는다면 그 진전은 이루어지지 않을 것이다. 그리고 결핵 또는 에이즈에 대한 종적(縱的)인 초점은 보건의료체계의 수평적인 강화와 결합되었다. 세계는 모든 이에게 필수적인 의료서비스를 제공하기 위한 재정과 기술 자원을 가지고 있다. 결핵이나 HIV/AIDS와 싸우는데 있어서 비록 기존의 방법이 완벽하지는 않더라도, 이러한 감염병의 영향력을 감소시키는 데는 적합했다. 그러나 많은 빈곤국가들의 비참한 보건의료체계는 예방을 포함한 효과적인 개입을 억제시켰다. 심지어 자원이 있는 국가에서도 말이다. 보건의료체계들이 필수적인 보건서비스들을 대규모로 제공할 준비가 되어 있을지라도, 개개인이 감염병에 대응하려는 시도들은 간신히 이루어진다. 즉, 하나의 대안에 반하는 진전은 나머지 (정책)안들을 포기하는 대가로 구매될 것이다.

비록 세계적으로 감염병을 줄이고자 정치적 그리고 재정적 규제가 급격히 많아지고 있지만, 더욱 더 많은 자원의 집중과 더 활발한 공유는 총체적인 보건의료체계를 수립하고 강화하는데 투자되어야 할 것이다.

더 읽을거리를 위한 자료와 제안

결핵과 HIV의 역사를 위해 Roy Porter의 『*The Greatest Benefit to Mankind: A Medical History of Humanity*』(W.W. Norton & Company, London, 1997)와 David Weatherall의 『*Science and the Quiet Art: The Role of Medical Research in Health Care*』(W.W. Norton & Company, New York, 1995)를 이용하였다. Michael과 Linda Hutcheon은 『*Opera Desire, Disease, Death*』(University of Nebraska Press, 1996)을 저술하였는데, 라보엠에서의 미미의 사례와 La Traviata의 Violetta에서 문화적, 역사적 시각에서의 질병의 변화를 오페라 안경을 통해서 살펴본 책이다. Gart Maartens와 Robert Wilkinson은 결핵의 역학, 진단, 치료와 관리에 대해 *The Lancet* (2007; 370: 2030-2043)의 리뷰 페이퍼에서 설명하였고, *Bulletin of the World Health Organization*에서 결핵에 관한 특별한 테마 이슈로서 다른 관점이 설명되었다. 성공한 국가 프로그램으로서, 중국의 DOTS 도입과 실행의 10년 동안의 경험이 Xianyi Chen 등에 의해 보고되었다(*Bulletin of the World Health Organization* 2002; 80: 430-436). 2008년 8월에서 9월까지 시리즈 형식으로 The Lancet에서 발간된 6개의 논문들은 HIV 예방에 관해 복합 예방의 중요성과 생물학적, 행동적, 그리고 구조적 전략의 중요성을 이야기하고 있다. Elizabeth Pisani는 자신의 책 『*The Wisdom of Whores: Bureaucrats, Brothels and the Business of AIDS*』(Granta, London and Norton, New York, 2008)에서 비효율적 프로그램으로 인해 HIV/AIDS 관련 상당한 비율의 재정이 낭비되고 있으며, 과학과 유익한 공공보건정책의 결과가 정치, 이데올로기, 도덕에 의해 조작된다고 설명하고 있다. 이 책은 논증의 일부에 있어서 흠이 있지만, 널

리 읽혀지고 있다. 빈곤국과 부유국의 HIV 감염에 대한 어린이 예방과 치료 옵션에 관한 광범위한 구분과 이러한 문제에 대한 해결점을 검토하기 위해서는 K. E. Little 등의 *Tropical Medicine and International Health* (2008; 13: 1098-1110)을 보면 된다. *Journal AIDS and Behaviour* (July 2006; 10)의 Michael Merson의 사설 및 다른 기사에는 우간다에서의 HIV 유병률의 감소에 기여한 다양한 요인들에 대해 언급되어 있다.

제 4 장

안전한 모성보건

전 세계에서 얼마나 많은 사람들이 아이를 출산하는 행위가 여전히 가임기 여성의 가장 큰 사망 원인이라는 사실을 인지하고 있는가…

리아 케베데_Liya Kebede, 2005

많은 빈곤국가에서는 여성들이 분만할 때가 오면, 아이들에게 자신이 돌아올 수 없는 긴 여행을 떠날 것이라고 말하는 이야기들이 있다.

익명, 2003

펜도_Pendo 이야기

그녀는 앞을 정면으로 응시하고 있다. 우리는 방금 펜도에게 "너는 치료를 잘 받고 있어 곧 집으로 갈 수 있다"라고 말했다. 펜도는 병원에서 4주간 입원하면서 중요한 수술을 한 후라 더 이상 요실금 없이 '정상적인 여성'의 삶을 살 수 있을 것이다.

펜도는 14세에 결혼했으며, 그 후 곧 임신했고 마을에서 머물며 남편의 가족이 있는 오두막에서 첫째 아이를 출산했다. 의심할 바 없이, 시어머니는 그녀에게 아기를 힘주어서 잘 낳되 소리를 지르지 말라고 강력하게 독려했다. 그러나 그녀가 악조건에서 출산을 하지 못한 채 3일 만에 지쳐 실신하자 마을에서 가장 가까운 50km 떨어진 병원으로 이송되었다. 병원에서는 제왕절개술이 시행되었지만, 아기는 좋지 않은 상태로 태어나 그날 바로 죽었다.

펜도는 수술 후 더디고 어려운 회복을 보였는데, 심각한 감염병에 걸렸는지 소변을 제대로 누지 못했다. 오래 지속된 태아 두부의 압박으로 펜도의 방광과 산도 사이에 커다란 구멍이나 누공이 발생하였기 때문이다. 자신의 이 문제로 의료서비스를 받고자 많은 곳을 찾아 헤맨 지 2년 후에나 펜도는 마을이나 가족과 멀리 떨어진 북서부의 탄자니아에 있는 섬베(Sumve)병원에 도착했다. 그녀는 이 병원에서 자신과 같은 문제가 있는 여성들의 질병을 고친다는 이야기를 들었다. 그래서 그녀는 수술을 받은 후 소변이 '마르게' 되었다.

펜도가 입원하고 있는 동안 간호사들과 동료 환자들이 그녀를 돌보았다. 펜도에게 가족이 언제 방문 하냐고 물으면, 그녀는 항상 이렇게 대답했다. "아마도 내일쯤이요!" 그러나 그녀의 가족은 한 번도 온 적이 없다. 남편과 시댁, 친정은 펜도를 찾아오기를 거부했다. 결국 그녀의 아버지는 20마리의 소로 구성된 지참금을 시댁으로부터 돌려받아야 했다. 왜냐하면 펜도가 더 이상 아이를 낳지 못하고 앞으로도 못 낳을 것이며, 냄새가 났기 때문이다.

방광질 누공

방광질 누공(vesicovaginal fistula)은 여성의 방광과 질 사이에 비정상적인 개방이 이루어지는 심한 손상이며, 소변이 질을 거쳐서 걷잡을 수 없이 통과하기 때문에 요실금을 유발한다. 나병(leprosy)과 마찬가지로, 그리고 거듭되는 소변의 손실(직장과 질 사이에 누공이 있는 경우 그 표면)이 만성질환임이 분명할 경우, 이러한 여성들은 종종 남편에게 이혼을 당하거나 친척들에게 버림받는다. 이와 더불어 누공의 원인이 주변 사회에서 잘 드러나지 않기 때문에 사람들은 이러한 손상을 성적으로 잘못된 행동에 대한 신의 벌이나 성병의 형태로 간주한다. 그래서 그녀의 곤경에 대해 희생자인 그녀 탓을 하고 더 나아가 그녀에게 사회적 오명을 씌운다. 그리고 이러한 여성들은 오랫동안 지속된 출산 후 아이를 잃은 것에 대해 슬퍼하고 있다. 우울증과 불안, 그리고 다른 형태의 정신 건강상의 기능 장애는 방광질 누공을 앓고 있는 여성들 사이에 나타나는 공통된 증상이다. 부유한 국가에서는 이러한 누공이 드물다. 그리고 누공은 주로 악성 질환이나 방사선 치료, 혹은 외과적 손상이 원인이며, 보통 자궁절제술을 하는 동안 방광에서 발생한다. 그러나 아프리카와 남아시아의 빈곤 국가들에서는 방광질 누공이 일반적인 문제이며, 많은 여성들에게 피해를 입힌다. 가난한 나라의 약 2백만 명 이상의 여성들이 방광질 누공을 치료받지 못하고 있으며, 매년 5만~10만 명의 새로운 환자들이 발생하고 있다. 이러한 국가에서 누공의 원인은 보통 오래 지속되는 폐색성 분만으로, 한때 유럽과 미국에서 발생했던 누공의 가장 일반적인 원인과 같다. 폐색성 분만으로 발생한 누공은 20세기 중반까지 부유한 국가에서 퍼져나갔다. 20세기 중반 이후 산과 관리의 효과적인 체계가 개발되어 가임기 여성의 전체 인구를 감당하게 되었다.

아기의 두부 크기와 여성의 골반에서 허용 가능한 공간에 차이가 나서 여성이 산도를 통해 아기를 출산할 수 없을 때 폐색성 분만이 된다. 두 가지 주요 진화론적 압력들이 머리-골반 불균형(cephalo-pelvic disproportion) 이론에 여성들을 매우 민감하게 만들고 있다. 꼿꼿한 자세와 두 발로 걷는 걸음걸이가 인간의 골반 뼈대에 구조적으로 제약을 주었고, 시간이 지나면서 인간 뇌의 크기가 커지고 이런 이유로 두부가 커지게 되었다. 특히, 머리-골반 불균형의 문제는 소녀들이 영양 불균형 상태로 자라고 일찍 결혼하여 충분한 골반 성장이 이루어지기 전에 임신을 하게 되는 세계 곳곳에서 널리 발생하고 있다. 폐색성 분만을 경험한 여성들이 직면하는 문제는 이것이 반드시 제왕절개수술이나 외과 수술의 경질분만 등과 같은 수술로 해결되어야 한다는 것이다. 그러나 필수적인 산부인과 서비스의 시기적절한 접근은 빈곤한 국가, 특히 농촌지역에는 보통 존재하지 않는다.

실질적으로 모든 질 누공은 분만의 비정상적인 진행을 감지하고 폐색성 분만이 되기 전에 중재되는 적절한 분만 치료를 통해 방지할 수 있다. 숙련된 조산사가 단순한 그래프로 작성한 분만경과기록을 사용하여 분만과정을 분석하여 오래 지속되는 분만을 예방한다. 그리고 불필요한 방해 없이 정상적인 분만이 진행되도록 하여 수술적 중재가 감소된 결과, 산모의 사망이 줄어들었다. 그러나 종종 빈곤한 국가에는 이러한 기본적인 산과적 치료 수준도 없는 실정이다. 불행하게도, 분만관리의 제공은 종종 누공 문제가 가장 심각한 국가의 정부에 있어서 가장 우선적으로 시행해야 하는 정책이 아니기 때문이다. 게다가 완치되지 않은 누공의 치료를 미루는 이러한 국가들이 계속적으로 증가하고 있다.

누공 치료에 필요한 기본적인 기술은 제임스 메리온 심스_James Marion Sims가 미국의 앨라배마에서 노예 여성에게 처음으로 성공적인 조치를 달성한 1840년대 이후부터 알려져 왔다. 누공 수술에 대해 가장 최근에 이루어진 발전은 기초과학에서의 돌파구라기보다는 오히려 향상된 마취방법과 인조봉합재료, 그리고 더 좋아진 도뇨카테터(체내에 삽입하여 소변 등을 뽑아내는 도관), 그리고 보다 이른 조기치료 및 조직이식술에서 기인했다. 누공은 척추마취 하에서 시행되는 비교적 난이도가 낮은 외과적 수술방법을 이용하여 최소 경비로 치료할 수 있고, 의사는 아니지만 훌륭한 손재주를 가진 훈련 받은 사람도 시술할 수 있다. 그러나 외과적 수술을 할 수 있는 숙련된 전문인력들이 충분하지 않다. 많은 다른 한계점들은 빈곤한 국가에서 누공 치료서비스를 제공하는 것과 관련이 있다. 펜도의 경우와 마찬가지로 누공으로 고통 받는 환자들은 어리고 문맹이며, 시골 출신으로 궁핍하고 정치적 영향력이나 경제적 자원이 없는 경향이 있다. 빈곤한 국가에서 이러한 여성들은 종종 병원에서 부과하는 평균 진료비용을 지불할 수 없다. 그리고 수술 후 치료하기 위해 방광에 삽입하여 오래 지속되는 도뇨카테터(도관)의 필요성(10~14일)은 누공 환자가 더 오랫동안 병원에 머무르며, 다른 외과적 수술을 받은 환자들보다 더 집중적인 간호를 받아야 함을 의미한다. 그래서 이런 환자들은 간호사들 사이에서 인기가 없을 수 있다. 게다가 누공 사례들은 좀처럼 위급하지 않다. 그래서 일반적인 수술서비스를 제공하는 병원들에서 일정이 잡힌 누공 수술사례들은 종종 도로 교통사고나 다른 위급 사항 때문에 수술 대기명단에서 밀려난다. 2003년 이후 아시아와 아프리카에서 1만 2천 명 미만의 여성들이 누공 수술을 받았다. 나환자 수용소에서와 마찬가지로 이 질병에 대한 오명 때문에 누공 수술은 방광질 누공을 앓고 있는 여성들의 치료를 독점적으로 전담하는 전문센터에서 가장 효율적으로 시행되고 있는 것 같다. 이러한 센터의 좋은 실례들은 에티오피아와 나이지리아에 있다. 많은 여성들이 치료를 받을 수 있는 누공전문병원들의 장점을 하나 더 말하자면, 그들이 심리 치료와 지원을 포함하여 수많은 간호가 현재 혹은 이전의 누공 환자들에게 제공되는 독특한 치료 모델의 개발을 고려하고 있다는 것이다.

일반적으로 누공 환자들은 빈곤국의 보건의료체계에서 최우선 사항은 아니다. 그들은 사회적으로, 성적으로, 경제적으로, 정치적으로, 그리고 의학적으로 사회의 밑바닥에 있다. 그리고 필경 혹자들은 안전한 모성보건의 경우에도 똑같은 말을 할 수 있다. 국제 원조단체는 대체로 전 세계의 가난한 여성에게 필수적인 산부인과서비스를 제공하는 프로그램의 재원 지원에 관심을 보이지 않고 있다. 2002년 빈곤국의 모성보건서비스는 보건 부분에 기부한 전체 기부금의 단지 5~11%, 국내 의료비의 4~12%를 차지하는 정도였다. 그 결과, 많은 사람들은 '안전한 모성보건'을 '고아 관련 사업계획'으로 생각하게 되었다.

모성사망의 측정

> 많은 빈곤국가들의 모성사망 자료는 불충분하며, 임신과 출산으로 인하여 생명을 잃는 여성들은 정책을 결정하는 정부와 국제기구에서 중요하게 보지 않는다. 이것을 최우선 사항으로 보이게 하기 위해 충분한 근거로 무장한 강력한 지지자가 필요하다.
>
> 웬디 그레이엄_Wendy Graham, 2002

오늘날, 가장 빈곤한 국가에서 임신과 관련한 원인으로 여성이 사망하는 위험이 아직도 가장 부유한 국가에서 1세기 이전에 있었던 위험보다도 높은 것으로 추정되고 있다. 그러므로 부유한 국가의 모성사망비(maternal mortality ratio)와 가장 빈곤한 국가의 모성사망비가 100배 이상 차이 난다. 전 세계에서 연간 추정되는 536,000명의 모성사망 중 99%가 소위 개발도상국에서 발생하고 있다. 그러나 빈곤국과 부유국 사이의 격차가 모성사망 만큼이나 크다는 공식적인 보건지표는 없다. 그림 2.3과 비교할 때 그림 4.1에서 보는 바와 같이, 높은 수준의 모성사망을 가지는 국가들은 가난한 국가와 동일한 지역에서 두드러지게 나타나고 있다. 이러한 격차는 임신이나 출산의 합병증 때문에 죽어가는 여성의 생명에 대한 위험을 고려할 경우 더 커진다. 예컨대, 임신과 관련된 원인으로 죽어가는 여성의 생명에 대한 위험을 살펴보자. 스웨덴은 29,800 대 1인 반면, 아프가니스탄과 니제르, 시에라리온은 7~8 대 1로 높았다. 이것은 대부분의 모성사망을 막을 수 있는 정부와 국제기구들의 높은 인식이 있음에도 불구하고 나온 수치이다. 또한 20년 전에 설립된 안전한 모성보건계획(Safe Motherhood Initiative)이 있음에도 불구하고 나온 수치이다. 영국 애버딘대학교(The University of Aberdeen)의 산과역학(Obstetric Epidemiology) 교수인 웬디 그레이엄이 주장한 바와 같이, 이것을 최우선 사항으로 보이게 하기 위해 충분한 근거를 확보한 강력한 지지자가 필요하다. 많은 빈곤국가들의 모성사망에 대한 수준과 경향에 관련하여 우리가 가지고 있는 자료는 불충분하며, 이에 대응할 조정 전략의 유효성과 비용-효율성은 잘 산출되지 않는다. 누가 언제 어디서 왜 죽는 지에 대한 이해를 통해 알려주는 조치가 우선적으로 필요하다.

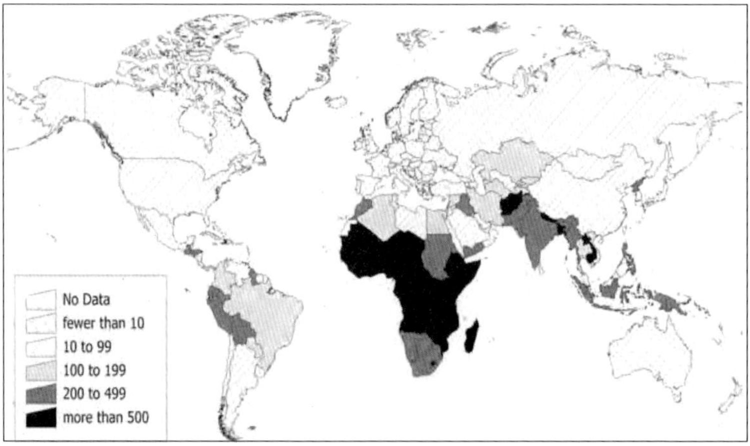

그림 4.1 모성사망비(출생아 100,000명당)의 세계적 분포를 보여주는 지도

출처: Millenium Development Goals Indicators. mdgs.un.org/unsd/mdg에 있는 MDG 지표에 대한 UN의 공식 사이트. (2010년 2월 16일에 접속)

스웨덴, 영국과 웨일스, 미국의 모성사망 역사

> 유럽의 건강상의 변화는 우연한 결과가 아니다. 국민들이 살고 있는 물리적이고 정치적인 조건의 직접적인 결과이다.
>
> 윌리엄 팔_William Farr, 1866

1870년경, 지금의 부유한 국가들의 모성사망비는 출생아 100,000명당 600명 이상이었다. 스웨덴과 잉글랜드, 웨일스, 미국 등의 국가들은 상세한 시계열자료를 이용하여 볼 수 있다.

여기서 다양한 감소 경향들을 보여주고 있다. 스웨덴의 모성사망비는 1870년대에 초에 떨어지기 시작하여 그 세기가 바뀌는 때쯤에는 출생아 100,000명당 250~300명이었다. 그 당시 잉글랜드와 웨일스는 여전히 400~450명이었고, 미국은 600~800명이었으며, 그 다음 40년 동안 변화가 없었다(그림 4.2를 참조). 이러한 정체 시기 이후 1930년대 중반과 1960년 사이에 빠르게 줄어들기 시작하여 모든 국가들의 모성사망비는 출생 100,000명당 20~30명이 되었다. 어떻게 이 차이들을 설명할 수 있을까?

1749년부터 스웨덴은 개별 보건자료의 체계적인 수집을 위해 일반 등록(General Register)을 실시했고, 1751년 스웨덴보건위원회(Sweden Health Commission)는 충분히 훈련을 받은 산파만 있다면 적어도 출산하는 동안 죽어가는 651명의 임산부 중 400명을 구할 수 있다고 관측하고, '막을 수 있는 모성사망'에 주의를 돌렸다. 이어서 보건당국이 많은 전문 산파를 훈련하는 정책을 개발하여 자격이 있는 개별 산파가 집에서 주로 이루어지는 출산에 참여하여 도울 수 있었다. 1861년 전문 산파가 출산의 40%에 관여했고, 1900년까지 그 비율은 78%까지 증가했다. 반면에 전체 출산 중 단지 2~5%만이 병원에서 이루어졌다.

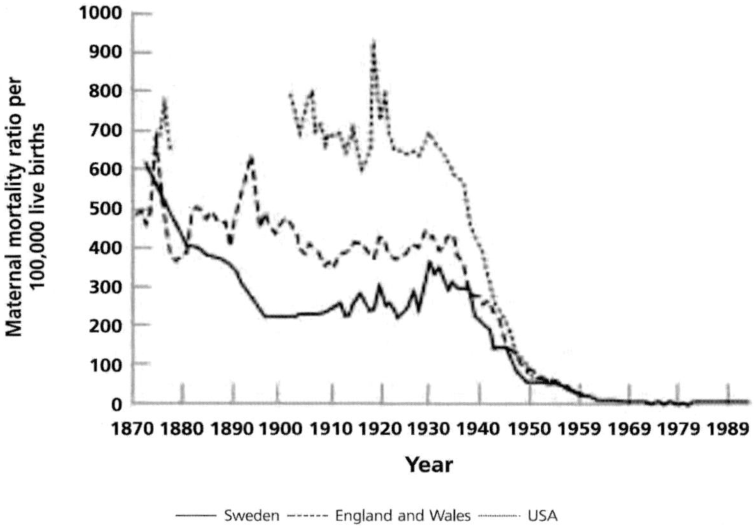

그림 4.2 1870~1993년까지 스웨덴, 영국과 웨일스, 미국의 모성사망의 개선 상황

출처: de Brouwere, V. et al. *Tropical Medicine & International Health* 1998: 3; 771-782

조직적인 개발이 현대기술의 빠른 도입에 동조했다. 1829년에 공인된 산파가 겸자 분만을 이용했다. 하지만 모성사망은 무균 기술 이후에 주요하게 감소했다. 1870년대 후반 이러한 기술들이 병원에 도입되었고, 1881년에 모든 공인된 산파들이 이 새로운 기술을 적용했다. 자택 출산에서 전문인력의 참여 및 정책적 지원을 받아 개발된 효과적인 의료기술의 활용에 대한 이 두 가지의 복합적인 개선방안의 조기채택을 통해 스웨덴은 20세기 초에 비교적 낮은 모성사망비를 달성할 수 있었다.

1850년부터 1930년까지 잉글랜드와 웨일스의 모성사망비는 스웨덴이 그 당시 달성한 수치보다 높았다. 이러한 문제의 인식이 스웨덴보다 훨씬 늦게 퍼졌기 때문이다. 1928년에 보건부가 임명한 특별

위원회가 모성사망 원인 중 '최우선으로 막아야 하는 요인'에 대한 개념을 제안했는데, 이것은 스웨덴보다 77년 늦게 조치된 것이다. 1935년에 출산 감염의 꾸준한 감소로 인해 모성사망비가 떨어지기 시작했다. 1940년대 병원 환경에서 주요한 위급 상황을 처리하는 능력을 통해 그 수치가 1950년에는 85명까지 떨어졌다. 그러나 1949년에서야 모성사망에 대한 은밀한 조사는 예방과 치료와 같은 효과적인 방법을 통해 피할 수 있는 모성사망의 다른 원인으로 사람들의 주의를 끌게 하였다. 이러한 새로운 지식의 발견과 더불어, 그리고 대중의 강력한 압력 하에서 산부인과 전문의들과 일차의료 제공자들은 모성사망을 줄일 수 있는 잠재력을 인식하고 개선을 위해 출혈 억제와 안전한 마취, 효과적인 위급 상황의 산부인과서비스 등에 대한 필요성을 평가했다. 이러한 조사들이 의료평가의 역할을 담당했으며, 의료제공자의 인식 변화가 대체로 1950년부터 1965년 사이에 모성사망비가 출생아 100,000명당 85명에서 25명으로 감소하는데 이바지했다.

미국에서는 스웨덴이나 잉글랜드보다 훨씬 늦은 1920년대에 믿을 만한 인구동태통계를 이용할 수 있었다. 이용 가능한 자료를 보면, 1918년에 미국의 모성사망은 출생아 100,000명당 885명으로 1세기 전의 스웨덴만큼 그리고 19세기 중반 이전의 스웨덴 사망률의 두 배 수준이었다. 모성사망의 문제에 대한 공적인 관심이 증가하였고, 1933년에 뉴욕의학회(New York Academy of Medicine)가 발행한 보고서로 인해 1930년대 후반 이후 감소하는 경향이 나타났다. 이러한 조치들에는 전문적인 산파 양성교육, 중간진료병원에 대한 투자 유치, 산욕 감염 방지를 위한 무균법, 규정과 규칙이 있는 지원체계, 의료업과 산파업의 관리 감독, 그리고 진행과정을 확인하는 임상정보 등이 포함된다.

여기서 우리는 모성사망비의 큰 감소가 비교적 짧은 기간 내에 달성될 수 있음을 알 수 있다. 1935년에 출생아 100,000명당 300명의 모성사망비를 보였던 스웨덴과 출생아 100,000명당 600명의 모성사망비를 보였던 미국 간의 수많은 격차는 많은 부유국들이 출생아 100,000명당 20~30명의 모성사망비에 도달한 1960년에 주로 없어졌다. 그러므로 25년의 기간 내에 모성사망률을 3/4까지 줄이는 것(새천년개발목표 5의 세부목표 중의 하나)은 달성될 수 있다. 지난 몇 십 년 동안 방글라데시, 이집트, 온두라스, 말레이시아, 스리랑카, 그리고 태국 등의 빈곤국가들에서 나온 증거 자료에서도 75%의 감소가 타당하였다.

여성은 언제, 어디서 그리고 왜 죽는가?

대부분의 모성사망은 임신 후기(3기)와 출산 후 첫 주 사이에 일어나는 것 같다. 사망 가능성은 출산하자마자 첫 이틀 후에 특히 극도로 높을 수 있다. 임신과 출산의 직접적인 결과는 빈곤한 국가의 대부분의 모성사망을 계속해서 설명해주고 있다. 종종 출혈(haemorrhage), 고혈압질환(hypertensive diseases), 감염(infections)이 가장 공통되는 원인이고, 그 다음이 폐색 분만과 낙태이다. 이러한 추세가 일반적이긴 하지만, 드물게 제시된 이유는 믿을만한 양질의 자료가 없고 특정 경우, 예컨대 불법적으로 유도된 낙태로 인한 합병증에 관한 정보를 수집하기 어렵기 때문이다.

출혈은 빈곤한 국가에서 나타나는 모성사망의 주요 원인이며, 가장 잘 예방할 수 있는 증상 중 하나이다. 출혈로 인한 사망을 줄이려는 시도는, 병원 밖에서 사망이 많이 발생하는데 즉, 보건의료기관으로 이송되기 전 짧은 시간 안에 사망할 수도 있기에 예방과 치료의 기본적인 방법이 하루 24시간 그리고 일주일 7일 동안 항상 이용 가능할 필요가 있는 시기적절하고 능숙한 산부인과 치료에 접근할 수 있느냐에 따라 달라진다는 사실로 인해 더 복잡해졌다. 유도 분만과 불안전한 낙태가 원인이 되는 사망률은 알려지지 않았고, 특히 낙태가 불법적이거나 제한되어 있는 국가에서 너무 적게 추산되고 있다.

빈곤국에서는 임신의 특징이 아닌 질병(소위 간접적인 원인)으로 인한 모성사망의 원인도 대부분 알려지지 않았다. 일부는 형편없는 진단 능력 때문이기도 하고, 일부는 임신이 종종 그러한 원인으로 보고되지 않기 때문이기도 하다. 많은 감염에 대해 민감하게 반응하는 병리현상이 임신기간 동안 일어나는데, 아마도 태아를 보호하려는 시도로서의 면역체계를 하향 조절하는 결과일 것이다. 특히 AIDS, 말라리아와 결핵도 많은 빈곤국에서 모성사망의 주요한 원인이지만, 간접적이고 과소평가 되는 것 같다. 말라위, 짐바브웨, 남아프리카 공화국 등의 국가들에서는 HIV가 가장 심각히 유행하기 때문에 모성사망 감소 시 얻게 되는 사전의 유익들이 사라진 것으로 여겨진다.

출산 시기에 집중되는 모성사망과 사망의 원인으로서 출혈, 고혈압, 감염과 폐색 분만의 중요성은 모든 여성들이 출산과 그 직후에 제공받는 숙련된 출산서비스와 응급처치를 위해 시기적절한 진료에 접근해야 함을 의미한다. 모성사망이 가장 높은 곳을 보면 그러한 치료에 접근하는데 심각한 문제가 있고 숙련된 보건의료인력이 부족하며, 종종 임산부에게 드는 상대적으로 지나친 의료비용이 실질적으로 장애가 된다는 것이다.

전문적인 분만관리 이용에 대한 빈부 간의 격차는 전문화된 산전관리, 소아질환을 위한 어린 시절의 면역 예방접종과 의료서비스 등의 다른 치료 형태보다 훨씬 크다. 국가 간의 차이뿐 아니라 국내에서도 매우 중요한 차이가 있다. 전문적인 분만서비스에 의한 출산

관리는 대부분의 빈곤국들에서는 부자들에게나 적합하다. 빈부 격차는 시골과 도시 지역에서도 크다. 이는 대부분 전문적인 분만관리가 없는 출산은 시골의 가난한 사람들 사이에서 일어나기 때문이다. 이와 유사한 형태는 목숨을 구하고자 시행하는 제왕절개수술 섹션에서도 볼 수 있다. 어느 인구집단에서든 모든 임산부 중 적어도 1%는 생명을 구하기 위해 외과적 수술을 통한 출산을 할 필요가 있는데, 가장 가난한 국가에서는 인구의 상당 부분이 1% 미만의 제왕절개 수술률을 보이고 있다. 한 국가 내에서도 보건지표를 볼 때 상당한 빈부의 격차가 역시 발생하는데, 즉 도시지역에 비해 시골 지역에서 이러한 상황이 더 심각하다.

전문적인 출산서비스와 생명을 구하고자 시행하는 제왕절개수술에 의한 분만관리에서 이러한 격차는 출산관리의 수요-공급 요소와 관련이 있다. 종종 지역사회마다 임신 및 출산 관련 강력한 신념과 풍습이 있기 때문에, 출산관리 수요에서 문화적 요인이 다른 형태의 관리보다 훨씬 중요한 결정요소가 된다. 더 가난한 여성일수록 흔히 전통적이거나 가족 구성원의 도움에 의한 출산서비스를 선호한다. 특히 출산을 현대의학이 거의 기여할 것이 없는 질병이 아닌 상태로 볼 경우엔 더욱 그렇다. 전문적인 출산관리 제공자들은 문화적 신념과 풍습을 수용하기 어려워할 수도 있다. 전문적인 제공자들이 부자이거나 교육 받은 여성들보다 배려심이 더 없는 가난한 여성들을 치료하는 경우가 자주 있다. 또한 친척들, 특히 남편과 시어머니가 의사결정과정에 관여하거나 의사결정을 하는 경우 여성들은 전문적인 건강관리를 받는데 제약이 있음을 경험한다. 어떤 사회에서는 가족들이 여성의 건강에 돈 쓰는 일을 꺼릴지도 모르고, 반면에 남성 의사의 존재가 시설 기반의 출산관리를 받는데 중요한 장애가 될 수 있다. 이와 반대로 부자일수록 그리고 교육을 더 받은 여성과 가족들은 보다 과학적인 세계관을 가지고 있어 현대화된 보건의료체계에 대한 인식이 더 좋다. 이에 이들은 보건전문가와 관리자들을 대할 때보다 자신감을 갖고 자신의 지역사회 이외의 더 훌륭한 능력을 가지고 있는 타 지역으로 기꺼이 여행하려고 하며, 보건의료기관에서 전문적인 출산관리와 분만의 이용을 선호한다.

공급 측면에서, 이용 가능성과 접근성의 부족 현상은 많은 다른 형태의 관리보다 전문적인 출산관리에서 더 많이 나타난다. 유형 기반 시설의 요구조건은 예방접종이나 일반적인 소아질환에 대해 의료서비스 제공보다 의료기관 중심의 출산에서 훨씬 더 높다. 게다가 예방접종과 소아질환 관련 의료제공자들을 보면, 의사나 산파보다 (훨씬 쉽게 먼 시골지역에 배치되는 지역사회의 보건의료인력 등과 같은) 높지 않은 수준의 핵심 인력이 포함되어 있다. 결과적으로, 흔한 소아질환에 대한 더 많은 예방접종이나 치료가 출산 때보다 매일 매일 (그리고) 제공자별로 이루어질 수 있다. 빈곤한 국가에서 보건 분야의 인적 자원의 위기는 특히 전문적인 분만관리서비스에 영향을 미치고 있다. 전문적인 보건의료인력의 도움을 받지 않고 출산하는 수가 연간 약 6천만 건이 되는 것으로 추정된다. 산파 한 명이 연간 150명의 출산을 도울 수 있다고 가정할 때, (또한 산전관리와 흔히 방치되는 산후관리 제공이 있다) 이는 추가로 40만 명의 산파가 훈련을 받아 출산관리에 배치되어야 함을 의미한다. 이러한 전문적인 산파를 위해 월급, 주거 시골지역에 파견하기 위한 수당, 그들의 배우자를 위한 일자리 기회, 그리고 그들의 아동을 위한 교육시설이 필요하다. 또한 지속적인 교육과 감독, 전문적인 응급 산부인과 관리에 적절하게 접근할 수 있도록 환자들을 이송할 수 있어야 한다.

감당할 수 있는 비용의 부족 현상을 통해 어느 정도 도시지역과 시골지역 내에서 전문적인 출산 서비스와 인명 구조의 제왕절개수술

사이에서 커다란 빈부의 격차를 설명할 수 있다. 다른 한편으로 '신청하는 대로' 수행하는 것을 포함하는 제왕절개수술의 '과용'에 대한 문제가 증가하고 있다. 특히 도시 환경에서 어머니와 아기가 불필요한 피해와 비용에 노출되고, 정말로 필요한 곳에 있는 희박한 자원을 없애고 있다. 출산관리 비용은 중요한 장애가 될 수 있다. 돈을 구하는데 보내는 시간 또한 보건의료기관에서 인명구조의 응급치료의 접근을 지연시킬 수 있다. 이러한 서비스가 공식적으로 무료인 곳에서도 이송비와 보건의료서비스를 받기 위해 여성과 친척이 사용하는 시간 등의 간접비용이 월수입의 대부분이거나 심지어 한 가족 월수입의 몇 배가 될 수도 있다. 게다가 시설 기반의 출산 비용은 예측이 불가능할 수 있고, 심각한 합병증 치료는 가계 예산(가난한 가정에는 연 수입이나 그 이상까지)에 비극적인 영향을 미칠 수 있다. 빈부 격차도 매우 특정한 시점에서 서비스의 조치를 필요로 할 경우 증가할 수 있다. 출산관리는 짧은 시간 안에 효과적인 관리를 추구하는 반면에, 예를 들어 산전관리와 면역 예방주사는 더 많은 시간을 필요로 할 수 있다.

행동을 위한 요청

> 모성과 아동의 건강(MCH)에서 모성(M)은 어디 있는가?
>
> 알랜 로젠필드_Allen Rosenfield와 드보라 메인_Deborah Maine, 1985

산후관리의 큰 격차는 효과적이고 이용 가능한 서비스 제공의 필요성을 강조하며, 주로 보건의료체계의 제약 사항을 어떻게 극복해야할 지에 대해 이야기하고 있다. 정부와 국제사회는 모성사망의 축소가 단순한 해결책이나 '마법의 탄환(특효약)'이 아닌 장기적으로 노력해야 할 문제임을 반드시 인식해야 한다. 이는 보건의료체계를 통해 해결할 복잡한 이슈일 뿐만 아니라 이러한 개선과정의 가속화를 위해 장기적인 지원이 필요할 것이다. 런던대학교 위생열대의학대학원(London School of Hygiene and Tropical Medicine)의 보건경제 및 재무관리(Health Economics and Financing Programme) 팀은 최근 산모와 신생아의 건강을 위한 공여자 지원액이 2003년 7억 4백만 달러에서 2006년에는 거의 12억 달러로 증가했지만, 이는 총 개발보조지원금의 1%에 지나지 않는다고 보고했다. (점차적으로 산모와 신생아는 능숙한 조산사가 있는 협회로 결합되고, 신생아의 사망 방지를 위해 필요한 응급처치에 시기적절하게 접근하는 것은 모성사망의 경우와 비슷하다.) 이것은 2003년에 출생 1명당 7달러에서 2006년에 12달러로 증가했음이 입증해준다. 불행하게도 아동사망이 높은 국가들의 아동보건 영역에 보다 많은 개발보조금(아동보건을 위한 전체 할당금이 2006년에 23억 달러였다)이 지원되었지만, 산모와 신생아의 건강(2008년 5세가 되기 전에 사망한 전체 영유아 중 40% 이상이 태어난 후 한 달 안에 사망했으며, 그 중에 반이 태어난지 며칠이 안 되어 사망했다)을 위한 보조금은 모성보건이 최대한 필요한 국가를 대상으로도 잘 지원되지 않았다고 분석·보고되었다. 물론 지원금이 증액되었다고 해도 충분한 금액과는 거리가 멀다. 안전한 모성보건을 달성하기 위해 요구 수준까지 늘리는데 필요한 추정 금액은 약 61억 달러 정도이다.

2000년 9월, 189개국은 모성사망비를 3/4로 줄이는 목표를 포함하는 새천년개발목표들을 지원하기로 약속하였다. 안전한 모성보건은 중요한 빈곤 근절 전략이다. 공정하게 이용할 수 있는 개선된 산모의 건강서비스를 통해 부유한 사람들과 가난한 사람들 간의 모성사망 수의 격차를 줄일 뿐 아니라 응급치료로 인한 비극적인 의료비와 (종종) 가정에서 가장 중요한 구성원(모성)의 사망이나 장애로부터 가난한 가정에 미치는 경제적 영향을 줄이는데 도울 수 있기 때문이다. 정부들은 감당할 수 없는 출산비용의 비극적인 결과에서 가장 가난한 가정을 보호하는 정책들을 채택할 수 있고 또 그래야 한다. 이와 더불어, 정부가 아직 그렇게 하지 않았을 경우, 기존의 보건의료인력을 유지하는 노력뿐 아니라 필요한 추가 인력, 특히 산파를 교육시키고 채용하는 계획을 반드시 세워야 한다. 여기에는 근무 환경을 개선하고 양질의 산후관리를 위한 적절한 인센티브를 제공하여 국제적인 두뇌 유출을 방지하는 것이 포함된다.

모성사망, '일촉즉발의 상황(중증의 임신이나 사망의 원인이 되는 태아 출산 관련 합병증)', 그리고 장기간 지속되는 장애를 감소시키기 위한 (임상의학의) 빠른 발전이 가능하겠지만, (예상보다) 훨씬 더 많은 것들이 조속히 이루어질 수 있으며, 틀림없이 일어날 것이다. 특히, 출산 시기나 출산 직후의 개선된 산모 건강관리는 차이가 날 수 있다. 하지만 또한 남성과 여성의 교육을 향상시키고 생계 수단과 여성의 지위를 향상시키며, 전체적인 개발 의제 내에서 시민사회를 강화할 필요가 있다. 이러한 조치들은 중장기적으로 수행되어야 하지만, 보건의료체계 개선의 효과를 증진시키고 유지하는데 향후 도움이 될 (숙련된 분만관리를 위한 수요 창출과 같은) 보다 근접한 정책 개입을 위한 가능한 조건들을 제공할 수 있다. 펜도는 어리고 문맹이었으며 궁핍했으며 정치적 영향력이나 경제적 자원이 없었고, 방광질 누공으로 고통 받았으며 아기의 사망을 경험하지 않을 수도 있는 요인들이 없었다. 분만관리는 세계 곳곳에 있는 가난한 여성을 위한 신데렐라 서비스로 남아있어서는 안 된다. 이것은 보건의료인력과 연구자, 지지자 그리고 행동하는 정책 및 의사결정자들의 공통적이고도 개별적인 책임이다.

더 읽을거리를 위한 자료와 제안

The Lancet (2006; 368: 1201-1209)에 실려 있는 Lewis Wall의 특집 논문인 'Obstetric vesicovaginal fistula as an international public health problem'에는 방광질 누공 문제에 대해 설명이 잘 되어 있다. 방광질 누공 치료에 관해서는 J. B. Lawson과 D. B. Stewart의 공저인 『*Obstetrics and Gynaecology in the Tropics and Developing Countries*』를 참고하였다. 이 책은 1967년 Edward Arnold에 의해 처음 출판된 이후 1991년까지 발간되었으나, 안타깝게도 현재는 희귀본이 되었다. 산과적 누공에 대한 공식보고서는 www.who.int/features/obstetric_fistula /en/index. html에서 검색 가능하다(최종 확인 날짜 2010년 3월 11일). 스웨덴, 영국, 미국의 모성사망률 감소화 노력의 역사는, Irvine Loudon의 저서 『*Death in Childbirth*』 (Oxford: Clarendon Press, 1992) 외에도, Vincent de Brouwere 등이 상세히 분석한 'Strategies for reducing maternal mortality in developing countries: What can we learn from the history of the industrialized West?'를 활용하였다. 이는 *Tropical Medicine & International Health* (1998; 3: 771-782)에 실려 있다. 2006년 *The Lancet* 모성보건 시리즈 중, 특히 Carine Ronsmans 등의 논문 'Maternal mortality: Who, when, where and why' (2006; 368: 1189-1200)와 Veronique Filippie 등의 논문 'Maternal health in poor countries: The broader context and a call for action' (2006; 368: 1535-1541)은 대상자의 현황에 대해 보다 상세히 설명하고 있다. 모성사망률의 빈부 차이에 관해서는, *Bulletin of the World Health Organization*에 실린 Tanja Houweling 등의 논문인 'Huge poor-rich inequalities in maternity care: An international comparative study of maternity and child care in developing countries'에 상당 부분 의존하였다. 모성 및 신생아 보건을 위한 기부금 지출과 관련 인

용된 숫자는 *The Lancet* (2008; 371: 1268-1275)에 실린 Guilia Greco 등의 'Countdown to 2015: Assessment of donor assistance to maternal, newborn, and child health between 2003 and 2006'에서도 찾아볼 수 있다. 반면, Wendy Graham의 모성사망률 데이터는 *The Lancet* (2002; 359: 701-704)의 'Now or never: The case for measuring maternal mortality'에 나타나 있다. 2010년 4월 12일, Margaret Hogan 등이 온라인상으로 발표한 새로운 분석에 따르면, 전 세계적으로 모성 사망자는 1980년 526,300명에서 2008년 342,900명으로 감소하였으며(2005년도 사망자 추정수인 535,900명을 정정한 바 있다), 이러한 숫자의 불확실성 구간이 광범위해서 모성사망률 측정 전문가들 사이의 격한 논쟁을 불러일으킬 수 있었으나, 전체적으로 보면 환영할만한 진척사항이기도 하다. Indra Pathmanathan과 동료들의 『*Investing in Maternal Health: Learning from Malaysia and Sri Lanka*』, Marjorie Koblinski가 편집한 『*Investing in Maternal Health: Learning from Bolivia, China, Egypt, Honduras, Indonesia, Jamaica and Zimbabwe*』에는 성공 스토리와 중·저소득 국가에서 배운 교훈이 담겨있다(Washington DC: World Bank, 2003).

제 5 장

가족계획

산아제한을 원칙적으로 반대하는 사람들은 산술 능력이 없거나 인류사에 있어서 변함없는 특성인 전쟁, 페스트 그리고 기근을 지지하는지도 모른다.

버트런드 러셀_Bertrand Russell[32], 1928

캐디_Kaddy 이야기

감비아의 파라페니지역에 살고 있는 30세 여성 캐디는 재혼을 했으며, 좋지 않은 출산력을 가지고 있다. 캐디는 네 번 임신을 했다. 세 번은 첫 번

---

32) 영국 출생의 철학자, 사회학자(1872~1970). 수리 철학, 기호 논리학을 집대성하여 분석 철학의 기초를 쌓았다. 평화주의자로 제1차 세계대전과 나치스에 반대하였으며, 원폭 금지 운동·베트남전쟁 반대운동에 앞장섰다. 1950년에 노벨문학상을 수상하였으며, 주요 저서로는 『정신의 분석』, 『의미와 진리의 탐구』 등이 있으며, 논리학에서는 화이트헤드와 『수학의 원리』를, 철학에서는 신실재론을 주장하여 『철학의 제 문제』의 저술에 전념하였다.

째 남편과 했는데, 첫째 아이인 여아는 태어나서 세 살이 되기 전에 죽었고, 나머지 두 번은 사산을 했다. 이러한 출산의 실패로 캐디의 첫 번째 결혼은 끝이 났다. 캐디는 젊은 부인과 결혼하여 세 명의 아이를 둔 기혼 남성의 두 번째 부인으로 재혼했다. 그래서 캐디는 네 번째 임신을 하게 되어 아들을 낳았다. 캐디는 아이가 생후 17개월쯤 되었을 때, 감비아 농촌지역에서 시행되던 가족계획 및 분만간격(分娩間隔) 사업에 대한 1992~1995 연구프로젝트의 참여자로서 첫 번째 면접을 받게 되었다. 하지만, 4개월 후 이 아이 마저 죽었다. 후에 캐디는 자신의 삶에 있어서 든든한 힘이 되어줄 자녀가 없는 불안정한 결혼 생활에 처하게 되었다. 그러나 여전히 아이에 대하여 단호한 욕망을 가졌고, 마지막 시도를 하였다. 그녀는 주사용 피임을 시작하였다.

캐디의 사례는 특이한 것이 아니다. 현대 피임법을 사용한 여성의 18% 정도가 생식보건의 '불운'(마지막 임신이 유산, 사산 또는 유아 사망으로 끝난 경우)을 겪은 후 그러하였다. 출산에 높은 가치를 둔 지방에서 교육받지 못한 서아프리카지역의 사람들(평균적으로 이 지역의 여성은 일생동안 7번 정도의 출산을 함)에게는 이러한 발견이 놀라워 보일 것이다. 물론 그렇지 않을 수도 있다. 어찌하든 여성의 건강과 활력을 위해서 출산은 충분한 간격을 두고 이루어져야 한다는 전통문화는 오랫동안 이해되어져 왔다. 이것이 지역사회마다 인간의 임신을 조절하는 다양한 문화적 관습들이 상존하는 이유이다. 이러한 여건에서 산아제한방법은 아이의 숫자를 줄이기보다는 분만 간격을 두기 위해서 사용되어졌다.

산아제한(birth control)의 역사

> 문명의 역사가 기록되어질 때, 이는 생물학적 역사가 될 것으로 마거릿 생어_Margaret Sanger[33]는 이 분야의 영웅이 될 것이다.
>
> 웰스_H.G. Wells, 1935

아마도 가장 오래된 피임법(성적 자제와 길어진 모유수유를 제외하고)으로는 성교중단(*coitus interruptus*), 차단 피임법과 약초 복용법 등을 들 수 있을 것이다. 사정을 하기 전에 음경을 질 밖으로 빼는 성교중단은 다른 방법보다도 가장 먼저 활용되었다. 정액을 질 내에서 배출하는 행위와 임신과의 관계에 대해 의문이 들자, 일부 남자들은 이 방법을 사용하기 시작했다. 이집트 여성은 정자를 죽이는데 효과적이었을지도 모를 페서리를 사용했다는 역사적 기록이 있는데, 이는 산성 물질로 만들어졌고 꿀 또는 오일로 윤활 처리되었다. 중세시대 이슬람 문화권의 의사들은 의학백과사전에 산아제한 물질들에 대해서 기록을 했다. 콘돔은 17세기에 등장하였는데, 동물의 창자로 만들어졌다. 이것은 현대의 라텍스 콘돔만큼 효과도 좋지 않고 인기도 없었지만, 사람들은 두려움의 대상이며, 항생제의 발견 전까지 사람을 곤혹스럽게 했던 매독을 방지하고, 피임을 하기 위해 사용하였다.

다양한 산아제한 방법이 고대 세계에도 있었으나, 이와 반대로 현대 기독교 유럽시대 초기의 사람들은 잘 알지 못했다. 이러한 무지는 20세기까지 계속되었고, 그 때문에 18세기부터 19세기 전반에 걸쳐 유럽의 출산율은 매우 높았다. 1750년과 1850년 사이 영국의 인구는 600만에서 1,800만명으로 3배나 증가하였다. 1801년 런던에는 약

33) 빈민가에서 간호사로 근무하면서 다산과 빈곤이 모자(母子)의 사망률을 높인다고 생각하여 산아제한운동을 활발히 벌인 미국인 여성 운동가. 그녀의 노력의 결과로 의사가 피임을 지시하는 권리를 인정받게 되고, 1953년에는 국제산아제한연맹도 조직되었다.

80만명이 거주하고 있었으며, 1841년까지 백만명이나 더 늘어났고, 1901년 빅토리아 여왕이 사망했을 때, 700만명의 거주민들이 이주해 왔다. 런던의 인구사(人口史) 이야기는 산업화된 세계로 진화하면서 시차를 두고 반복되었다.

성직자이자 정치경제학의 선구자인 토머스 맬서스_Thomas Malthus는 1798년 첫 번째 출판한 인구에 관한 에세이에서 식량생산량이 인구의 자연증가를 따라가지 못할 것이라는 암울한 예측을 했다. 맬서스의 관점은 다른 경제학자들에 의해 지속적으로 다양한 논쟁 또는 지지가 되었다. 일부 경제학자들은 주로 1980년대에 이에 대해 글을 썼는데, 그 중 미국의 율리아누스 시몬_Julian Simon은 인간 그 자체가 '자원'이라는 생각을 발전시켰다. 사람이 많을수록, 발명과 혁신이 계속된다. 반면에, 생태학적 현실성에 친숙하던 경제학자들은 근본적으로 식량생산의 지속적인 증가로 예측하지 못한 폐쇄 체계인 지구의 수용능력에 기본적인 한계가 있다고 인지하였다. 당시의 시대적 조류와 제도적 틀을 뛰어넘어 맬서스는 산아제한을 위해서, 결혼의 지연과 도덕적 구속이라고 여겨졌던 엄격한 혼전 순결을 옹호했다. 엄격한 유럽인들의 피임에 대한 접근은 나중에 '새로운 세상'으로 진행되었다. 피임금지 편향은 오랫동안 주류를 이루었던 청교도적인 태도뿐만 아니라 가족 도덕의 보호를 기반으로 하고 있다. 1877년 영국에서 출산의 하락 직전에, 찰스 브래들로_Charles Bradlaugh[34]와 애니 배전트_Annie Besant[35]는 산아제한에 대한 팸플릿을 런던에 뿌렸다. 1916년 뉴욕의 브루클린(Brooklyn)에 산아제한을 위한 진료소를 연 마거릿 생어는 체포되었다. 생어는 뉴욕의 공동주택가에서 간호사로 일을

34) 1853년 이후 런던에서 정치운동을 전개하였으며, 가두집회, 기관지, 팸플릿 등으로 종교로부터의 자유와 공화주의를 호소하여 노동자·소시민들의 지지를 얻었던 영국의 자유주의적 정치운동가·공화주의자

35) 맬서스의 인구론을 선전하던 신맬서스주의자

했으며, 많은 이주 가정의 불행과 고통을 마음 아파했다. 불법 낙태로 사망한 여성을 목격하면서, 그녀는 '어머니 집단을 바꿀 무엇인가를 해야겠다'고 결심했고, 산아제한의 근거를 지지했다. 그녀의 빈번한 체포와 기소, 반대 야유에 의해 의사들이 환자들에게 산아제한장치(birth control advice; 용어가 나중에는 birth control device로 바뀜)를 해주는 것이 법으로 허용되었다.

첫 번째 현대적인 기구는 1908년 독일의 잡지에 등장했던 자궁내장치(intrauterine device, 'IUD')였다. 첫 번째 IUD인 그라펜버그고리(Gräfenberg ring)는 1928년에 도입되어 상당히 많은 여성들에 의해서 사용되어졌다. 20세기 초, 연구자들에 의해 여성은 월경주기마다 한 번 배란한다는 사실이 발견되면서, 주기피임법(rhythm method)이 개발되었다. 과학자들이 월경주기와 이를 조절하는 호르몬의 기능에 대해서 더 잘 이해하게 된 1950년대에 이르러서야 호르몬피임법과 [소위 '자연가족계획법(natural family planning)'이라 불리던] 출산인식법(fertility awareness)의 현대적인 방법이 개발되었다. 1959년 미국 식품의약품안전청(Food and Drug Administration, FDA)은 첫 번째 피임경구약(oral contraceptive pills)을 승인하였다. 프로게스틴과 에스트로겐의 결합물인 이 약은 근본적으로 성호르몬을 흉내내면서 피임작용을 하였다. 에스트로겐의 양은 안전성 측면에서 연구되지 않았음에도 1960년대 여성들은 과다복용을 하였다. 그 결과 1969년까지 혈전증, 정맥염, 편두통, 황달과 같은 부작용들이 보고되었으며, 이에 영국 의약품안전위원회(UK Committee on the Safety of Medicines)에서는 에스토르겐이 50 마이크로그램을 넘지 않는 경구피임약을 처방할 것을 권고하였다. 현재는 안전한 저용량필(low-dose pill)이나 단일 프로게스틴 필(progestins only pill, 후에 mimi-pill로 알려짐)이 표준 피임약이다.

가난한 국가에서 가족계획사업의 시작은 아이들의 생존율이 높아져 인구의 급속한 증가가 있었던 1960년대부터였다. 아시아 국가들에서는 인구증가를 억제함으로서 사회·경제성장을 향상시키려는 국가 목표를 수립하였고, 이를 정부가 주도하였다. 라틴아메리카 국가들은 위법 낙태의 증가를 막기 위해 시작했는데, 즉 현대 피임법을 제공함으로써 이러한 상황을 해결하기 위한 노력이 주로 비정부기구에 의해 실시되었다. 가족계획의 지원 정책을 세운 중·저소득 국가도 1960년에는 2개였지만, 1996년에 115개로 늘어났다. 국제적인 지원도 1971년 1억 68백만 달러(US)에서 1995년 5억 6천만 달러(US)로 증가하였다. 1990년까지 피임의 증가와 출산의 감소는 느렸지만, 그 당시 세계에서 가장 가난했던 대부분의 라틴아메리카 국가들과 방글라데시, 네팔을 포함한 아시아 국가들 전역에서 생식보건의 변화(reproductive change)가 이루어졌으며, 대부분의 사하라사막 이남 아프리카지역에서도 출산이 감소하였다.

성공은 상당한 대가를 치렀다. 가족계획전략은 중국, 인도나 베트남 같은 일부 아시아 국가들에게서 강압적으로 실시되었다는 비판을 받았으며, 많은 중·저소득 국가들에서 서비스의 질은 좋지 않았다. 이러한 사항은 1994년 카이로에서 열린 5번째 국제인구회의에서 논의되었다. 카이로회의의 권고는 여성의 권한과 생식보건 그리고 권리를 둘러싼 광범위한 의제와 함께 가족계획사업에 있어서 지배적이던 인구-경제적 이유를 대신하는 것이었다. 카이로회의에서 보여준 열의에도 불구하고, 가족계획은 1994년 이후로 국제개발 우선순위에서 꾸준히 밀려났다. 2003년까지 가족계획을 위해서 지원된 물품과 의료서비스 제공은 4억 6천만 달러(US)로 감소하였다. 2000년에 새천년개발목표(Millennium Development Goals, MDGs)를 세웠던 사람들은 많은 궁핍한 국가에서 급격히 지속된 인구증가에 의해 제기되었던 어려움을 무시했고, 결국 가족계획을 목표에 포함하지 않았다. 인구증가와 가족계획 문제는 주요 보고서에서도 현재 하찮게 여겨지고 있다.

인구성장, 인구학적 천이 및 환경 수용력

1960년에서 2005년 사이, 세계 인구는 30억에서 65억으로 114%나 증가하였다. 그림 5.1의 전체 출산율(어린이 對 여성)이 보여주듯이, 가난한 국가의 출산이 높다. 향후 45년간 비율의 증가는 더 낮을 것으로 기대되지만(40%), 절대 수치는 26억으로 여전히 매우 높을 것이다. 2050년까지 아시아와 라틴아메리카의 출산율은 여성 1인당 2.4명에서 2.0명으로 떨어질 것이고, 사하라사막 이남 아프리카는 5.0명에서 2.5명으로 감소할 것이다. 이러한 가정 하에, 2050년 세계 인구는 90억에 이를 것으로 예측된다. 늘어날 것으로 예측되는 인구의 50%는 아시아가, 36%는 사하라사막 이남 아프리카가 차지할 것이다. 그러나 2005년과 2050년 사이의 45년 동안에 걸쳐 생식력(fertility)이 출생의 50%를 넘는다면 2050년쯤에는 인구가 100.6억명, 넘지 못한다면 70.7억명에 이를 것이다. 이와 같은 인구증가는 세 가지 요인에서 기인된다. 첫 번째는 생식 가능한 연령계층이 전체 인구 중에서 높은 비율을 차지하고 있기 때문에 출생률이 증가된 상태에서 지속된다는 것이다. 인구가 고령화되면서 이러한 현상은 감소될 것이지만, 현재부터 2050년까지 가난한 국가에서 젊은 연령층의 인구는 전 세계적으로 증가할 것으로 예측되는 인구의 반 이상을 차지할 것이다. 두 번째 이유는 원치 않는 출산(피임의 미충족)이다. 이러한 출산을 없앤다면, 약 20% 정도의 인구증가를 줄이게 될 것이다. 세 번째 요인은 희망하는 가족의 크기(많은 부부가 안정적인 인구 수준을 유지할 수 있는 범위보다 더 많은 아이를 원했음)이다. 이것은 인구증가의 약 20%에 해당하며, 희망 가족의 크기가 매우 높은 아프리카에서는 더 크다.

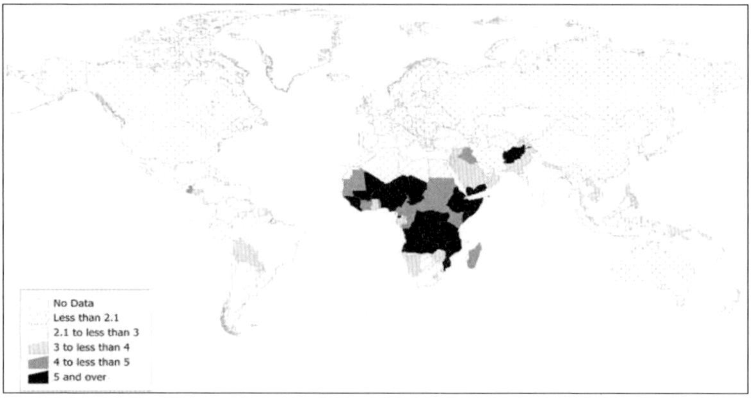

그림 5.1 총출산율(여성 1명당 어린이 수)의 세계적 분포를 보여주는 지도
출처: United Nations Department of Economic and Social Affairs, *Population Division, United Nations World Population Prospects*. 2006 Revision. New York, U.N., 2007

인구학적 천이(demographic transition, 인구변천이론이라고도 함)라는 용어는 역사적으로 전통사회에서 근대사회로 옮겨가던 1945년에 처음 사용되었는데, 이는 출생률과 사망률의 변화를 표현하고자 한 것이다. 비록 통상적으로 시차는 있었지만, 사회경제적 발전을 의미하는 근대화와 함께 출산율의 감소에 뒤따라 사망률의 급격한 감소가 있었다. 천이라는 용어는 인구에 있어서 안정된 상태, 즉 매우 높은 사망률로 인해 높았던 출생률이 균형을 이루고 인구증가가 전혀 이루어지지 않는 높은 수준에서의 정체로부터 벗어나는 것을 의미한다. 사회가 근대화되면서 사망률이 감소하지만(특히 영아사망률이 감소), 높은 출산율의 지속은 폭발적인 인구증가를 이끌었다. 그리고 출산율이 감소하였지만, 출생률과 사망률이 낮은 상태

에서 균형을 이루게 되어 새로운 낮은 수준에서의 정체에 도달했다. 결국은 어린이는 줄고, 반면에 고령화된 인구로 연령구조에 놀라운 변화가 일어난다. 이와 같은 인구 변화는 젊은 계층이 많아 아래층이 넓은 피라미드 구조에서 아래층이 좁고, 각 연령층의 비율이 비슷해지는 거의 사각형에 가까운 구조로 변화되었다(그림 5.2 참조).

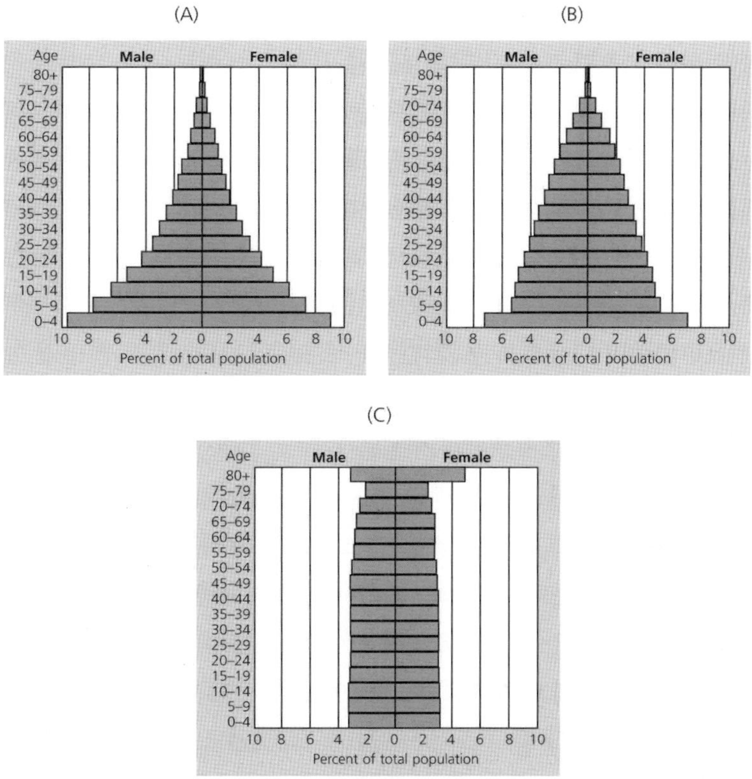

(A) 고출산/고사망; (B) 고출산/사망 감소; (C) 저출산/저사망

그림 5.2 인구학적 천이

출처: Reprinted from U.S. Census Bureau. International Population Reports WP/02. Global Population Profile: 2007. Washington D.C., Government Printing Office, 2004:35

역사적으로 어린이의 사망률이 크게 감소하면서 근대화를 겪은 국가는 모두 급격한 인구증가를 이루었다. 과거에는 이러한 인구증가가 항상 출생률의 감소에 뒤이은 것이었지만, 이것의 형태와 기간은 상황에 따라 달랐다. 네덜란드와 같은 일부 국가에서는 사망률이 감소한 다음 출생률이 오랜 시간에 걸쳐 높게 유지되었다. 18세기 말과 19세기에 산업화된 유럽은 인구팽창의 압박을 북미, 호주와 뉴질랜드로 이민을 보내면서 완화시킬 수 있었다. 중국에서는 17세기 초부터 사망률의 감소가 점진적으로 천천히 일어났다. 이것은 높은 수확량의 작물 재배, 농업기술의 향상, 천연두에 대한 예방접종, 기본적으로 가족 및 지역 위생의 향상에 기인되었다. 인구학적 천이는 최근 다른 국가에서도 일어났고, 여러 가지 절차를 따랐다. 지난 반 세기 동안 많은 궁핍한 국가들은 간단한 의학적 또는 보건학적 개입으로도 영아사망률과 유아사망률을 줄일 수 있었다. 그러나 다른 측면에서 보면, 몇몇 이 국가들에서의 생식력의 감소가 특히 지난 15년 동안에 걸쳐 경제적 고립, 사회 보수주의 및 가족계획을 위한 국제 지원의 후퇴로 인해 지연되었다.

1968년 파울 에를리히_Paul Ehrlich[36]가 저술한 『인구폭발(*The Population Bomb*)』은 베스트 셀링 북스에 속했다. 에를리히는 과잉인구로 인한 1970~1980년대의 기아 사태를 경고했으며, 인구증가의 억제를 촉구하였다. 1966년에 빈곤국에서의 포괄적인 일차보건의료와 보건의료체계에 대한 획기적인 기여를 한 서적 『개도국의 의료서비스(*Medical Care in Developing Countries*)』를 썼던 모리스 킹_Maurice King은 아직 '미완성 상태(avant la lettre)'인데도, 1990년에 란셋(*The Lancet*)에 자신이 처음 명명한 '인구속박감(demographic entrapment)'

---

36) 독일의 의학자·세균학자·화학자(1854~1915): 노벨 생리·의학상 수상(1908)

에 대해 많은 논란이 되었던 논문을 발표하였다. 킹은 출산율이 감소하지 않았을 경우, 잠재적으로 발생할 수 있는 큰 문제점들에 대해서 지적했다. 그는 현대화의 진행에 따른 출산율의 감소는 보장할 수 없다고 하였으며, 출생률은 사회적이고 문화적 특성에 달려있다고 지적하였다. 전통적으로 맬서스 시나리오와 긴밀히 연관되어 있는 인구속박감은 농촌, 경제적으로 고립된 지역, 인구집단과 동떨어진 거주지역에서 발생할 것이고, 지나친 인구로 어려움을 겪게 될 것이라 하였다. 이의 해결은 오직 형제(동족)의 살해, 기근, 이주 또는 식량원조로 해결할 수밖에 없다. 1990년대 르완다와 소말리아에서 발생한 인구속박감과 관련된 복잡한 지역 범죄에 대해서 논의가 된 이후, 인구가 늘어난 부룬디, 말라위와 아시아 남쪽에 존재하는 국가의 경우 토지의 압박이 증가하고 물의 가용성과 같은 환경 조건이 나빠졌다. 맬서스 이론의 근본은 인구가 식량의 공급보다 많은 상황에서 '환경 수용력(carrying capacity)'를 높이는 것이었다. 그러나 다른 종과는 달리, 인간 사회는 환경 수용력을 높이기 위해 상당한 개입을 하였다. 또한, 정보가 많고 긴밀히 연결된 세계는 국제 협력과 원조로 인구속박감 상황을 막거나 개선할 수 있다는 희망을 갖고 있었다.

가족계획이 왜 여전히 중요한가?

급속한 인구증가(연간 증가율이 2% 이상인 경우 또는 매 34년마다 인구수가 2배로 늘어나는 상태)가 빈곤을 악화시킨다는 사실은 이해하기 쉽다. 특히 고용이 불완전하게 이루어지고 있으며, 식량 문제가 있는 국가에서는 더욱 그러하다. 경제가 침체된 국가에서 인구증가는 가난한 사람들을 양산시켰다. 사하라사막 이남 아프리카지역은 하루에 1달러보다 못한 비용으로 살아가는 사람이 1981년 1억 64백만명에서 2001년 3억 16백만명으로 증가하였다. 출산율과 인구증가가 감소하여 혜택을 받은 좋은 증거가 있다. 1980년대에 45개 중·저소득 국가를 대상으로 실시한 연구에서는 조출생률이 1,000명당 5명으로 감소한다면, 가난하게 살아가는 사람들의 비중이 1/3로 줄어들 것으로 추정되었다.

출산율의 감소는 장기적인 혜택을 수반한다. 출산율이 감소하기 시작한지 20년이 되면, 생산 가능한 15~64세의 인구비율은 경제활동을 할 수 없는 다른 인구집단보다 빠르게 늘어난다. 노동력은 일시적으로 크게 증가하고, 경제발전을 위한 자원의 투자가 일어나며, 가족의 복지가 해결될 것이다. 다른 조건이 동일하다면, 일인당 수입이 더욱 빠르게 증가되어 첫 번째 인구보너스 효과가 발생할 것이다. 따라서 이 시대는 초기 인구의 급속한 성장에 의해 몇 십 년 후에 곧 따라 가게 된다. 다른 조건이 동일하다면, 일인당 소득은 더 천천히 증가하고, 처음의 보너스는 부정적으로 바뀔 것이다. 이는 최근 부유한 국가에 해당하는 것(낮은 출생률과 높은 평균수명은 피할 수 없음)으로 저소득 국가 특히 농촌지역과는 약간 동떨어진 이야기이다. 추가적으로, 두 번째 인구보너스 효과가 가능하다. 은퇴시기가 늦춰짐에 따라 일하는 노인층은 자신의 자산을 투자하거나 축적할 수 있다. 투자가 보다 많은 자산과 지속적인 발전으로 전환되는 성과는 저절로 이루어지지 않으며, 마치 경제학자들이 주장하듯이 이것은 효과적인 정책의 실행 여부에 달린 문제이다.

국내적으로도 출산은 많은 차이를 보일 수 있다. 56개의 저소득 내지 중소득 국가들에서 1분위에 해당하는 가난한 사람들의 출산율은 6.0명인 반면, 5분위에 해당하는 부자들의 출산율은 3.2명이다. 어린이가 많은 가정은 가난해지기 쉽고, 어린이가 없는 가정보다 경제수준을 개선하는데 어려움을 겪는다. 게다가 가구원이 많은 가정의 어린이는 적은 가정보다 영양상태가 좋지 못하고, 교육을 적게 받을 수 있다. 가난한 사람들이 더 많은 정보와 서비스를 제공받고, 효과적인 가족계획사업의 혜택을 받음으로써 부유한 사람과 가난한 사람 간의 격차가 줄어들며, 빈곤 감소에 중요한 기여가 일어나는 것이다.

엄마와 아이의 건강이나 생존을 위한 가족계획은 그 효과가 분명하다. 약 90%의 유산, 약 20%의 조산과 관련된 사망과 질병 발생은 더 이상의 임신을 원하지 않거나 연기하기를 원하는 여성에 있어서 효과적인 피임을 함으로써 방지할 수 있다. 이것은 가난한 국가에서 비용-효과가 높고, 혜택이 큰 것으로 나타났고, 연간 150,000명 정도의 모성사망을 막을 수 있었다. 가족계획은 또한 어린이의 건강에 있어서도 큰 이익을 주었으며, 출생 터울의 간격을 더 넓게 만들었다. 한 생명이 태어난 후 18개월 이내에 또 다른 수정으로 태아사망, 저체중아, 미숙아 등의 위험이 커지며, 같은 임신주수의 신생아에 비해 작았다는 연구보고들이 있다. 근거자료에 의하면, 5세 이하의 어린이 사망 920만 건 중에서 백만 건 정도가 2년 이하의 짧은 임신주기를 없앰으로써 막을 수 있었다고 한다. 산후 (또는 유산 전) 가족계획의 효과적인 활용은 이런 이상적인 성과를 달성하는 명백한 수단이 된다. 가족계획은 어린이의 사망률을 줄일 수 있는 가장 비용-효과적인 방법 중에 하나이다. 그러나 그동안 이러한 공적은 매우 간과되어 왔다.

지난 세기 동안, 가족계획 개척자의 주요 영감은 여성을 원하지 않는 임신으로부터 자유롭게 하는 것이었으며, 지금도 여전하다. 출산에 대한 혁명(7명이 태어나 대부분 죽던 시절에서 두 명 정도가 태어나서 모두 생존하는 시대로의 흐름)은 여성에게 사회 진출의 기회를 높여주면서, 성의 형평을 이루어 나아가는 것을 상징한다. 이와 같은 사회경제적 측면을 고려하지 않더라도, 피임은 여성에 있어서 아이를 갖고, 몇 명을 낳을 지를 결정할 수 있는 인간의 기본권에 해당된다. 가족계획에 있어 여자와 남자는 필수적인 파트너이다. 원하지 않는 임신을 피하고, 건강하면서도 원하던 아이를 갖기 위해서는 적절한 의료서비스의 공급 외에도 기술, 지식 그리고 사고방식이 필수적이다. 가족계획에서 남자의 역할에 대해서는 충분한 관심을 보이지 않는다.

남녀 모두를 위한 보편적인 초등교육의 달성은 새천년개발목표에 해당되며, 많은 국가들은 2차 및 3차 상급학교로의 진학을 높이려고 하였다. 높은 출산과 가파른 인구증가는 이를 달성하는데 장애가 되었다. 평소의 기준을 유지하더라도, 인구가 급속히 증가해 온 국가는 교사, 교육매체 및 교실의 수를 매 20~25년마다 두 배로 늘려야 했고, 더불어 보건의료서비스도 역시 마찬가지였다. 이로 인해 많은 국가들에서 학생 1인당 비용이 줄어들었고, 교육의 질도 낮아졌다. 교육의 질에서 감소라는 대가를 통해 달성된 보편적 일차교육은 단지 내실 없는 성공일 뿐이었다.

인구성장이 낮았던 부유한 국가들은 세계 자원의 지속가능하지 않은 개발과 국제 환경에 대한 위협에 주로 책임을 진다. 반면 인구증가가 높았던 가난한 국가들은 지구 온난화의 주범인 이산화탄소 등의 배출에 오히려 기여하지 않았다. 그럼에도 불구하고, 인구증가는 환경을 위협하였다. 과거의 성장은 자연 서식지와 생물의 다양성을 불가피하게 상실한 채, 식량 생산에 기여한 토지 분할의 촉진에 직접적인 영향을 끼쳤다. 몇몇 가난한 국가들의 추가적인 인구증가는 지나친 농작과 방목에 의해 초목지의 감소, 토양 비옥도의 고갈, 토양침식 등의 심각한 결과를 초래하여 불모지를 만들 위험이 있다. 더 많은 식량들을 재배하기 위해서는 물이 추가로 더 필요하기 때문에, 물에 대한 수요의 증가는 인구성장과 직접적으로 관계되어 있다. 세계인구의 1/3은 보통 또는 심각한 수준의 수분 부족 하에 있었는데, 이 분류는 물의 가용성이 이미 또는 점차 제한요인이 되어간다는 것을 의미한다. 이 비율은 반드시 늘어나서 2025년쯤 2/3 수준에 다다르게 될 것이다. 희망차게도 가난한 국가들이 부유한 국가로 바뀔 것이지만, 그들은 환경을 오염시키는데 많이 기여할 것이다. 비록 이산화탄소의 배출 증가량의 상당 비율이 부유한 국가들의 상품 제조로부터 초래되었을지라도 대부분이 급속도로 경제성장 중인 중국과 인도에 의한 것이다. 세계 인구가 77억 명일 때보다 106억 명일 경우 지구의 환경을 안정화시키기 위해 더 엄격한 규제방법이 필요하다. 가족계획을 통한 원치 않는 출산의 억제는 미래 지구의 환경보존을 위한 가장 비용-효과적인 방법 중에 하나일 것이다.

무엇을 달성할 수 있는가?

회의론자들은 '개발이 가장 좋은 피임법'이라고 주장하면서 향상된 삶의 기준, 늘어난 기대여명, 향상된 교육과 여성에게로의 권한위임이 출산을 줄이고 인구팽창을 억제하는 가장 효과적인 방법이라고 하였다. 물론 (실제) 피임방법들이 이용가능하게 될 만큼 공급 측면에서 중요할지라도 그것은 수요를 증가시킬 것이다. 가족계획의 지지론자들은 생식보건의 변화가 촉진되어 가족계획이 더 신속하고, 효과적이고, 공정하게 이루어져야 한다고 주장한다. 그들이 펼치는 한 가지 주장은 대부분의 가난한 국가들에서 출산의 감소는 오직 포괄적인 가족계획에 참여한 경우에만 발생하였다는 것이다. 가난하고 문맹인 두 부부가 자신의 가족 수를 조절하는데 관심이 없다는 가정은 거짓말이며, 잘못된 것이다.

효과적인 가족계획사업을 이루는 원칙은 복잡하지 않으며, 논란의 여지가 없다. 그러나 대중적으로 현대 피임법의 사용과 소규모 가정에 대한 생각이 먼저 형성되어야 한다. 효과적인 방법에 대한 지식이 널리 알려져야 하며, 다양한 가족계획서비스와 재화에 대한 접근이 가능해야 하고, 이는 감당할 수 있는 정도여야 한다. 그리고 가족계획과 관련된 미신이나 잘못된 관념들은 바로잡아 주어야 한다. 성공에 대한 청사진은 없다. 핵심 사항은 가족계획을 추진하고 서비스를 제공하는 수단을 둘러싸고 있다. 모든 예방적 보건전략이 그러하듯이, 어떤 개입이 가장 좋은 것인지와 시간이 지남에 따라 변하는 우선순위에 있어서 가장 중요한 결정요인은 배경이다. 가장 좋은 가족계획사업은 각 국가의 문화적 지식과 개인의 원하는 바에 맞춰서 가족계획을 활성화하려는 창의력에 크게 의존하고 있다. 성공적이었던 방글라데시의 사업은 집집마다 정보를 제공하고, 동기를 부여하고 상품을 제공하고자 돌아다니는 여성 복지요원의 높은 헌신에 의존하고 있었다. 또한 가족 크기에 대한 태도를 변화시키기 위해서 대중매체가 사용되기도 한다. 따라서 효과적인 가족계획사업의 초기 단계에서는 합법성과 인식의 형성이 중요하다. 사업이 성숙되어 감에 따라, 새로운 방법을 단계적으로 도입하고, 가족계획을 하지 않고 있는 집단이 할 수 있도록 특별히 노력함으로써 서비스의 질을 향상시키는 것이 더욱 중요해지는 것 같다.

현대 가족계획과 핵가족에 대한 생각의 정당성이 최우선순위에 놓인다. 종교, 지도자, 전문가 간의 거대한 합의 도출이 첫 번째 단계이다. 지속적이고 효과적인 사업을 위해서 이러한 전략이 중요하다는 것은 많은 나라에서 입증되었다. 이런 성공은 재정보다는 정치나 운용가능성 면에 달려있다고 할 수 있다. 방송매체의 활용 또한 중요하다. 가족계획에 있어 이것의 효과는 입증되었다. 아시아와 아프리카지역에서의 교훈적이거나 극화된 형태의 뚜렷한 메시지는 파트너 사이의 논의를 향상시키고 인식을 제고시켰을 뿐만 아니라, 수용 가능한 정도의 비용-효과성이 있는 피임법 사용을 증가시켰다. 새로운 아이디어와 뜻을 전송할 수 있었기 때문에 라디오와 TV 매체 또한 매우 효과적인 역할을 했다. 비록 정보를 제공하고 교육하는데 비용이 많이 소요되었지만, 국가적으로 가족계획에 들어갈 예산의 10~20% 정도만 할당해도 좋은 결과를 낳는 것으로 보인다. 이를 위하여 지역사회에서 여러 가지 방법의 접근들[인도와 방글라데시의 여성을 위한 신용기관, 이란의 물라(mullahs), 많은 아프리카 국가들의 전통마을의 지도층]이 이루어졌다. 그들의 성과는 지켜볼만했지만, 지역사회 수준의 노력은 중앙정부에게는 부족했던 자질과 기술, 민감성, 지역문화에 대한 이해를 필요로 했다.

만약 피임을 안 한다면 1년 안에 85~90%의 커플이 임신하게 되므로, 아무런 피임도 하지 않는 것보다는 효과가 덜한 피임이라도 하는 것이 훨씬 낫다. 다른 피임 접근법은 사용자에 따라서 다른 행동을 요구한다. (남녀 모두에게 있어서) 불임수술이나 자궁 내 피임기구의 삽입이 완벽하게 이루어진다면, 12개월 실패율은 0.5% 이하이고, 일반적인 사용에 의한 실패율은 2% 이하가 된다. 데포프로베라(Depo-Provera)와 같은 주사용 피임약을 완벽하게 사용하면 0.5% 이하의 실패율을 보이고, 일반적인 경우에는 3%를 보인다. '완벽한 사용'이라는 용어는 그 방법에 있어서 모든 규칙이 지켜진다는 것이며, 모든 성관계에 있어서 항상 사용된다는 것이다. 피임경구약을 완벽하게 먹었을 경우 0.5%, 일반적인 경우는 8%(특히, 주기적으로 먹지 않는 경우)의 실패율을 보였다. 남성의 콘돔 사용은 완벽한 경우와 일반적인 경우는 각각 2%와 15%의 실패율을 보이며, 절제가 잘되지 않은 경우 더욱 어려우며, 25%의 실패율을 보인다.

각 국가마다 특정한 피임방법이 다양하게 사용된다. 방글라데시는 43%가 경구제에 의존하고, 이웃나라 인도의 경우는 경구제가 4%인 반면, 불임수술이 75%에 달한다. 많은 국가들이 한 가지 내지 두 가지의 피임법이 전체 피임법의 대부분을 차지한다. 그러나 모든 유형의 피임방법들을 최대한 잘 활용하려는 정책의 실패는 특정 피임법, 특히 불임수술의 사용에 대한 법적 규제와 관련될 수 있는데, 이는 일정 피임방법을 권장하면서도 다른 방법을 아예 무시하거나 그 접근성을 제한하는 정부의 결정이나 가족계획 공급자의 편견에 의해 발생하게 된다. 결과적으로 가장 친근한 방법이 가장 보편적인 방법이 된다. 만약 커플들이 기존 방법 때문에 지속적인 피임을 하지 않는다면, 원치 않는 출산을 피하기 위해서 새로운 방법을 고안해야 한다. 대안의 한정된 선택권, 제한된 접근성이나 (사용자든 공급자든 양측 모두에게) 다른 방법에 대해 친숙하지 않음은 새로운 방법을 수용하는 것을 늦추고, 의도하지 않는 임심의 위험을 증가시킬 것이다.

모든 피임법은 원치 않는 출산을 줄일 수 있지만, 그 잠재력에 대해서는 잘 알려지지 않았다. 어느 방법이 되었든지 피임법 보급의 증가는 비록 효과가 낮은 것일지라도 차차 더 효과적인 방법을 사용하도록 유인하게 되며, 모든 가역적 방법들의 지속적인 사용을 강화한다. 또한 그 효과를 얻고자 순응도(adherence)에 의존하는 피임방법들을 고수하도록 격려하는 등 모든 수단의 도움을 받게 될 것이다. 피임법 사용을 늘리거나, 피임이 중단된 이후에 대안을 활용하려는 목적이 있다면, 다양한 방법이 가능해야 한다. 임신을 막기 위한 비용-효과적인 방법으로는 불임법이나 자궁 내 장치의 삽입이 가장 가치가 높은데, 이들은 순응도 향상에 대한 필요와는 무관할 수 있다. 과거 중국, 인도 및 베트남과 같은 국가들에서는 이러한 피임방법의 촉진이 강압적으로 이루어졌다. 가족의 크기를 제한하는 것보다는 분만 간격이 가치가 있었기 때문에 불임법을 적절한 방법이 아닌 것으로 간주했던 아프리카에서는 피임이 늘어나는 것을 가장 억제하였다. 일부 아프리카지역에서는 주사를 맞는 방법이 가장 많이 사용되었으며, 약을 먹는 방법도 일반화되었다. 이러한 방법과 함께 콘돔 사용을 장려하는 것은 용이하면서도 신뢰할만한 접근법이며, 피임에 대한 성공의 확률도 높일 수 있다.

가족계획사업은 보건의료기관, 상품점, 지역사회에 기반을 둔 접근인 세 가지 주요 제공체계를 통해 이루어진다. 많은 국가들을 살펴보면, 맨 처음에는 의사의 강력한 제약 하에서 보건의료기관을 통해 이루어졌다. 오래된 적법성 기준과 남편의 동의서 작성 의무화, 결혼 상태의 입증, 수입대비 생활비 균형, 나이, 한 번 또는 두 번 이상의 약 처방과 재방문과 같은 불필요한 제약이 있었다. 이러한 방법의 한계는 곧 깨달아졌고, 프로그램의 성공 여부는 빠르고, 편리하며, 적절한 접근을 방해하는 의료적 장벽이나 정형화된 관리를 줄이는 것에 달려있었다. 높은 진료기준을 맞추기 위하여 준 의료인은 자궁내장치를 삽입하고 주사제를 놓는 교육을 받았다. 그리고 짧은 기간의 훈련을 마친 지역보건요원들은 약을 처방하고, 여성의 임상조치를 위한 의뢰를 할 수 있었다. 처방전 없이 OTC 형태로 피임약의 판매가 이루어질 수 있는 제도도 정당하다고 입증되었다.

그럼에도 불구하고, 특히 수술이나 임상적인 방법이 우선인 국가에서는 보건의료기관에 기반을 둔 서비스가 제공체계의 뼈대가 되고 있다. 대부분의 가난한 국가들에서도 피임의 80% 이상이 불임수술, 자궁내장치 삽입, 주사를 이용하는 등 보건의료기관이나 병원을 통해 이루어진다. 낮은 의료서비스의 질은 종종 가족계획서비스의 시행에 있어서 중요한 제약 요인이 된다. 공급의 지속성, 보건의료요원의 근무와 역량, 환자 응대에 있어서 존엄성, 사생활 보장과 같은 기본적인 이슈에 대한 관심 표명이 핵심에 해당한다. 1994년 카이로 회의 이후에, 생식기 감염증이나 HIV에 대한 상담 내지 검사와 같은 출산과 관련된 더 광범위한 보건문제를 다루기 위하여 의료서비스의 통합, 가족계획요원의 폭넓은 확대로의 전환이 일어났다. 인체면역결핍바이러스가 심각한 국가에서는 가족계획에 덧붙여 인체면역결핍바이러스/후천성면역결핍증 예방프로그램도 중요하다. 인체면역결핍바이러스 양성 반응을 보인 여성의 원치 않는 아이의 출산 예방은 약의 사용보다 훨씬 비용-효과적이기 때문이다. 인체면역결핍바이러스와 생식보건의 관계에 대한 2008년 WHO의 논문은 두 가지의 통합이 높은 질을 담보하고 더 나은 의료서비스의 이용을 이끈다고 했다. 통합은 접근성을 향상시키고, 현대적인 피임, 인체면역결핍바이러스 검사서비스를 이용하게 하며, 전반적인 의료서비스의 질 향상을 일으킨다. 성공적인 통합 전략을 가지고 있는 국가로는 에티오피아, 케냐, 레소토와 우간다가 있다.

약국과 같은 곳에서 상품을 파는 것이 피임에 있어서 두 번째로 일반적인 접근방법이다. 많은 가난한 국가들의 광고, 물류 보급과 제품 가격은 일반적으로 국제기구가 운영하는 사회마케팅 기금에 의해 보조금이 지급된다. 부분적으로는 인체면역결핍바이러스/후천성면역결핍증에 대응하기 위하여 가난한 국가에서 콘돔의 사회마케팅(social marketing)이 거의 보편화되었고, 남자나 청소년 누구에게나 적합하였으며, 빠른 접근이 중요하였다. 세계적으로 대부분의 콘돔 이용자나 상당히 많은 약물 복용자는 상업적인 측면에서 이루어지는 공급을 받게 된다. 세 번째는 사회마케팅을 보완하는 지역사회를 기반으로 하는 방법이다. 이는 수요가 불안정하여 다른 서비스가 제한되고, 여성의 이동성이 제약된 지역에서 가장 효과적이라고 입증되었다. 성공적인 제공을 위한 선행조건은 지역보건요원들이 자신만의 지역사회 공동체를 운영하고, 언어와 관습을 공유하고, 신뢰를 쌓는 것이다. 다른 중요한 교훈은 다양한 목적을 가진 지역보건요원이 단지 가족계획서비스만을 제공하는 사람보다도 더 효과적이며 수용적이라는 것이며, 프로젝트의 기획에 있어서 그 지역사회의 참여와 지역보건요원의 선택이 필수적이다.

가족계획 의제를 어떻게 다시 활성화시킬 것인가?

높은 출산과 급속한 인구증가는 사회경제 발전의 심각한 장애를 유발한다. 이것은 정책 입안자에게 전달되어야 할 메시지이다. 그러나 많은 저소득 국가들에 있어서, 특히 사하라사막 이남 아프리카 지역에서, 지속되는 높은 출생률과 급속한 인구증가가 새천년개발목표의 성공을 위협한다는 점이 충분히 주목받지 않고 있다(새천년개발목표를 어떻게 달성할 것인지를 다룬 74쪽 분량의 2005년 UN의 보고서 중에서 오직 두 단락만이 가족계획에 대한 것임). 개발 개입 정책으로서 가족계획에 대한 우선권은 명시되어야 한다. 비록 일부 아시아 국가들이 사용한 가족계획이 강제적이었다는 사실이 이와 같은 관점에 대한 의심을 불러일으킬지라도, 증거는 충분한 입장을 정당화한다. 이러한 의혹은 생식의 권리에 대한 존엄성과 가족계획의 촉진 사이에 아무런 모순이 없음을 강조함으로써 설명되어야 한다.

한층 더 필수적인 단계는 중·저소득 국가에서 인구 상황이 다양하므로 우선순위가 반드시 조정되어져야 한다는 인식을 강요하는 것이다. 세계 모든 국가들이 가족계획을 우선순위에 놓을 필요는 없다. 아시아와 라틴아메리카는 가족계획과 인구의 안정을 이루었다. 그러나 이러한 상황에서 서비스의 질을 향상시키고 가난한 사람들의 욕구를 충족시켜 주어야 한다. 인구증가가 높게 지속되고 피임의 필요성이 충족되어 있지 않은 대부분의 사하라사막 이남 아프리카지역과 아프가니스탄, 과테말라, 이라크, 라오스, 파키스탄 그리고 시리아 등 몇몇 국가들은 가족계획을 가장 우선순위에 두어야 한다. 인구가 매 25~30년 사이에 두 배씩 증가하는 이러한 국가에 있어서 출산 감소의 지연은 미래 인구의 건강, 교육과 경제적인 관점에서 큰 의미를 갖게 된다.

더 읽을거리를 위한 자료와 제안

캐디의 이야기와 가족계획 및 감비아 지역의 분만간격에 대한 조사는 Michael J의 『*Contingent Lives: Fertility, Time, and Aging in West Africa*』, Caroline Bledsoe (Chicago: University of Chicago Press, 2002)에서 볼 수 있다. 『*The History of Obstetrics and Gynaecology*』 (New York: Parthenon, 1994, 457-480)에 있는 O'Dowd와 Elliot Elias Philipp이 쓴 'Family Planning' 장이 가족계획의 역사에 대한 주요 자료원이 되었다. 인구학적 천이와 환경 수용력에 대해서 더 잘 이해하기 위하여 『*International Public Health Diseases, Programs, Systems and Policies*』 (eds Michael H. Merson, Robert E. Black and Anne J. Mills published by Jones & Bartlett in Sudbury, MA, 2005)에 실린 Adnan Hayder와 Richard Morrow가 쓴 'Measures of health and disease in populations'와 Tony McMichael의 『*Human Frontiers, Environments and Disease*』 (Cambridge: Cambridge University Press, 2001)를 참고하였다. Ronald Lee와 Andrew Mason (*Finance and Development*, 2006; 43: 3)의 논문 'What is the demographic dividend?'는 인구보너스효과에 대해서 설명하였다. 2006년 *The Lancet*에 실린 John Cleland와 그의 동료가 쓴 종설논문인 'Family planning: The unfinished agenda' (368: 1810-1827)는 왜 가족계획이 여전히 중요한지에 대한 것뿐만 아니라 어떻게 성공적인 가족계획사업을 할 수 있는지에 대한 훌륭한 최신 자료를 제공하고 있다. Demographic and Health Services 웹사이트 (www.measuredhs.com)는 인구의 부에 대한 정보, 피임에 대한 비교

보고서를 포함하여 75개 국가의 건강, HIV, 영양에 대한 정보 및 가족계획에 대한 불충족 필요와 수요에 대한 정보를 제공한다(2010년 2월 24일 접근). Ruth Levine의 글인 『*Case studies in Global Health: Millions Saved*』(Sudbury, MA: Jones and Bartlett, 2007)는 세계보건에 있어서 20가지의 매우 읽을 만한 성공 사례를 담고 있다. 사례 13은 'Reducing fertility in Bangladesh'를 중점으로 다루고 있다.

제 6 장

자궁경부암

아프리카의 여성들,
청소부,
얼룩진 마루, 소똥 묻은 벽, 그리고 검은 흙,
음식, 하녀, 등에 업힌 아기,
식기 세척기,
씨뿌리기, 잡초 뽑기, 수확하기,
가게주인, 건축가,
심부름꾼, 카트, 트럭, 당나귀...,
아프리카의 여성들,
무엇이 아니기에?

오코트 비텍_Okot P'Bitek[37], 1970

37) 농촌지역 아프리카 여성의 고난을 장문의 시로 표현한 『Song of Lawino』로 국제적으로 널리 알려지게 된 우간다의 시인(1931~1982). 이 시는 당초 아촐리족 말(Acholi language)로 써졌으나, 1966년 영어로 번역, 소개되었다.

마이무나_Maimuna 이야기

마이무나, 54세로 7명의 자녀와 12명의 손자를 둔 한 할머니는 망설이면서 외래 클리닉의 진료실로 들어갔다. 그녀는 감비아강의 북쪽 강변에 위치한 밤발리(Bambali)지역에서 35km 떨어진 파라페니병원까지 찾아왔다. 마이무나는 몇 마디 정도나마 영어를 말할 수 있는 이사토우_Isatou 딸을 동반하였다. 비록 마이무나는 폐경기가 지났지만, 체중 감소, 빈혈, 경미한 신체 활동조차 어려울 정도로 숨 가쁨, 하복부의 복통, 질 출혈 등의 증상을 호소했다. 그녀의 상태는 좋아 보이지 않았고, 악액질성(cachetic)으로 만성 빈혈을 앓고 있었다. 내부 골반검사를 통해 주변의 조직으로 전이된 큰 자궁경부 종양이 발견되었다. 헤모글로빈 검사 결과, 마이무나는 심각한 빈혈로 진단되어 수혈과 생검을 받게 되었으며, 고통스러운 약물치료가 시작되었다. 하지만, 우리는 그녀의 예후가 좋지 않아 두려워했고, 그녀를 위해 해줄 수 있는 게 별로 없었다.

암

당신이 암 진단을 받았을 때
당신이 선택할 것은 거의 없다.
당신은 처음에는 실제로 믿을 수 없을 것이다.
당신을 위해 그들이 무엇을 해 줄 지에 대해서

그러나 암을 치유하는 방법이 쉽지는 않다.
당신은 무거운 짐을 이겨내야 한다.
그러나 당신은 그들이 멈출 수 있는 방법을 알기를 기도해
야 한다.
당신의 몸이 이미 충분하다면

암 치료는 잔인하고

참기 어려울 수 있다.
그러나 만약 당신이 치료를 하지 않으면
암은 분명히 당신을 죽음에 이르게 할 것이다.

로웨_T.C. Rowe, 2001

암은 몸 일부분에 있는 세포가 통제되지 않고 자라기 시작할 때 진행된다. 일반적으로 세포는 자라고, 분열하고 죽는다. 삶의 초기에서 성인기까지 인간의 정상 세포는 빠르게 분열된다. 그 후 신체의 대부분 세포들은 오직 약해진 세포들이나 죽은 세포들을 대체하기 위해서 분열한다. 반면, 암세포는 계속 자라고 분열되기 때문에 정상 세포와는 다르다. 암세포는 사멸(死滅) 대신, 정상 세포에 비해서 더 오래 살고 새로운 비정상 세포들을 계속 만든다. 암세포는 DNA의 손상 때문에 진화한다. DNA가 손상될 때 마다 몸은 DNA를 고칠 수 있지만, 암세포 안에 손상된 DNA는 고칠 수 없다.

암의 어원은 히포크라테스_Hippocrates(460~370 B.C.)에 의해 만들어졌다. 그는 게(karcinos, 그리스어)라는 용어를 사용했는데, 아마도 그 고통이 게의 집게로 죄는 것과 같았기 때문일 것이다. 암의 가장 오래된 묘사(비록 그 용어는 현재 사용되지 않지만)와 암의 외과적 요법은 이집트 파피루스 기록에서 발견되어 B.C. 1600년경으로 거슬러 올라간다. 파피루스는 '불 송곳'이라 불리는 도구를 사용하여 소작법으로 완치된 가슴의 종양 혹은 궤양 여덟 가지 사례들을 보고하였다. 그러나 기록에는 이 질병에 대한 '치료가 없다'고 되어 있다. 암 치료법은 천천히 발전하였다. 일단 암이 번지면 치유할 수 있는 방법이 없다는 것과 중재는 전혀 치료하지 않는 상태보다 더욱 해로울 수 있다는 인식이 퍼져있다.

1761년에 이태리 파두아(Padua)의 조반니 모르가니_Giovanni Morgagni[38]가 맨 처음 규칙적으로 부검(autopsy)을 하면서 환자의 병을 사후 병리학적인 발견과 관련지었다. 19세기 암 연구는 현대적인 현미경의 사용과 발전으로 인해 과학적 종양학(oncology)을 탄생시켰다. 루돌프 피르호_Rudolf Virchow(1821~1902)[39]는 현미경 병리학과 연관지어, 암의 현대 병리학 연구의 과학적 근거를 제공한 반면, 모르가니는 육안으로 관찰할 수 있는 부검결과를 질병의 임상적 과정과 연관시켰다. 이러한 방법은 암환자의 손상을 좀 더 이해할 수 있도록 했을 뿐만 아니라 암 수술의 발전을 위한 기반을 마련했다. 마취와의 연계가 가능해지면서 수술이 용이해졌으며, 암 수술에 공헌한 훌륭한 외과전문의를 탄생시켰다. 1889년 에른스트 베르트하임_Ernst Wertheim은 비엔나에서 단지 경부뿐만 아니라 임파선 주위 자궁과 자궁부속기까지 제거하는 자궁경부암 치료를 위해 처음으로 방사선 복부수술을 진행하였다.

19세기 말 마리_Marie와 피어 큐리_Pierre Curie가 방사선을 발견하였을 때, 첫 번째로 효과적인 비(非)외과 치료법을 우연히 시행하였다. 이로써 방사선 또한 암 치료에 다학제적 접근의 첫 번째 시도가 되었다. 암 화학요법은 효과적인 암 치료방법으로써 엽산 길항제에 이어 질소 머스터드(nitrogen mustard), 화학전(chemical warfare agent)의 발견과 함께 1940년대에 시작되었다. 1960년대에 들어서 암 화학요법은 각각의 다른 작용기구와 약물의 혼합이라는 결핵 항생물질요법의 전략을 따라야 한다는 깨달음과 함께 또 다른 돌파구가 열렸다(제3장 참조). 환자 치료를 위한 접근은 병기분류(staging)와 임상시험(clinical trial)의 도입으로 조금 더 과학적으로 개선되었다. 병기분류

---

38) 이탈리아의 해부학자·병리학자(1682~1771). 1761년에 지은 『해부로 인하여 검색된 질병의 위치와 원인에 관하여』로 '병리학의 아버지'라 일컬어지게 되었다.

39) 독일의 병리학자·인류학자·정치 지도자. 병리학 분야에 저서 『세포병리학』을 비롯하여 백혈병, 병적 종양, 색전증 등의 연구 업적이 있다.

는 새로 진단된 암의 정도를 결정하는 표준절차가 되었고, 그리고 적절한 치료나 치료의 조합을 결정하는데 사용되었다. 또한 치료의 결과를 평가하고, 다른 종류의 치료법에 따른 결과의 비교를 가능케 하였다. 이러한 새로운 치료법과 표준치료법을 비교하는 임상시험의 시도는 치료의 이익과 위험에 대한 더 나은 이해를 하는 것에 기여하였다. 지난 50년간 선진국에서는 다양한 유형의 암을 치료하는데 있어서 일차 치료방법으로써 수술요법, 방사선요법과 약물요법과 같은 암 치료법이 매우 발달해왔다. 하지만, 가난한 국가에서는 제한된 보건 예산, 많은 급성기 질환과 감염병 질환, 모성 및 영아사망률의 지속적인 문제 등의 사정으로 가난한 자들에 있어서 종종 암 치료가 불가능하였거나 감당할 능력이 되지 않았다.

2006년 세계은행(World Bank) 출판사의 제2판『*개발도상국의 질병관리 우선순위(Disease Control Priorities in Developing Countries)*』의 암 관리 편은 암의 위험요인을 줄이거나 제거하는 주요 예방법, 암이 걸리기 전 단계 또는 치료가 가능한 단계에 있어서 암을 감지하는 조기진단이나 2차 예방을 강조하였다. 암 예방과 검진의 노력이 효과적으로 암의 발생을 줄이지 못한다면, 새로운 환자의 수는 2000년 1천만 명에서 2020년에 1천 5백만 명으로 늘어날 것이며, 그 중에서 9백만 명은 저개발 국가에서 발생할 것으로 추정하였다. 2050년 즈음에 암환자는 전 세계적으로 2천 4백만 명에 이를 것이며, 저개발 국가가 1천 7백만 명을 차지할 것이다. 빈곤국의 최근 자료의 제한에도 불구하고, 이들 국가에서 암의 역학적 특성은 부유한 국가의 경우와 몇 가지 중요한 측면에서 다르다는 것을 알 수 있다. 부유한 국가는 흡연, 직업상 발암물질에의 노출, 서구식 식이와 생활습관으로 폐암, 대장항문암, 유방암, 전립선암이 비교적 높은 발생을 한다. 반면 가난한 국가는 1/4 이상의 암이 만성감염과 연관되어 있다. 간암은 B형

간염(hepatitis B)에 의해 발병되고, 위암은 헬리코박터 파일로리균(Helicobacter pylori)의 감염, 자궁경부암과 구강암은 인체유두종바이러스(human papillomavirus, HPV) 유형에 의한 감염과 연관되어 있다.

자궁경부암

> 나의 주요 관심은 이미 약간의 징조를 보인 유행하는 인간의 특정 암의 감염 원인에 관한 것이다.
>
> 하랄트 추어 하우젠_Harald zur Hausen[40], 2008

자궁경부암(cervical cancer)은 올해 전 세계적으로 약 500,000명의 여성에서 발병될 것이며, 특히 빈곤국에서 가장 흔한 여성 암으로 발생하는 모든 환자들의 80% 이상을 차지한다(그림 6.1). 자궁경부암으로 인한 사망자 수는 연간 275,000명으로 추정되고, 비교적 젊은 40대의 여성에서 가장 흔하게 호발하여 이 질병으로 죽는다. 이 문제를 해결해줄 만한 대책이 없는 나라에서 발생률이 가장 높다는 것은 놀랄 일이 아니다. 빈곤국의 많은 여성들은 종양이 꽤 진행되어 거의 수술이 불가능하며, 방사선 치료도 거의 이용할 수 없고, 완화 치료의 질도 낮은 경우가 많다.

비록 자궁경부암은 조기진단과 치료로 예방이 가능하지만, 많은 빈곤국들에서는 효과적인 선별검사 프로그램을 만들거나 유지하기가 어렵다. 지난 40～50년 동안 많은 부유한 국가들은 성관계를 하는 여성에게 5년에 한 번씩 세포학을 기반으로 하는 검사를 실시하여 자궁경부암의 발생률과 사망률을 감소시켰다. 그러나 부적합한

---

40) 독일의 바이러스학자(1936~). 자궁경부암의 발병 원인인 인체유두종바이러스를 처음 발견한 공로로 2008년 노벨생리·의학상을 공동 수상하였다.

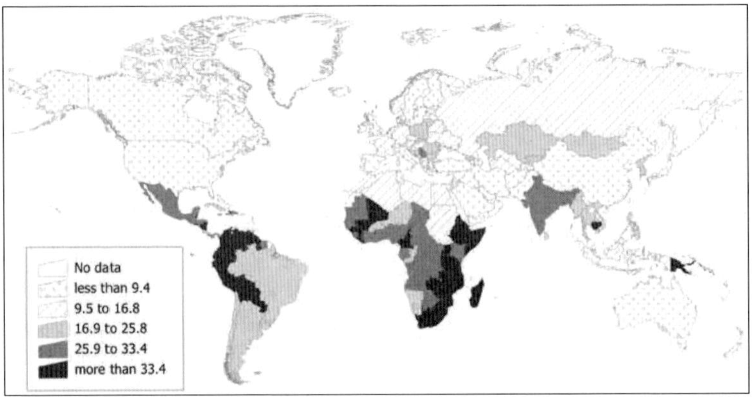

그림 6.1 자궁경부암(연간 여성인구 100,000명당 연령표준화율) 신환의 세계적 분포를 보여주는 지도

출처: The GLOBOCAN 2002 data-base, 2010년 2월 16일 www.dep.Iarc.fr에 접속

보장과 예방약에 대한 낮은 인식으로 인해 가난한 국가에서 이와 같은 프로그램의 실시는 특히 국민들의 접근성 측면에서 문제가 있어 보인다. 선별검사(screening examination)의 이용성과 가능성의 증가, 검체 수집의 질과 평가, 추적(follow-up)과 치료, 적당한 비용과 자원의 활용, 다른 건강 필요들과 경쟁할 만한 수요 등의 극복해야 할 다른 장애물들도 있다.

자궁경부암은 일반적으로 10~15년 이상 천천히 진행된다. 자궁경부에 특정 세포가 비정상적으로 발현하여 아직 암은 아니지만 발견 가능하며, 치료 가능한 사전 조건에 의해서 예측되어진다. 전암성이상(pre-cancerous abnormalities)으로 널리 알려진 자궁경부 형성이상은 중증도에 따라 분류되어진다. 1713년 이태리 의사인 베르나도 라마찌니_Bernardo Ramazzini는 자궁경부암이 수녀들에게는 없다는 점과 그녀들의 독신 생활과 관련이 있는지 아닌지에 대한 의구심을 제기하였다. 최근에 와서야 성병감염인 사마귀 바이러스(wart virus)라는 인체유두종바이러스(HPV)와 자궁경부암의 진전에 대한 인과관계가 성립되었고, 전 세계적으로 이 암의 99%에서 HVP DNA를 가지고 있는 것으로 밝혀졌다. 독일의 하랄트 추어 하우젠_Harald zur Hausen은 HPV가 자궁경부암을 일으킨다고 발표함으로써 '당시의 학설에 맞서는 이론'으로 노벨위원회에 의해 칭송되어져 2008년 노벨상을 받았다. 일반적으로 HPV와 자궁경부암의 위험요인에는 성병에 감염된 병력, 초기 성경험, 한 명 이상의 성 파트너, 한 명 이상의 성 파트너를 가진 파트너와의 관계를 하는 것이 포함된다. 자궁경부암의 다른 위험요인으로는 이른 임신, 많은 출산경력, 흡연 여부, 경구피임약의 사용, 생식기의 방광주혈흡충(*Schistosoma haematobium*에 의한 기생충 감염), 영양학적 요인 등이 있다.

자궁경부 세포검사 선별검사와 대안

자궁경부 세포검사(cervical cytology)는 고도의 전암성병변 혹은 암에 대한 매우 특이성 있는 검사로 고려되어진다. 그러나 비록 만약 세포 수집의 질과 도말성, 고착, 착색, 도말, 잘 훈련된 검사자에 의한 보고가 믿을만할지라도 민감도(sensitivity, 검사 결과가 양성인 경우에서 질병에 걸린 사람의 비율)는 약 60%에 그친다. 이전의 검사 회기 동안 놓쳤던 고도의 전암성병변을 발견하기 위해서는 잦은 검사들이 요구되며, 이런 잦은 검사는 상당한 비용과 자원의 소모가 요구된다. 위험하지 않은 병변을 가진 여성들은 전형적으로 6개월에 한 번씩 자궁경부 추적 도말검사(follow-up smear)를 받으면서 비정상적인 진전 혹은 퇴행을 모니터링할 수 있다. 위험한 병변을 보인 여성들은 질경검사, 자궁경부와 그 주위의 적절한 검사가 용이한 특수 현미경 사용과 치료 시작 전에 진단을 확정할 조직검사를 받는다. 열악한 검사 환경 하에서의 질경검사서비스는 수요에 부합하기 불충분하며, 부분적으로는 훈련된 질경검사자의 부족에 기인하기도 한다. 추적은 검체 수송의 어려움, 스크리닝, 진단과 치료 사이의 장기간 지연, 비이상적 세포검사 결과를 나타내는 여성들에 대한 연락 불가능, 더 나은 평가와 치료가 필요한 여성들을 설득하는 어려움 때문에 종종 문제가 된다.

자궁경부암 선별검사 보건사업의 수요와 수용성에 대한 데이터는 드물다. 남아프리카 인류학 연구는 많은 여성들이 자궁경부 도말은 주로 진단은 하되 예방이 불가능하다고 생각하는 것을 보여주었다. '자궁'암이 피할 수 없는 치명적이라는 일반적인 인식 때문에 여성들에게 선별검사 보건사업은 강력한 유인이 되지 못했다. 케냐인 연구에 의하면, 조기진단과 생체조직검사로 암 예방에 성공적인 가능성을 인식한 여성들은 거의 없었다. 종종 제한된 정보가 여성들에게 제공되고, 그 결과 잘못된 편견을 낳게 한다. 추가적으로 정기적인 부인과 치료를 포함한 골반검사에 대한 두려움, 일반적인 비접근성과 보건의료서비스의 열악한 질 등 문화적인 장벽이 있다. 가난한 국가에서 생체조직검사 프로그램을 위한 숙련된 인력과 실험실, 깨끗한 물, 전기, 슬라이드, 압설자(壓舌子), 다른 기본적인 필수품들이 갖추어지지 않는 클리닉들을 발견한다는 것은 매우 흔한 일이다.

최근의 여러 연구들에서 자궁경부를 직접 관찰할 수 있는 아세트산 검사(visual inspection of the cervix with acetic acid, VIA)가 시연되었는데, 이는 믿을만하고 합리적인 가격으로 생체조직검사를 대체할 수 있게 되었다. VIA는 인프라의 수준이 낮지만, 즉각적인 결과와 치료를 위한 선택 방법으로 제공된다. 그러나 비교적 낮은 특이도(specificity, 검사 결과가 음성인 경우에서 질병이 없는 사람의 비율)는 과도한 치료의 결과에 대한 문제를 내포하고 있다. 또 다른 알려지지 않은 요인은 전암성 병변의 특성처럼 보일 수 있는 생식기 주혈흡충증이 널리 퍼져 있을 때 VIA가 어떻게 잘 규명할 수 있는가이다. 만약에 VIA가 도입된다면, 표준화된 초기 훈련, 감시와 질 관리를 위한 방법을 포함한 교육 프로그램의 지속적인 개발이 필요할 것이다. 하지만, VIA 선별검사 프로그램이 자궁경부암의 발생과 사망을 줄여주었다는 근거를 입증한 연구가 아직은 없다.

HPV DNA 검사는 대안적인 선별검사이다. 보건의료인에 의해 얻어진 HPV DNA 검사는 고도의 전암성 병변 혹은 자궁경부암을 발견하는데 있어서 세포검사와 같거나 더 우세하지만, HPV DNA 검사는 저렴하지 않다. 최근 인도의 한 지방에서 HPV 검사를 세포검사와 비교했는데, VIA가 매우 희망적인 결과를 보여주었다. 한 번의 HPV 검사는 진행된 자궁경부암의 발생률과 관련 사망률을 줄였다.

선별검사방법은 비교적 단순하고 안전하고 효과적이며 외래환자가 선호할 만 해야 하고, 전암성 병변 치료를 위한 방법이다. 가난한 많은 국가들에서 현재 유일한 치료방법은 경부에서 콘 모양의 조직을 제거하는 냉동-나이프 원뿔 생검(cold-knife cone biopsy) 및 자궁과 경부를 제거하는 외과적 수술인 자궁절제술(hysterectomy) 밖에 없다. 이러한 방법은 과잉진료뿐 아니라 주요 합병증이나 부작용과 관련되어 있고 마취, 장비, 입원환자 치료를 지원할 주요 기반이 필요하므로 결국에는 많은 비용이 든다. 높은 효과성, 부작용의 낮은 발생률, 적은 비용, 일반 마취에 대한 요구 부족과 상대적 기술적인 단순함 때문에 고리전기절제술(loop electrosurgical excision procedure, LEEP)과 냉동요법(cryotherapy)에 대한 빈곤국의 관심이 높다.

빈곤국에 자궁경부암(이나 전암성 병변)의 스크리닝과 치료에 대해 무엇을 권고하여야 할까? 선택은 검사의 상대적 효능, 비용, 기술 요구사항, 임상시설의 개선 수준, 지역 의료 인프라의 수용력, 지역사회의 인식과 지각을 기반으로 해야 한다. 아주 가난한 나라는 35

~50세 사이에 있는 고위험군의 여성을 대상으로 일생동안 단 한번의 VIA 검사와 즉석 냉동요법을 동시에 실시하는 최소 패키지를 제공할 수 있다. 이러한 전략은 시각적인 검사에 의한 낮은 특이도를 무시한 것으로 과잉진료를 하도록 하지만, 이러한 접근의 옹호자들은 가까운 미래에 자원이 부족한 많은 국가들에서 세포학적 검사와 질 확대경 서비스를 사용할 수 있게 하지 않을 수 있으며, 침습성의 자궁경부암은 즉각 알려져야 할 여성의 심각한 건강문제임을 지적할 것이다.

백신

삶을 위협하는 감염을 막는 비용-효과적인 접근인 바이러스 백신은 옛 기록에서도 찾아볼 수 있다. 주요 암의 원인인 HPV 위험에 대항하는 효과적인 백신이 특히 빈곤국에서 이용가능하다면, 전 세계적인 자궁경부암에 대한 부담에 엄청난 영향력을 미칠 수 있다. 우리가 알고 있는 바와 같이 많은 빈곤국들은 효과적인 선별검사와 치료프로그램을 구축하고 유지하기가 쉽지 않다. 반면, 이러한 나라들은 소아마비, 디프테리아, 홍역, 파상풍 같은 소아 감염병에 대응하기 위해 전반적인 백신 프로그램을 개발해왔는데, 이를 적절하게 변경하면 자궁경부암 예방에 도움 받을 수 있음이 입증되어졌다.

두 백신은 전 세계 암 환자의 65~77%를 차지하며, HPV 16과 18로 인해 발생하는 자궁경부암의 진행을 예방하는데 효과적인 것으로 입증되었다.

메르크(Merck) HPV 백신인 가다실(Gardasil)은 세 번의 투약에 360달러(US)로 매우 비싸며, 글락소스미스클라인(Glaxo Smith Kline)의 서르베릭스(Cervarix)도 이보다 약간 저렴한 335달러(US)이다. 이러한 가격은 자궁경부암 발생의 80%를 차지하는 빈곤국에 있어서 감당하기 어려운 비용이다. 게다가, 가난한 국가에서 얻을 수 있는 제한된 역학적 자료는 약 15가지의 HPV가 자궁경부암의 경로와 관여될 수 있음을 제시한다. 비록 예비 검사가 장려되지만, 이처럼 다른 암의 원인이 되는 HPV를 막기 위해서는 오랜 추적검사가 요구된다. 예방의 지속성과 '추가(booster)'라 불리는 예방접종의 필요성을 결정하기 위해서는 장기간 모니터링도 해야 한다. HPV 감염이 성매개감염(sexually transmitted infection, STI)이라는 사실은 예방 가능한 HPV 백신의 수용을 방해할 수 있다는 점을 제기할 수 있다. 특히, 소아마비를 예방하는 소아 백신은 출산을 억제하는 에스트로겐을 함유하고 있다는 잘못된 루머를 계속 퍼트리는 사람들에 의해서 좌절되어지곤 한다. STI 백신을 포지셔닝하는 것은 특히 성적 활동을 시작하기 전인 청소년기를 대상으로 할 때 더 민감한 사회적 이슈를 일으키기도 한다. 아직까지는 저렴하고 효과적인 HPV 백신을 빈곤한 사람들이 이용하기는 힘들다. 만약 가난한 사람들의 백신 이용이 가능해지고 성공적으로 도입된다면, 비록 기존의 감염이 암으로 계속 진행할지라도, 자궁경부암 감소 효과는 향후 20~30년 동안 추정되지 않을 것이다. 선별검사는 여전히 필요할 것이다.

청소년들에 대한 HPV 예방접종률의 폭넓은 목표치 달성, 가난한 국가의 목표 집단을 위한 극적인 가격 인하, 재정 보장 등은 도전해야할 과제이다. 이것은 제약 산업을 비롯해서 WHO, 백신예방접종세계연맹(Global Alliance for Vaccines and Immunization, GAVI), 빌·멜린다 게이츠 재단과 같은 국제적인 '중개인'이나 기부자의 개입이 필요하다. 빈곤국에 조기 치료와 효과적인 선별검사에 대한 도입이 매번 5년 연장될 때마다 약 1천 5백만 명 이상의 여성이 불필요하게 죽게 될 것이다. 효과적이고 감당할 수 있으며, 적절한 해결책이 이루어져야 한다는 것이 주요 메시지이다.

고통 완화의료(Palliative care)

> 말기의 질병에 걸린 채 나이가 들어 생을 마감하려는 사람들, AIDS나 암으로 죽어가는 사람들에게도 새로 태어나 인생을 시작하는 사람들에게 주는 것과 같은 치료와 관심을 보내야 한다.
>
> 잰 스텐스워드_Jan Stensward와 데이빗 클락_David Clark, 2005

마이무나_Maimuna에게 무슨 일이 일어났는가? 그녀는 빈혈과 숨가쁨을 없애려고 입원 중에 3차례 수혈을 받았고, 고통을 줄이기 위해 미미한 효능만 있었던 아스피린을 복용하면서 조직학 진단을 위해 종양 위치에서 생검을 시술받았다. 4일 후에 마이무나는 집으로 돌아가길 원해서 진통제를 받아 퇴원했고, 2주 후에 외래 진찰을 받기로 예약을 했다. 불행히도 나는 마이무나에게 경구아편유사제를 처방할 수 없었다. 왜냐하면 그것은 병원 내의 약국이나 민간 약국에서 구매할 수 없었기 때문이다. 마이무나는 예약 일정에 오지 않았다. 한 달 후에 내가 그녀의 마을을 방문했을 때, 마이무나에 대해 물어보았고, 그녀의 집을 찾아 갔었다. 그녀의 딸인 이사토우_Isatou가 집에 있었는데, 3일 전에 엄마가 죽었다고 말해주었다. 마이무나는 어떠한 조치도 도움이 되지 않을 것으로 생각해서 병원에 가기를 거절하였으며, 질 부위를 통한 불규칙한 출혈의 빈도와 양이 늘어나게 되자 숨을 쉴 수 없게 되었고, 피곤함을 느끼는 일이 많아졌다고 한다. 그러나 마이무나가 대부분 휴식과 수면을 취하기 어려울 정도로 잔인한 고통 속에 있었고, 이것은 그녀를 보기 위해 방문했던 사람들뿐만 아니라 마이무나 자신과 그녀를 돌보던 가족에게도 큰 괴로움을 주었다.

전 세계적으로 매년 5천 7백만 명이 죽고, 이들의 대부분은 가난한 국가에 살고 있다. 그들이 인생의 말기에 받을 치료의 질에 대해서 알려진 바는 거의 없다. 인생의 말기에 제공되는 치료의 질을 향상시키는 것은 부유국에게만 집중되어 있다. 공공의료와 보건의료체계를 개선하는 노력이 세계적인 문제로 여겨질 때까지, 그것은 빈곤국 사람들에게 영향을 주지 않을 것이다.

전 세계 약 100개 나라에서 현존하거나 개발 하에 있는 호스피스와 완화의료서비스는 지역사회를 기반으로 하는 기관, 입원시설, 데이케어센터 등을 포함하여 7,000~8,000개쯤으로 추정된다. 이러한 서비스의 분포는 고르지 않게 주로 부유국에 치우쳐 있다. 전체 완화의료서비스의 단 6%만이 많은 인구가 태어나고 죽는 아프리카 지역과 아시아지역에서 이루어지고 있다. 대다수의 가난한 국가들에서 인생의 말기에 제공되는 치료의 질에 대해서 알려진 것은 거의 없다. 그러나 유용한 데이터에서는 비록 이러한 국가들이 세계 인구의 80%를 차지할지라도 그 중 약 6%만이 모르핀과 다른 아편유사제를 맞을 수 있다고 한다. 이러한 숫자는 부유국과 빈곤국간 고통 조절에 대한 모순을 묘사하고 있는데, 가능한 완화의료의 이용가능성 또한 그들을 돌보는 사람들에게 전후관계에서 적절한 감정적, 사회적, 그리고 정신적 지원을 포함하게 된다. 규제나 가격의 장벽, 무지 혹은 오해 때문에 빈곤국에서는 완화의료에 사용되는 아편유사제의 충분한 공급이 이루어지지 않는다.

시민단체는 어떤 완화의료가 제공될 수 있으며, 작은 보건정책의 변화라도 죽어가는 사람들의 삶의 질에는 큰 변화를 일으킬 수 있다는 것에 대해 정부 보건당국의 인식을 높일 필요가 있다. 특히, 마약관리(opioid control) 정책에 대해 조정이나 검토함으로서 완화의료에 있어 주요 장벽 중에 하나를 없앨 수 있다. 우간다의 호스피스 아프리카(Hospice Africa)는 값싼 알약 모르핀을 제공할 가능성을 시사하였다: 국립의약품청(National Drug Authority, NDA) 관리 하에 모니터링되고, 권한을 위임받은 약사에 의해 호스피스 약국에서 만들어진 10mg 알약 모르핀 칼륨 혹은 모르핀 염산은 1센트의 비용이 든다. 또한 보건전문가를 만들 교육프로그램뿐만 아니라 학, 석사 보건전문가의 교육프로그램을 위해 완화의료 도입과 관련된 광범위한 기본 지식이 필요하다. 그러나 교육은 보건전문가뿐만 아니라 일반 대중에게도 필요하다. 완화의료에 대한 인식을 강화함으로써 사람들에게 어떤 선택이 가능한지 알도록 하고, 질병의 말기(terminal illness) 동안 최적화된 치료를 제공할 수 있도록 하며, 또한 완화의료를 국가의 보건정책 목표로 정립해야 할 필요가 있음을 정부가 인식하는데 도움을 줄 수 있다.

최빈국에서 부인과 질병의 잠재적 부담

> 사람에게 익숙해지지 않는 상황이라는 것은 없으며, 특히 모든 주변 사람들에 의해 받아들여지는 것이라면 더욱 그렇다.
>
> 레오 톨스토이_Leo Tolstoy, 1877

MDGs 중 두 가지 목표는 여성의 생식보건을 직접 강조한다: 모성사망률을 75%로 감소시키는 것과 HIV/AIDS 확산을 막는 것이다. 한편 놀랍게도, 이러한 목표들은 여성의 삶에 있어서 죽음, 장애, 스트레스의 원인이 되는 많은 처리할 수 있는 상황의 발생을 무시하고 있다. 질병 유병률의 적정한 평가는 정확한 진단에 달려 있고, 이는 자원이 열악한 상태에서는 매우 어려울지도 모른다. 오로지 빈곤국에서 포괄적으로 지역사회를 기초로 한 연구만이 부인병의 부담을 계량적으로 추정하여 정책에 반영할 수 있다. 이러한 연구들은 지속적으로 여성들에게 큰 부담이 되는 예전에 잘 인식되지 않던 높은 유병률을 보여주었다. 발견된 부인병들의 폭넓은 범주에는 중요도 면에서 - 자궁경부 형성 이상 다음으로 - 월경 장애, 생식기 탈출증, 골반종양, 생식계 감염, 불임 및 빈혈과 같이 관련된 이환 질병 등이 포함되었다.

나는 1999년 2월 파라페니병원의 외래 환자실에서 마이무나를 보았을 때, 지역사회 수준에서 부인병의 부담을 추정하기 위하여 사하라사막 이남 아프리카지역에서 첫 번째 연구를 하던 중이었다. 감비아 농촌에서 수행된 이 연구는 질병에 대한 엄청난 부담뿐만 아니라 생식보건에 불만이 있던 50% 미만의 여성들이 자신의 어려움을 해결하기 위해 보건의료를 추구하고 있음을 보여주었다. 보건의료를 찾지 않았던 가장 빈번한 이유들로는 '도움을 받을 수 없다고 생각함', '너무 비쌈', '문제가 심각하지 않음', 그리고 '두려움/당황스러움' 등이었다고 보고되었다. 일부 질병들은 보고할 가치가 없었다고 생각되어지는데, 이는 개개인에게는 정상이라고 여겨졌기 때문에, 널리 퍼져 만연되어 있기 때문에, 또한 아무런 조치도 할 수 없을 것이라는 인식 때문이다. 예를 들면, 월경 장애에 대한 반구조화된 면접조사에 참여한 여성들은 불규칙한 생리불순 또는 점상질출혈을 치료해야 한다는 것을 인식하지 못하고 있었다.

단독으로 제공하는 서비스만으로는 많은 생식보건 문제를 둘러싼 '침묵의 문화(culture of silence)'를 극복하지는 못할 것이다. 생식보건의료제공자들은 서비스에 대한 요구의 촉진과 동시에 이러한 요구에 대응할 필요가 있다. 또한 의료에 대한 성차별과 사회적 측면뿐만 아니라 행동양식에 대한 더 나은 이해가 요구된다. 케냐의 수도 나이로비(Nairobi)에 있는 일차의료기관에서 일반적인 의료와 성매개감염에 대한 여성의 지식은 낮았으며, 성매개감염 시 의료로 해결하는데 걸리는 시간이 남성과 여성에게서 차이(남성 5일: 여성 14일)가 발생하는 것을 보여주었다. 비록 남녀 사이에 있어서 성매개감염을 위한 건강추구행태(health seeking behavior)의 차이는 증상과 중후가 다른 점으로 부분적인 설명을 할 수는 있지만, 또 다른 점도 있다. 교육을 통한 남녀의 권리 신장은 생식보건을 향상하는 주요 요소이다. 임신 관련 이슈는 공적 토론과제가 아니라 동료끼리 조차도 얘기하기 힘든 이슈이다. 일반적인 상식이 생식보건에 이롭지 못하다고 의심받는다면, 임신의 선택과 고귀함이 가능해질 것이다. 과거의 생식보건에 대한 방치는 원치 않고 이해할 수 없는 낮은 의료의 질을 초래하였다. 이러한 요소들의 조합은 여성에게 적합한 의료를 제공하기 위해서 자원이 충분하지 못했던 의료서비스에 대한 거대한 과제를 제시하고 있다. 우선적인 과제는 부인과 질병, 증상, 예방과 치료에 대한 사회 지식을 확대해야 한다는 것이다.

그러면 어디서부터 시작해야 할까? 보건의료의 공공재정에 대한 복지경제 논쟁은 생식보건에 대하여 적용할 때 설득가능해지고, 많은 빈곤국에서의 정책 수립은 공공부문에 대한 지출이 늘어나지 않으면 중대한 개입과 개선이 어려울 것이다. 그러나 지역사회 자체는 여성 자신의 인식과 주요 욕구를 우선시 할 수 있도록 여러 가지 면에서 여성의 건강에 대한 책임감을 가져야만 한다. 이러한 프로그램은 비용, 편익, 지속가능성에 대한 개발과 평가가 있어야만 한다. 여기에 더하여 여성의 사회적, 재정적 역량 강화도 중요하다. 많은 빈곤국들에서는 여성이 스스로 자신의 건강을 유지하고 자신의 지위를 유지할 분위기가 조성되어 있지 않다. 부인병에 대한 의무를 강조한다면, 이러한 인식은 변화되어야만 한다.

더 읽을거리를 위한 자료와 제안

암과 암 치료에 대한 역사적 인식, 훌륭한 출발은 웹사이트 www.cancer.org (지난 2010년 1월 20일 접근)의 암의 역사 편에서 찾아볼 수 있다. 암 관리 장에서 빈곤국들에 대한 내용에서 중재 가능한 비용-효과성의 포괄적인 재인식을 포함한『*Disease Control Priorities in Developing Countries*』(2nd edn, Washington: Oxford University Press and the World Bank, 2006)에 대한 Dean. T. Jamison 등의 출판물이 있다. 자궁경부암 선별검사 관련된 소개는 Lynnette Denny 등의 'Screening for cervical cancer in developing countries' (*Vaccine* 2006; 24: S3/71-77)가 있다. 자궁경부암과 HPV에 대한 현 지식 수준은 최근 Mark Schiffman 등의 'Human papillomavirus and cervical cancer' (*The Lancet* 2007; 370: 890-907)에서 볼 수 있다. 빈곤국들에서 HPV 백신을 소개하는 이슈는 Jan Agosti와 Sue Goldi의 'Introducing HPV vaccine in developing countries - key challenges and issues' (*New England Journal of Medicine* 2007; 356: 1908-1910), 그리고 Mark Kane 등의 'HPV vaccine use in the developing world' (*Vaccine* 2006; 24: S3/132-139)가 있다. Rengaswamy Sankaranarayanan은 HPV 검사, 세포검사 혹은 인도 농촌지역에 거주하는 여성들의 사망률과 관련된 자궁경부암의 발생률을 줄이는 VIA 등의 효과성을 평가하는 팀을 이끌었다(*New England Journal of Medicine* 2009; 360: 1385-1394). Ruth Webster는 'Palliative care; A public health priority in developing countries' (*Journal of Public Health Policy* 2007: 28: 18-39)에서 완화의료 설립에 대한 케이스를 만들 빈곤국들의 공공보건전문가와 보건정책가에게 완화의료 주제를 소개했다. Michael Wright와 David Clark이 집필한『*Hospice and Palliative Care in Africa*』(Oxford: Oxford University Press, 2006)는 아프리카와 다른 빈곤국들에 완화의료 설립 도전과 기회를 만들 배경을 제공한다. 이 연구는 감비아에서 부인병의 부분적인 잠재적 부담에 대한 G. Walraven 등의 'The burden of reproductive-organ disease in rural women in The Gambia, West Africa' (*The Lancet* 2001; 357: 1161-1167)에서 찾아볼 수 있다.

제 7 장

물과 위생

물과 공중위생은 공중보건의 주요한 정책과제 중 하나이다. 모든 사람에게 깨끗한 물과 적절한 위생 시설에 대한 접근을 보장할 수 있다면, 생활환경에 관계없이 질병과의 모든 전투는 승리할 것이다.

이종욱_Lee Jong-Wook[41], 2004

닐럼_Neelum 이야기

닐럼은 설사를 하고 있다. 그녀는 지난 24시간 동안 5차례 화장실에 갔다. 닐럼의 어머니인 닐로우퍼_Niloufer는 지난 보름 이후 두 번째 설사 에피소드를 얘기해 주었다. 닐럼은 6개월 된 여아로 여전히 모유를 먹고 있다. 닐로우퍼는 출산 이후 모유 수유를 마치고 2스푼의 물을 주기 시작하였다.

41) 한국인으로서는 처음으로 국제기구인 세계보건기구(WHO)의 수장인 전 사무총장(2003년 7월 21일~2006년 5월 22일)으로 재임 기간 중 결핵과 예방접종으로 예방이 가능한 어린이 질병, 조류 독감, 에이즈 퇴치에 힘썼다.

물의 양을 점차 늘렸고, 현재는 하루에 4번 한 컵 반 정도의 물을 마신다. 닐럼은 예민한 성격이며, 푹 꺼진 눈을 가지고 있고 피부가 수척해졌다. 심각한 탈수증상은 아니다. 지역사회 보건요원의 권고로 닐로우퍼는 닐럼에게 회복제를 주었다. 닐럼은 심히 아파 보이지도, 토하지도 않는다. 열도 없으며, 또한 임상검사상 아무런 이상 증후를 보이지 않았다. 그러나 지난 3개월간 그녀의 성장은 100그람의 몸무게만 증가하였다.

닐럼이 가족과 함께 사는 북파키스탄의 산골지역은 안전하지 않은 동네 연못에서 물을 얻는다. 게다가 수천가구 중 소수만이 주택 안에 화장실을 보유하고 있다. 닐럼 가족을 포함한 대부분의 사람들은 집 주변에서 생리적 현상을 해결한다. 그 지역을 방문하는 동안 닐럼의 2살짜리 누이가 배변을 하고나자 닐럼은 삽을 가지고 똥을 집 밖 거리에 버리고 고여 있는 물을 이용해서 씻었다. 그 동네에는 체계화된 위생과 분뇨 등의 고체 폐기물에 대한 관리가 전무하다. 고체 폐기물은 거리에 있는 쓰레기 더미에 던져지며, 그것은 동물, 바람, 비에 의해 널리 퍼진다. 닐럼 집의 폐수는 구덩이에 모이고 배수 장치가 없는 거리로 흘러간다. 물론 닐로우퍼는 물을 끓여 먹어야 설사를 예방할 수 있다는 것을 알고 있으나, 부족한 연료 때문에 물 끓이는 것이 제한된다. 닐로우퍼, 그녀의 남편 그리고 다른 주민들이 말하는 내용으로부터 설사 예방에 있어서 깨끗한 물과 충분한 위생의 역할에 대한 인식이 없었다는 점이 명확해졌다.

파키스탄의 5세 미만의 아이들은 1년에 5번 정도 설사(diarrhoea)를 경험한다. 설사는 파키스탄에서 아동기의 주요 사망원인이다. 가난, 여성문맹률, 여성과 아이의 낮은 지위, 만성 영양부족, 부족한 물 공급과 위생시설, 빈약한 위생 실천 그리고 적당하지 않은 보건서비스 등의 여러 요인들이 높은 설사 이환율과 사망률에 영향을 미친다. UNICEF와 WHO의 지원을 받아 파키스탄 정부는 1980년대에 아동기 설사 관련 사망을 줄이기 위한 프로그램을 착수하였다. 이것은 주로 경구 수분 보충요법(oral rehydration therapy, ORT)에 의해 촉진하는 것이다. 그러나 주요 문제인 설사로 인한 사망은 여전히 존재하고 있다.

안전한 물(safe water)

> 경(卿),
> 우리는 당신의 보호와 권력을 간청합니다. 우리는 미개지에 살고 있습니다. 우리는 쓰레기 더미에서 살고 있습니다. 우리는 사생활, 쓰레기통, 상/하수도시설을 가지고 있지 않습니다. 그리크 거리(Greek st.)의 소호 광장(Soho Square)에 있는 하수관회사(Sewer)는 우리의 불평을 알아차리지 못하였습니다. 배수로-구멍(Gulley-hole)에서 나는 악취는 역겹습니다. 우리 모두는 고통을 받고 있고 병들어 있습니다. 콜레라가 창궐한다면, 구세주가 우리를 도와줍니다.
>
> 편집장에게 온 익명의 편지, *The Times*, 1849

1954년 8월 런던 중앙, 소호 지역에 콜레라(cholera)가 창궐하였다. 콜레라의 갑작스런 유행은 1831년 뉴캐슬에서의 감염병에 대한 경험을 한 선구적인 마취의사인 존 스노우_John Snow로 하여금 콜레라로 인해 죽은 93명에 대해 조사하게끔 하였다. 그는 가정집, 여인숙 및 상점의 모든 양상, 영구적 거주자와 일시적 거주자의 물 소비 행태를 열거하였다. 그는 공급된 물이 오염되었고, 대부분의 피해자는 브로드거리 펌프(Broad Street Pump)의 오염된 물을 사용했다고 결론을 내렸다. 근처 감옥의 상태는 더 불결하였으나, 사망자 수는 적었다. 왜냐하면 감옥은 고유한 그들만의 우물을 가지고 있었기 때문이다. 9월 7일 존 스노우는 관리위원회(Board of Guardians)에 펌프 공급을 끊어달라는 요청을 하였다. 존 스노우는 매우 필사적이었다. 결국 관리위원회가 동의하였다. 이에 펌프의 핸들을 제거하자 콜레라 발생 수는 급락하였다. 그래서 존 스노우는 콜레라가 물을 매개로 한 수인성 감염병인 점을 확신하였다.

브로드가 펌프 폐쇄는 공중보건 탄생의 상징이 되었다. 그러나 그 당시 존 스노우는 무시당했다. 1855년 그는 하원 상임위원회(House of Commons Select Committee)에서 콜레라가 공기에 의한 감염병이 아니고, 물을 매개로 한 수인성 감염병이라는 것을 주장하였고, 이를 막기 위해 배수 및 하수 장치의 개선을 지지하였다. 이런 요청은 새로운 주요 배수 및 하수체계에 있어서 런던당국으로 하여금 재투자를 하게 하는 조치를 내렸다. 의회 결렬의 원인인 1858년 여름 '대악취사건(great stink)' 후 야심찬 계획은 대도시설계과장(Metropolitan Chief Engineer)인 죠셉 바잘겟트_Joseph Bazalgette의 제안을 기초로 한 런던의 주요 배수 시설을 위한 출발이었다. 이것은 1875년에 완성되었다. 런던의 물은 템즈강(Thames river)과 리밸리(Lea Valley)의 더 높은 직선유역으로부터 온 것이고, 여과상은 발달하였다. 1866년 다른 유행성 전염도 존 스노우가 밝힌 바 있던 수인성 감염병이었다.

내가 존 스노우의 경우에 처하였다면, 지방당국에 안전하지 않은 물의 사용을 멈추라고 충고해야만 했다. 모든 사례에서 당국과 지역사회가 긴밀히 상호협력하면, 발생 수가 급락되었다. 그러나 각각의 발생은 여러 원인에 의한 것이었다.

수인성질병 및 물과 관련된 질병

수인성 감염은 병원균이나 병원체가 있는 물을 마셨을 때 발생한다. 물을 매개로 한 감염병에는 콜레라, 장티푸스(typhoid), 간염, 설사, 이질 등이 있다. 수인성질병(water-borne disease)은 잘못 사용되어 물과 관련된 질병(water-related diseases)과 비슷한 의미가 되었다. 물과 관련된 질병에는 물세탁 질병(water-washed disease)과 같은 질병 군이 포함된다. 이런 질병들은 사람, 옷, 음식 및 요리기구 씻는 물이 충분하지 않아 발생한다. 이런 질병 군에는 옴(scabies)이나 트라코마(trachoma)가 속한다. 물과 관련된 질병의 분류로는 '물 중심 질병(water-based disease)'과 '물과 관련된 매개체 질병(water-related vector disease)'이 있다. 물 중심 질병에는 병원균이 달팽이 혹은 다른 수상동물에서 큰 부분을 차지한다. 이런 모든 감염은 기생충(연충, helminth)에 의한 것이다. 주혈흡충증(schistosomiasis)과 메디나충(guinea worm) 등이 이에 해당한다. 물과 관련된 매개체 질병은 물 근처에 사는 곤충에 의해 전염된다. 말라리아, 황열(yellow fever), 뎅기(dengue)와 회선사상충증(onchocerciasis)은 물 근처에서 서식하는 곤충에 의해 감염되고, 서부 및 중앙 아프리카지역의 아프리카 파동편모충증(African trypanosomiasis, 수면병)은 물 근처에 서식하는 체체파리에 의해 감염된다.

오해의 다른 원인은 '물이 전파의 유일한 매개체다'라는 '수인성'의 함축에서 발생하였다. 이런 선입견은 19세기 런던과 유럽의 도시에서 콜레라와 장티푸스의 수인성 유행이라는 기원을 갖고 있다. 이 결과 부적절한 배수처리 시설을 지닌 도시의 물 공급을 비난하였다. 수인성질병은 배설물 찌꺼기가 입으로 들어갈 경우에 전염될 수 있다는 것을 우리는 명심해야 한다. 그래서 설사병은 분변-경구(faecal-oral) 경로로 전파된다. 예를 들어, 오염된 음식, 더러운 옷, 수도꼭지에는 배설물이 묻어있다. 따라서 어린이들이 먼지 묻은 손을 자신의 입에 넣는 것은 매우 위험한 행동이다. 대변에 의해 오염된 식수로부터의 보호, 그 다음으로 위생, 특히 손 씻기는 설사병 감염을 효과적으로 방지하는 방법이다. 게다가 파리 밀도가 높은 기간 동안의 파리 통제는 설사병을 줄이는 효과적인 방법이다.

수인성질병의 예방에는 물의 질 개선을 필요로 하며, 물세탁 질병은 위생에 쓰이는 물의 양을 늘릴 필요가 있다. 물 공급을 보호하는 것은 물 중심 질병과 물과 관련된 매개체 전파에 영향을 줄 수 있다. 예를 들어, 주혈흡충이 있는 물에 대한 접근을 줄인다면, 또는 믿을 만한 물 공급은 뎅기열을 매개하는 곤충이 있는 물 저장용기를 유지할 필요가 없게 한다.

물을 가진 자와 그렇지 못한 자

> 민간 물 공급자에게 의존하는 나이로비(Nairobi) 혹은 다르에스살람(Dar es Salaam)에 사는 슬럼 거주자는 1리터의 물을 구매하기 위해 북아메리카 시민의 평균에 비해 5~7배를 지불한다.
>
> 안나 티바이주카_Anna Tibaijuka, 2004

가난한 나라에서 지역사회 물 공급의 이상한 역설은 어떤 의미에서는 모두가 물 공급을 받고 있다는 것, 또는 어떤 의미에서 많은 사람이 물 공급을 받고 있지 못하다는 것이다. 물은 생명에 있어서 필수적이다. 모든 사회는 물의 원천이 있어야 한다. 물은 더러울 수도, 충분하지 않을 수도, 멀리 있을 수도 있지만, 약간의 물이라도 사용가능해야만 한다. 그러나 우리가 합당한 기준(물의 질, 양, 유용)을 적용한다면, 가난한 나라의 많은 사람들은 적당한 물을 공급받지 못한다. 대부분 아프리카에서는 500m 근방에 펌프가 있으면, 부유한 지역으로 간주된다. 아시아에서의 도시계획자는 지역사회의 거리 구석에 충분한 우체통이 공급되었는지 아닌 지를 고려할 것이다. 그러나 물이 일주일에 몇 시간만 공급된다면, 저녁 시간에 긴 줄이 생기게 되고, 거주자들은 물 서비스 부족으로 인해 이 상황에 이르게 된 것을 불평하면서 비싼 돈을 주며 물을 사게 된다. 이러한 예들로 설명되었듯이, 물 공급은 단일 문제, 잘 고안된 중재가 아니라 편익과 비용을 다양하게 하여 다양한 수준에서 공급받게 된다.

물 공급의 타당한 접근이란 거주지 1km 안에서 하루에 한 사람이 최소한 20리터의 물을 이용할 수 있는 것을 의미한다. 물론 지역사회와 설문 응답자가 물 공급이 안전한지를 결정하는 것은 쉽지 않다. 여기에 '향상된' 물 공급을 나타내는 지표를 소개하고 있다. 향상된 물 공급은 전통 방식보다 좀 더 양질의 그리고 좀 더 편리하게 물을 공급 받는다. 가구 연결, 공공수도, 시추공, 보호된 우물과 빗물 저장소는 향상된 물 공급으로 간주한다. 그러나 무방비한 우물과 강은 향상되지 않은 물 공급으로 간주한다. 전 세계의 8억 8천만 명이 향상된 물 공급을 받지 못하는 것으로 추정되며, 이들 중 84%는 지방에 거주하고 있다. 물에 대한 접근성이 없는 사람의 수를 줄이려는 진전의 부족은 사하라사막 이남 아프리카에서 관심거리이다(그림 7.1 참조). 건강의 편익은 보통 새로운 물 공급을 받는 사람에게 최고가 아니다. 가난한 나라의 지방에서는 여자와 아이들이 물을 얻기 위해 하루에 한 시간 정도를 소비한다.

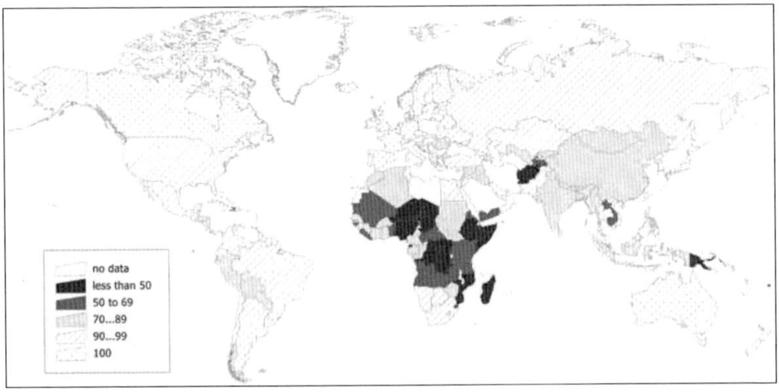

그림 7.1 개선된 물에 대한 접근성(%)의 세계적 분포를 보여주는 지도
출처: Millenium Development Goals Indicators. mdgs.un.org/unsd/mdg에 있는 MDG 지표에 대한 UN의 공식 사이트 (2010년 2월 17일에 접속).

싯파트_Sifat 이야기

싯파트는 선생님으로부터 의사에게 가보라는 권고를 받았다. 싯파트는 11살인데 피곤함을 자주 느끼며, 숨쉬기조차 힘들어 한다. 그는 학교에서 크리켓 운동을 그만두고 방과 후 집에 가기 위해 언덕을 오르다 잠시 멈추어 서 있다. 싯파트 선생님은 싯파트가 수업시간 동안 집중하기 힘들어 하고 그의 시험 성적이 지난 몇 개월 동안 떨어진 점을 관찰하였다. 그는 현기증과 가슴 통증을 호소하였으며, 그의 발과 발목에 부종이 있었다. 그의 심장소리는 크고 심박 수는 빨랐다. 그는 지역 보건소를 방문하여 빈혈이라는 진단을 받았다. 그는 빈혈의 원인과 중증도를 알아보기 위한 검사를 받았다. 헤모글로빈은 데시 리터당 5.3그램이고, 혈액도말검사를 통해서 적혈구가 혈색소 감소성이라 소적혈구성 빈혈로 진단받았다. 그의 대변 색깔은 검었으며, 피검사에서는 양성반응을 보였다. 대변검사 결과, 많은 양의 십이지장충 알(g당 27,000개)이 있었다. 심각한 십이지장충 감염 관련 빈혈로 판정되었고, 그로 인해 정맥주사를 맞았다. 그리고 철요법도 병행하였고, 구충약도 받았다. 이후로 그는 빠르게 회복되었고, 다시 학교로 돌아갈 수 있었다.

가난한 나라에서 보건의료인력이 환자의 혈액검사 결과, 저색소(적)혈구와 소적혈구를 발견하였을 때, 철분 부족 빈혈(iron deficiency anaemia)이라고 판단할 것이다. 이것은 정확하나, 그 영향은 간단한 철분제재를 초과한다. 이 환자에 대한 깊은 이해는 드러났다. 싯파트의 경우처럼 십이지장충(구충, hookworm)으로 인해 혈액감소로 이어져 철결핍빈혈이 된다. 십이지장충으로 인한 오염은 변소의 부재와 부적절한 처리와 관련되어 있다. 변소의 설치와 유지는 이러한 빈혈의 부담을 줄이는 방법으로 가장 강력하다.

가난한 나라에서 보건전문가를 양성하는 학교에서는 모자사망률과 가난 관련 감염병 부담이 낮고, 기대수명이 높은 부유한 나라로부터 의료 관련 교육을 모방한다. 많은 가난한 나라들에서 보건의료 인력이 지역사회 보건 향상을 위한 기초적인 이해와 기술의 습득은 좀 더 세련된 보건지도자 양성과정에 따른 결과이다. 우리는 내향적 또는 외향적 제공자, 그리고 보건과학에 있어서 보다 더 총체적이며 총괄적인 훈련을 필요로 한다. 우리가 가난한 국가들에서 질병의 큰 부담과 조기 사망률을 줄이고자 연구와 노력에 자신의 가치를 발견하고 전념하려는 졸업생들을 원한다면, 이 자체가 의미 있는 지역사회보건 구성요소로서 매우 중요하다.

적절한 위생

> 종종 물과 위생에서 위생문제는 간과하고, 마치 깨끗한 물만이 세계의 가난한 사람들이 직면한 개인적 환경 위기를 해결할 것이라 믿는다.
>
> 빌렘 알렉산데르_Willem-Alexander, 오랑주공_Prince of Orange, 2008

존 스노우가 브로드가 펌프 폐쇄의 영웅이 된 동시대에 다른 연구자도 있었다. 레버렌드 화이트헤드_Reverend Whitehead는 콜레라심사위원회(Cholera Inquiry Committee)의 회원이고, 브로드거리에서 가정을 방문하여 조사를 실시하였다. 레버렌드 화이트헤드는 존 스노우보다 우물이 오염된 이유와 방법에 대해서 좀 더 자세히 탐구하고 있었다. 브로드거리 40번지에서 레버렌드 화이트헤드는 콜레라 같은 질병이 있었던 것과 환자로부터 나온 노폐물이 우물 근처의 오수 구덩이로 모여진 것을 발견하였다. 그러고 난후 이 연구자는 소환되었다. 그는 하수구와 오수구덩이의 벽돌에 결함이 있는 것을 발견하였다. 화이트헤드는 스노우의 수인성질병이론(water-borne disease theory)을 입증하였고, 동시에 주요 원인으로 (부적절한) 위생을 지적하였다. 노폐물 처리의 발전은 질병 발생 양상에 변화를 주었다. 가난한 나라에서 안전한 식수는 '수인성질병'에 대응하기 위한 노력임에도 불구하고, (영국) 빅토리아(여왕)시대(1837~1901)에서야 위생과 하수시설에 초점을 맞추었다. 청결을 강요하는 그들의 노력은 도덕 교훈운동의 모든 특색을 가지고 있었다. 산업화시대에서의 빈곤은 그 규모에 따라 새로운 현상이었다. 즉, '악취와 오물로 에워싸인 마당 상황들'은 복잡한 공동주택과 골목길로 특징지어진 (특히 도시 빈민지역 내에서) 가난에 빠져 참혹하게 살고 있는 사람들을 연상시켜준다.

우리가 보아왔듯이, 배설물 처리의 개선은 분변-경구 질병(faecal-oral disease)에 영향을 미치는 정도를 다르게 할 수 있다. 대부분의 물과 관련된 질병들(그리고 물과 관련되지 않은 몇몇 질병들)이 사람의 분변에 의해 전파되는 병원체로 야기되기 때문에 이들은 물 공급의 개선을 통해서, 적어도 부분적으로는, 통제될 수 있다. 또한 이 질병들 및 다른 배설물과 관련된 질병들(excreta-related diseases)은 화장실의 개선 또는 신축에서부터 배설물의 이송, 처리와 최종투기나 재활용을 위한 방법의 선택에 이르기까지의 배설물 처리의 개선에 의해 영향을 받는다. 다른 배설물과 관련된 질병들에서의 한 항목이 바로 토양-매개 연충(soil-transmitted helminth)에 의해 유발되는 질병이다. 여기에는 분변에 알을 배출하는 십이지장충, 회충(ascaris, roundworm), 편충(trichuris) 등을 포함하는 다양한 종의 기생충들이 해당된다. 알들이 즉각 전염되지는 않지만, 대체로 축축한 땅과 같은 양호한 환경 조건에서의 성장 시기를 필요로 한다. 즉 알들이 즉각적으로 전염되지 않기 때문에, 개인 청결이 그 전파에 거의 영향을 미치지는 않지만, 땅바닥, 마당 혹은 들판의 분변 오염을 피하는데 도움이 되는 어떠한 유형의 변소이든 전파를 제한해줄 것이다. 그러나 변소가 서툴게 관리되고 땅바닥이 더럽혀진다면, 이것은 전파의 초점이 될 수 있다.

안전한 물 부족, 충분하지 않는 위생, 빈약한 위생 및 이들의 혼합과 연관 있는 설사병은 일 년에 2백만 명의 죽음을 유발하며, 이는 모든 가난한 국가들에서 5세 미만 어린이 사망의 주원인이 된다. 그러나 사망률은 빙산의 일각이다. 수천만 명의 어린이들은 반복된 설사를 경험하고 있다. 지난 30년 동안 이런 감염에 항생제가 필요로 하여 경구 수분 보충요법이 UNICEF와 WHO에 의해 보급되었다. 결국에는 첫 번째로 가능한 많은 감염을 방지함으로써 어린 시절의 설사와 죽음을 줄이는 것이 한 방법이다. 2009년 6월에 WHO는 로타바이러스 백신이 국제 면역프로그램에 소개되었다고 추천하였다. 경구를 통해 감염되는 로타바이러스는 영유아에게 있어서 설사의 주된 원인이라는 것을 알게 되었고, 라틴아메리카, 남아프리카와 말라위에서의 연구결과에 의해 백신이 심각한 설사를 유의하게 줄여준다는 사실을 입증하게 되었다. 모든 아이들에게 로타바이러스 백신을 투여해야 한다는 권고에서 WHO는 '설사의 다른 원인이 있기 때문에 물의 질, 위생을 향상시키는 것이 중요하다'라고 말했다.

토양매개연충감염(soil-transmitted helminth infections)

설사는 배설물 관련 주요 문제가 된다. 기생충의 알은 대변에서 자란다. 이 알은 발이나 입을 통해 몸에 들어온다. 물론 이들은 우리에게 큰 손상을 입힌다. 또한 토양 매개 기생충은 위험성이 크다. 주택, 길, 농작지에서 대변의 존재는 맨발의 어른과 어린이에게 위험을 줄 수 있다. 수백만 명에게 감염시키는 이들의 종류는 회충, 편충, 십이지장충이다. 설사, 복부 통증, 일반적인 불안과 허약함을 야기하며, 이것은 학업 수행, 출석, 경제 생산력에 영향을 미친다. 연구들은 학교 출석, 학업 능률 그리고 경제적 생산성에 대한 토양매개연충감염의 부정적인 효과를 강조한다. 십이지장충(구충)은 만성 장출혈의 원인이 되고, 이런 사례는 싯파트의 경우에서 보았다.

구충치료는 기생충 부담(worm burden)을 적게 함으로써 질병을 줄이려는 것을 목표로 한다. 고위험 집단에 대한 규칙적인 간격의 반복된 화학요법은 감염 수준을 확실하게 줄여준다. 위생은 토양매개연충감염을 제거하는 결정적인 중재이다. 일반적으로 질병을 통제하는데 있어서 위생의 중요성은 2006년 *British Medical Journal*에 의해 강조되었다. *British Medical Journal*이 처음 발행되었을 때 1만 1천명 이상의 독자들은 1840년 이래로 의학부분에서 가장 중요한 획기적인 사건으로써 '위생혁명'을 선택하였다. 그 뒤를 이어 항생제의 발견과 마취제의 발전이었다.

위생을 가진 자와 그렇지 못한 자

1990년과 2004년 사이 약 12억 명 이상이 개선된 위생을 접하게 되었다. 그러나 아직까지 25억 명(세계 인구의 40%)이 개선된 위생을 접하지 못하고 있는 실정이다. 2015년까지 안전한 식수와 기본적인 위생에 대해 접근하지 못하는 사람을 반으로 줄이는 것이 도전과제이다(MDG 7의 주요 내용). 남부 아시아와 사하라사막 이남 아프리카가 취약지역이다(그림 7.2 참조). 시골지역에서 위생의 제공은 가장 어려운 도전과제이다. 2015년에는 17억 명의 시골사람들은 향상된 위생을 접해보지 못할 것이다. 물과 비슷하게 위생에서도 '개선된'이라는 단어가 소개되고 있다. 향상된 위생은 공공 하수도, 정화시스템, 개선된 변소를 포함한다. 부족한 위생은 건강을 넘어 다른 분야에도 영향을 준다. 예를 들어 특히, 교육 분야에 영향을 준다. 화장실 및 여성 편의시설이 갖추어 있지 않은 학교에 우리의 자녀를 보내기 꺼려한다. 이 결과로 2001년 이후 물 공급과 위생에 대한 원조는 늘어나는 추세이다. 2006년 총 원조 규모는 미화 62억 달러(US)였다. 개선된 물과 위생에 대한 접근성의 확대는 윤리적이고 반드시 해야 할 일이다. 안전하고 충분한 물과 적절한 위생은 인간의 건강을 보존하기 위해 필수적이다. 만약 물과 위생에 대한 MDG가 성공한다면, 연간 미화 73억 달러(US)의 의료비를 절약할 수 있다.

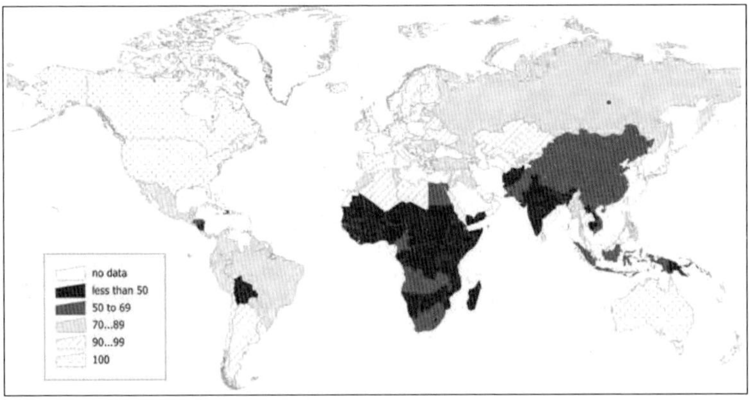

그림 7.2 개선된 위생에 대한 접근성(%)의 세계적 분포를 보여주는 지도
출처: Millenium Development Goals Indicators. mdgs.un.org/unsd/mdg에 있는 MDG 지표에 대한 UN의 공식 사이트 (2010년 2월 17일에 접속).

물 공급과 위생의 개선에 따른 경제적, 사회적 및 환경적 편익

좋은 물과 위생서비스, 위생보건을 동반한 위생서비스는 많은 이익을 제공한다. 역으로, 물과 위생서비스를 제공하지 않는 대가는 기회비용, 경제성장과 사회 발전, 환경의 지속가능성에 관한 악영향에 있어서 중요할 수 있다. 물, 위생과 관련된 새천년개발목표의 달성은 빈곤 완화, 보건, 기근, 교육과 성형평성과 같은 새천년개발목표의 달성을 뒷받침하고 있다. 향상된 물과 위생서비스의 제공은 널럼과 싯파트와 같은 아이들이 질병을 피하게 하고 학교에 가는 것을 가능하게 한다. 적절한 기술을 사용하는 통합된 개입은 물의 공급, 물의 질, 배수, 위생 개선뿐 아니라 닐럼과 싯파트가 사는 파키스탄 북부지역 마을과 같은 지역사회 또는 학교-기반 위생교육에 중점을 두게 되어 결국, 개입을 실시한 마을에 사는 아이들이 설사병에 걸릴 가능성은 개입 혹은 제어가 되지 않은 마을에서의 아이들보다 33%나 낮았다. 또한 개선된 물의 공급은 여성들과 아이들의 물을 옮기는 시간에서 자유롭게 했다. 적절한 질의 충분한 물은 또한 다양한 사업분야의 생산성에 필수적이었는데 - 여기에는 식품, 음료, 제조업, 광물업, 동력, 관광사업 등이 포함된다. 위생은 물과 관련된 이익에서 중요한 역할을 하며, 이것이 생태계로 돌아가는 물의 질에 영향을 준다. 기본적으로 향상된 물 공급을 위해 각종 설비(수도, 구멍, 굴 착정, 빗물 모으기를 동반)의 설치를 위해서는 17달러(US)에서 55달러(US) 정도의 비용이 든다. 유사하게, 간단한 구덩이 변소의 설치, 향상되어 환기가 되거나 물이 내려가는 좌변기 설치비용은 26달러(US)에서 91달러(US)가 들며, 반면에 오수정화조 설치(104달러에서 160달러)와 하수구 연결(120달러에서 160달러)은 훨씬 비싸다. 상대적으로 큰 비용의 차이는 지역 환경과 조건뿐 아니라 인구의 밀도와도 관련이 있다. 최근의 WHO에서 발행한 보고서에 따르면, 대략 현재 비용의 두 배 정도인 매년 180억 달러(US)가 새천년개발목표와 관련된 물과 위생을 달성하기 위해 존재하는 인프라 구조를 확장하는데 소요된다고 추정하였다. 그러나 이러한 목표가 달성되더라도, 수백만의 사람들-또 다른 50퍼센트-은 여전히 향상된 물과 위생에 접근하기 어려울 것이다.

보고서는 WHO가 물 공급과 위생에 투자한 각각의 1달러(US)가 물과 위생서비스 유형에 따라 4~12달러(US) 정도의 보건 이익을 만들어 낼 것이라고 또한 추정하였다. 이것은 사회 전체적으로는 상당한 결과이지만, 정책결정자, 투자자와 지역사회에 직접적으로 누적되지 않는다. UN총회는 지금까지의 결과로 물 및 위생과 관련된 모든 쟁점에 대해서 더욱 더 중점을 둔다는 것을 의미하는 '실천을 위한 향후 10년: 생명을 위한 물(Decade for Action: Water for Life)(2005~2015)'와 '위생을 위한 국제적 기념연도(International Year of Sanitation)(2008)'을 선언하였지만, 이는 제한적이었다. 물 공급과 위생에 투자하는 경제적, 사회적, 환경적 이익 및 수자원 관리에 대해서 문서화하고 의사소통하기 위해서는 더욱 더 큰 노력이 필요하다. 더불어 특별히 경제 및 재정 장관, 기부자들과는 더 그렇다. 대중과 더욱 더 효과적으로 의사소통하는 것은 그들이 누리게 될 이익과 그들의 기여가 어떻게 사용될 지를 설명하기 위해서 필요하다. 대부분의 가난한 국가들은 물과 위생서비스의 질에 있어서 그들이 제공하고 싶어 하는 수준과 실제로 제공할 수 있는 수준에 있어서의 차이에 직면하게 된다. 이러한 차이를 줄여나가기 위해서는 좋은 정보와 분석, 이해당사자들 간의 토의, 그리고 그들의 요구를 줄여나가면서 재정의 공급을 증가시킬 수 있는 적절한 방법을 확보할 필요가 있다.

그리고 보조금과 대출의 형태로, 물 공급과 위생의 개선은 1990년대에 감소 이후로 2001년 이래로 계속 상승했다. 2002년에서 2006년의 기간 동안, 물과 위생에 대한 원조는 두 배로 늘어났고, 2006년에는 전체 금액이 62억 달러(US)나 되었다. 또한 전체 원조에서 물과 위생의 부분은 2002년에서 2006년 동안 6%에서 9%로 상승하였다. 하지만 지역적으로 그리고 국가 안에서 물과 위생의 원조분배에 대해서 우려사항은 계속 상존한다. 대부분의 나라를 향한 재정은 이미 상대적으로 물 공급과 위생에 있어서 좋은 접근을 이루었거나, 특별한 공여국과 호의적인 관계를 유지하고 있다. 예를 들어, 알바니아,

코스타리카, 이라크, 요르단, 레바논, 말레이시아는 모두가 적어도 1인당 13달러(US)의 물과 위생 원조를 받았지만, 앙골라, 중앙아프리카공화국, 콩고공화국, 소말리아, 토고는 1인당 0.5달러(US) 미만을 받고 있다. 전체적으로 가장 가난한 국가는 물과 위생 관련 원조에서 딱 25% 정도를 받았으며, 다른 저소득 국가는 25%에서 조금 더 받았고, 중소득 국가는 절반을 받았다. 오히려 사하라사막 이남 아프리카 지역에서 물과 위생 영역 원조 할당 몫은 27%에서 22%로 감소하였다.

향상된 물과 위생에 대한 접근성의 확대는 도덕적으로나 윤리적으로 반드시 이루어져야 한다. 안전하고 충분한 물과 적절한 위생은 인간의 건강 보전에 있어서 특히 아이들에게 있어서 매우 중요하다. 물 및 위생과 관련된 새천년개발목표가 달성된다면, 보건에 관련되어 쓰지 않아도 되는 돈이 매년 73억 달러(US) 정도 절약되며, 아프지 않은 사람이 노동에 참여하게 됨으로써 세계적으로 매년 얻어지는 가치가 거의 7억 5천만 달러(US)가 될 것이다. 물과 위생의 향상은 건강증진에 기여하며, 가계 및 국가 재정에 있어서 재정의 절약을 유도하고, 감소된 시간의 손실 및 비용을 통해서 가난한 가계의 경제에 기여한다. 절약된 시간은 생산 활동과 특히 여자아이들에게 학교 출석을 가능하게 한다. 또한 물과 위생에 대한 투자는 경제를 활성화시킨다. 가난한 가계에 물의 공급과 위생서비스를 연계하는 것은 또한 세계적으로 공유되는 위엄, 형평, 동정심, 결속의 가치 증진에 기여한다. 물, 위생, 보건과 삶의 질의 연결에 대한 공감은 새로운 것이 아니다. 사례가 명확하고 실천의 효과가 잘 알려져 있다면, 무엇이 더 필요할까? 세계의 보건단체들이 지대한 관심을 두는 것이 우선적으로 필요하다.

더 읽을거리를 위한 자료와 제안

Sandy Cairncross와 Richard Feachem의 『*Environmental Health Engineering in the Tropics. An Introductory Text*』(London: John Wiley and Sons, 1993)는 가난한 국가에서 환경보건 쟁점과 기술적 해결책에 대한 이해가 필요한 사람에게 매우 유용한 책으로 남아있다. Maggie Black과 Ben Fawcett의 『*The Last Taboo: Opening the Door on the Global Sanitation Crisis*』(London: Earthscan, 2008)는 사람들의 낭비에 관한 이야기를 포함하여 위생에 대하여 알려지지 않은 세계의 이야기들을 말해주고 있다. 그러나 위생에 접근을 가진 사람들의 비중을 높이기 위해 실용적 정보와 지침서도 필요하다. *The Lancet* (2006; 367: 1521-1532)에 실린 Jeffrey Bethony 등의 논문인 'Soil-transmitted helminth infections: Ascariasis, trichuriasis, and hookworm'은 이 주제에 관한 유용한 평론을 제공하고 있다. *Bulletin of the World Health Organization* (2003; 81: 160-165)에 실린 D. Nanan 등의 논문인 'Evaluation of a water, sanitation, and hygiene education intervention on diarrhoea in northen Pakistan'은 설사를 앓고 있는 아이들에 대한 통합된 중재의 효과를 보고하고 있다. Desmond 등은 *The Lancet* (1999; 353: 22-25)에 'Impact of fly control on childhood diarrhoea in Pakistan: Community-randomised trial'을 보고하였다. 독자들이 위대한 의학적 발전으로 위생 혁신을 선택한 1940년 이래로 설문조사 결과는 *British Medical Journal* (2007; 334: 111)에서 찾을 수 있다. 보건을 공부하기 위해 향상된 물 공급과 위생으로부터의 경제, 사회, 그리고 환경의 편익에 대해서는 Sandy Cairncross와 Vivian Valdmanis에 의해 저술된 제41장 'Water supply, sanitation, and hygiene promotion', Dean Jamison 등에 의해 편집된 『*Disease Control Priorities in Developing Countries*』(a co-publication of Oxford University Press and the World

Bank, 2nd edn, 2006), *The Lancet* (2005; 365: 810-812)에 실린 Jamie Bartram 등의 'Focusing on improved water and sanitation for health'와 『*Managing Water for All: An OECD Perspective on Pricing and Financing*』 (Paris: OECD, 2009), Guy Hutton에 의한 'problem paper'인 『*Unsafe Water and Lack of Sanitation*』 (2009년 11월 12일에 www.copenhagenconsensus.com 웹사이트에서 다운받음)을 활용하였다.

제 8 장

소외열대질환

소외열대질환(neglected tropical diseases, NTD)은 비용-효과적이고, 제공 가능하고, 효율적이며 특정 질병을 넘어서는 편익을 유발하는 각종 전략들로 조절이 가능하기 때문에 '낮은 곳에 매달린 열매'와 같다.

데이비드 몰리뉴_David Molyneux, 2010

아우스만_Ousman 이야기

1998년 2월 어느 오후, 감비아 어느 시골에 있는 파라토의 작은 마을에 뜨겁고 건조한 바람이 불어 왔다. 대부분 사람들이 오두막 안에 있거나 나무 아래나 그늘진 다른 지역을 찾아다닌다. 우리는 알하지_Alhaji의 집을 방문하였다. 알하지는 68세로, 20년이 넘게 장님으로 살아왔다. 그의 각막은 완전히 불투명하다. 우리는 그의 집에서 세 아이들을 검사하였다. 알하지의 손자는 4살이었는데, 콧물을 상당히 많이 흘려서 매우 더러운 얼굴을 하고 있어서 우리의 관심을 끌었다. 확대경과 손전등을 이용하여 그의 눈꺼풀 외전과 위쪽 눈꺼풀 결막검사를 하였는데, 그 결과 많은 별개의 모낭들을 발견하였다. 아우스만은 급성 트라코마에 걸려 있었다. 그는 검사를 받는 동안에 잘 앉아있으면서 잘 견뎌냈다. 우리는 그의 온 가족에게 얼굴과 손을 깨끗이 씻는 것에 대해서 조언을 해줬을 뿐만 아니라 그의 눈 질환을 치료하기 위해 오랜 기간 동안 매번 먹을 수 있는 항생제 아지트로마이신을 주었다.

트라코마(Trachoma)

> 일상적인 삶에서 벗어나서 어둠으로 인해 고통 받으며 살고 있는 사람들의 특징이 바로 그러한 것이다(일반적으로 이 질병은 치료 가능하다). 어떤 빛은 녹는 금속과 같이 뇌신경을 화끈거리게 한다.
>
> 익명, *Time*, 1924

트라코마는 만성 눈 질환으로 주로 어린이들에게 발생하며, 눈이 붉어지거나(분홍색), 가려움과 통증을 호소한다. 이 질병과 실명(blindness)은 재발이 가능하고, 10~20년 이상 발병한 병원체는 클라미디아 트라코마티스(Chlamydia trachomatis)의 복합적 감염의 결과이다. 이 기간 동안 재발된 감염은 눈꺼풀에 상처를 낸다. 눈꺼풀에 상처가 나고, 속눈썹이 눈동자를 찌르게 되면서 결막염을 유발하고 실명이 되기도 한다. 이러한 단계를 속눈썹증(trichiasis)이라고 한다.

트라코마에 대한 최초의 기록은 기원전 1550년 이집트 파피루스에서 발견되었다. 고대 그리스 의사들도 트라코마와 친숙하였다. 갈렌_Galen은 반복적인 감염 증상을 보이는 윗눈썹 안쪽에서의 고통을 묘사했다. 학자들은 레반_Leban의 큰 딸에 관해서 성서의 구절인, '레아_Leah는 시력이 약했다'라는 인용이, 트라코마를 묘사한 것으로 믿었다. 성 베드로_St Paul, 키케로_Cicero, 호레이스_Horace와 갈릴레오_Galileo 모두 다 트라코마를 앓았다. 1789년 나폴레옹이 이집트 정벌 당시, 그는 이집트 병사들과 싸워야 했을 뿐만 아니라 그의 병사들 중 많은 자들이 눈을 뜰 수 없는 눈 질환에 시달렸다. 군인 또는 이집트 눈염증이라고 불리는 이 질병에 10주 동안 약 3,000명의 병사들이 감염되었고, 많은 사람들이 실명되었다. 안과군의관들은 이를 단순히 하나의 질병이라고 간주했지만, 사실상 이는 인플루엔자균(*Haemophilus influenzae*) 결막염, 임균성 결막염과 트라코마를 동반한 몇 가지 안질환들을 동반하였다. 임균성 감염은 빠르게 실명이 진행되는 원인이 되었다.

이집트에서 돌아온 나폴레옹 병사들은 트라코마를 포함해 몇 가지 눈 질환을 유럽에 확산시켰지만, 트라코마는 단지 산발적으로만 발생하였다. 영국과 다른 유럽 병사들도 이집트에 파견되었기 때문에 트라코마에 감염되었다. 그 때까지만 해도 이집트에 다녀온 병사들만 트라코마에 감염되었다고 믿어졌었지만, 이집트에 다녀온 적이 없는 사람들도 감염됨에 따라 트라코마가 감염병이라고 밝혀졌다.

19세기 트라코마가 크게 확산됨에 따라 유럽에 많은 안과 병원이 설립되었는데, 대부분이 트라코마 전문병원이었다. 1810년 영국 정부는 트라코마연구를 위한 전문위원회를 만들었으며, 이들은 감염된 사람을 격리하여 청결함을 유지해야 한다고 강조하였다. 영국 정부는 트라코마에 감염된 어린이들을 위해서 학교도 만들었고, 또한 전문위원회 지침에 따라 위생관리를 엄격하게 강화하였다. 건강한 어린이들에게의 감염을 예방하고 감염된 아이들이 실명으로 진행되지 않고 회복하도록 도와줬다. 이 학교에서 일한 간호사와 의사들이 감염되지 않은 것을 통해 '위생'이 트라코마 관리의 주요 요소임을 알게 되었다.

19세기 말과 20세기 초 많은 이민자들이 유럽을 떠나서 아메리카 대륙에 새로운 삶을 정착하였다. 미국은 이민자들이 감염병을 전파할 것을 염려해 감염병에 걸린 사람들이 미국에 들어오지 못하는 법을 제정하였다. 특히 트라코마에 대한 우려가 커서, 1897년 트라코마가 미국 정부에 의해 혐오스럽고 위험한 최초의 감염병으로 분류되었다. 이에 따라 미국에 들어오는 이민자들은 모두 앨리스 섬과 뉴욕에서 트라코마에 대한 검사를 받았다. 이를 통해 36,000명 이상이 입국을 거부당하였는데, 특히 가난한 사람들이 대부분이었다. 20세기 산업화로 인해 삶의 수준이 향상되면서 트라코마는 사라졌다. 영국에서는 마지막 트라코마 학교가 1947년 문을 닫게 되었다.

클라미디아 봉입체(Chlamydial inclusion)는 처음 1907년에 트라코마를 가진 환자들로부터 결막 상피세포(conjunctival epithelial cell)로 설명되어졌고, 1954년 중국에서 티앙_T'ang과 그 동료들에 의해 클라미디아 트라코마티스가 분리되고 배양되었다. 그 후 런던안과연구소(London's Institute of Ophthalmology)에서는 맹인 자원자에게 이 병원체를 접종하기 위해 임상시험을 하였다. 이 임상시험 대상자에서 트라코마 증상의 연속적인 발현으로 클라미디아 트라코마티스가 정말로 질병에 반응하는 병원체임을 확인하게 되었다. 트라코마 병원체는 그 자체가 너무 작고, 단지 살아있는 세포 안에서만 성장할 수 있었기 때문에 20세기 내내 거의 바이러스로 여겨져 왔다. 하지만 1970년대에는, 클라미디아 트라코마티스가 DNA와 RNA를 둘 다 보유하면서 항생제에 민감하게 반응한 점이 분명하였기 때문에 박테리아라고 여겨졌다. 1937년에 과학자들은 술파닐아미드(sulfanilamide)가 트라코마를 치료하는데 효과적이라는 것을 발견하였다. 하지만, 많은 사람들이 술파 항생제에 알레르기가 있었고, 심각한 피부반응을 경험하였기 때문에 다른 대안 치료법을 찾으려는 노력을 계속하였다. 1950년대에 경구와 국소도포용 테트라사이클린(topical tetracycline)이 효과적이라고 밝혀졌다. 하지만 경구나 전신성 테트라사이클린이 심각한 부작용을 일으킴에 따라 국소도포용 테트라사이클린이 치료법으로 선택되었다. 1회 분량의 경구용 약으로 효과를 보인 아지트로마이신(azithromycin)이 트라코마의 치료방법으로 선호되던 1990년대까지는 6주 동안 매일 2번씩 바르는 테트라사이클린 연고(ointment)가 활성 트라코마를 위한 권장 치료제였다.

1998년 세계보건기구총회(WHO Assembly)는 회원국들과 함께 SAFE전략[Surgery of late stage disease(마지막 단계 질병의 수술), Antibiotics for acute disease(급성 질병을 위한 항생제), improved Facial and Environmental hygiene(얼굴과 환경 위생의 개선)]을 이용해 2020년까지 트라코마를 근절시키기 위한 조치를 취하였다. 트라코마는 아이들 얼굴의 먼지와 세균에 의해 야기되므로 얼굴을 씻는 것이 가장 중요한 예방법이기 때문에 주로 '물세탁' 질병이라고 불린다. 70% 이상의 감염이 파리에 의해 발생하는데, 파리는 사람의 대변에서 서식하기를 좋아한다. 파리의 서식지를 없애는 것으로부터 파리 수를 감소시킴으로써 급성 트라코마와 설사가 감소되었다는 연구가 있다.

1998년 설립된 국제트라코마연구소(International Trachoma Initiative)는 18개 국가에 SAFE전략을 지원하고 있다. 이 국가들은 급성 트라코마에 의한 세계 질병부담의 많은 부분을 차지하며, 트라코마와 관련된 대부분의 눈 수술이 이곳에서 이루어진다. 1999년 이래 이 프로그램으로 400,000명 이상의 환자들이 눈 수술을 받을 수 있었고, 1억명 이상의 환자들이 아지트로마이신 치료를 받을 수 있었다. 모로코는 SAFE전략으로 트라코마를 근절시킨 최초의 국가였으며, 감비아, 마우리타니아, 베트남은 급성 트라코마를 많이 줄였으며, 몇 년 안에 근절할 것으로 기대된다. 몇 년 동안 대규모 캠페인의 일환으로 아우수만은 해마다 검사를 받고 치료를 받아서 자신과 가족, 지역사회에서 급성 질병들이 사라졌다. 하지만 여전히 56개 국가들에서 급성 트라코마 감염으로 고통을 받고 있는 환자들이 약 4,000만 명 정도라고 추정되며(그림 8.1), 이 중 820만 명 환자들은 트라코마가 진행, 속눈썹증이 있어 수술을 받지 않으면 시력장애 또는 거의 실명에 직면하게 된다. 따라서 실명을 유발하는 트라코마에 대한 대책으로 수많은 국가들에서 입증된 SAFE전략의 실현가능성과 세계적 퇴치의 가능성이 강조되고 있다. 약 10년 동안 일부 가난한 국가들은 성공적으로 이런 프로그램들을 계획해서 실행하고 있으며, 단기간에 강력한 효과를 거둔 바 있다.

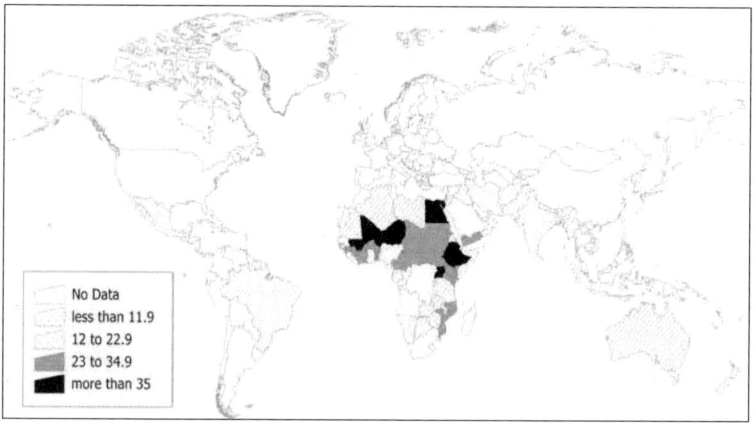

그림 8.1 10세 미만 어린이에서 활동성 트라코마의 세계적 분포를 보여주는 지도

출처. World Health Organization. Prevention of avoidable blindness and visual impairment programme at www.who.int/blindness/data_maps/en (2010년 2월 23일에 마지막으로 접속)

나병(leprosy)

> 지금 나병으로 고통 받고 있는 사람들은 옷이 태워지고 그의 머리가 드러날 것이다. 그는 자신의 콧수염을 가리고 울면서 외칠 것이다. '불결해! 불결해!' 그는 청결하지 못할 것이다. 하루 종일 그는 따가운 고통을 받으며 청결하지 않은 채 있을 것이다. 그는 깨끗하지 못해서 혼자 지낼 것이다. 그의 거주지는 캠프 밖에 있을 것이다.
>
> 레위기 13장(Leviticus 13), c.1440 BC

나병의 신체적 증상-비늘로 뒤덮인 피부(scaly flesh), 훼손된 손가락들과 발가락들(mutilated fingers and toes), 뼈 퇴화(bone degeneration)-은 차라리 죽느니만 못한 삶으로 만들고, 나아가 참혹한 상태로 몰아간다. 구약성서 레위기에 적힌 율법에 따라, 나병법(leper laws)은 중세 유럽에서 엄격하였다. 나병환자들은 정상적인 사회적 활동이 금지되었고, 놀랄만할 정도로 (사회적) 예식에서 배척 대상이 되어왔다. 나병은 신의 저주 혹은 처벌이라고 일컬어지면서 유전병으로 여겨져 왔다. 이들은 결혼을 할 수도 없었으며, 특별한 복장을 입도록 강요받았고, 이들이 가까이 오는 것을 알리기 위해 벨을 달고 다녔다. 심지어 현대 사회에서도 나병 치료는 분리된 병원에서 이루어지고, 나병 환자들은 감염의 위험과 질병의 오명 때문에 나병원이라고 불리는 곳에 입주해서 살고 있다.

1873년 현미경을 통해서 나병의 원인 박테리아가 발견되면서 나병이 유전병도 신의 처벌도 아님이 증명되었다. 1941년 프로민이라는 나병을 위한 치료법이 소개되었지만, 불행하게도 아주 고통스러운 주사가 요구되었다. 댑손(Dapsone) 알약이 1950년대 치료법으로 선택되었지만, 불행하게도 나병 박테리아에서 댑손 내성이 나타나기 시작하였다. 최초의 성공적인 다제약제 치료법은 1970년대에 개발되었다.

나병은 공중보건의 관심사가 되면서 점차 감소하고 있는 추세에 있다. 이전에 나병이 발생한 100개 이상의 국가들 중 오직 9개의 국가에서만 풍토성을 보이고 있다: 앙골라, 브라질, 중앙아프리카공화국, 콩고 공화국, 인도, 마다가스카르, 모잠비크, 네팔, 탄자니아. 따라서 세계적으로 등록된 나병 발생이 224,000건까지 줄어들고 있다. 1985년 이래로 1,450만 명 정도의 환자들이 다제약제치료법을 통해 완치되었다. 해마다 신환(新患)의 수가 평균 20%씩 현저하게 떨어졌다. 나병 치료를 위한 새로운 다제약제는 제약회사 노바티스에 의해 기부되고 있다. 트라코마와 같이 나병도 30년 안에 근절될 것이라고 기대되고 있다.

소외열대질환은 빈곤을 악화시키는 질병이다

> 소외열대질환은 세계에서 가장 가난한 사람들에게 영향을 주며, 불필요한 고통을 야기하고, 생산성과 개발을 저하시킨다. 다양한 중재활동들을 통해 시너지 효과를 유발하도록 상호 협력한다면, 우리는 훨씬 더 빠르게 소외열대질환의 더 높은 치료율을 달성할 수 있으며, 따라서 환자들의 건강을 증진시키고 가난을 완화시키는 것을 도울 수 있다.
>
> 제이컵 쿠마레산_Jacob Kumaresan, 2006

트라코마와 나병 통제는 서서히 성공적인 이야기를 만들어가고 있지만, 일반적으로 그 가치만큼 관심을 얻지 못하는 질병 군에 속해 있다. 새천년개발목표 6(MDGs 6)은 에이즈, 말라리아 그리고 다른 감염병들을 퇴치하는 것이다. 목표는 이러한 다른 감염병들에 대해 인식하고, 그 인식의 필요를 강조하는 지지층을 만들기 위한 열망을 증폭시켰다. 소외열대질환에 대응하는 전문가 중의 한 명인 데이비드 몰리뉴_David Molyneux가 언급한 것과 같이 에이즈에 감염된 전 세계 인구의 일부(10억 중 3,000만 명)는 형평성의 문제를 제기하였다. 이것은 HIV에 감염되지 않은 9억 6천만 명 또는 말라리아에 걸린 채 생존해 온 사람들에 대한 질병부담의 시각이지만, 현재에도 가난에 의해 심신을 약화시키는 다른 감염병들에 노출시킨다. 아직도 소외열대질환의 표준화된 정의는 없다. 하지만 이러한 질병을 정의하는 두 가지 접근법이 있다. 첫 번째는 '소외된' 그 자체를 강조하는 것이고, 두 번째는 이 질병들이 가난과 개발에 미치는 영향과 공통된 특징들을 강조하게 된다. 최근에는 두 번째 정의에 더 관심을 갖고 있다(표 8.1 참조). 소외열대질환은 몇 가지의 공통 특징이 있다. 그들은 가난한 사람 중에서도 가장 가난한 사람에게 영향을 미치지만, 부자한테는 거의 영향을 주지 않는다. 이 질환 군에는 박테리아성 감염 트라코마, 나병, 부루리궤양(buruli ulcer)과 풍토성 십이지장충, 회충과 편충으로 야기되는 감염들을 포함한다. 또한 여기에는 매개성원생동물감염인 리슈만편모충증(leishmaniasis), 아프리카 파동편모충증, 샤가스병(Chagas' disease)뿐만 아니라 메디나충, 사상충증, 주혈흡충증, 림프사상충증(lymphatic filariasis)과 같은 물과 관련된 기생충 감염도 포함된다. 표 8.1에서 보는 것처럼 대략적으로 10억 명의 가난한 사람들이 회충, 편충 또는 십이지장충으로, 약 2억 명의 사람들이 주혈흡충증으로, 1억 2,000만 명이 림프사상충증으로, 4,000만 명 사람이 트라코마로, 3,700만 명이 회선사상충증(onchocerciasis 또는 river blindness)으로 고통 받고 있다. 소위 소외열대질환의 공통된 특징은 농촌과 가난한 나라의 도시 빈민가에서 유행을 하며 상대적으로 사망률이 낮지만, 노동자의 생산성뿐만 아니라 어린이의 성장, 지적발달과 교육에 장애를 준다. 즉 이러한 소외열대질환이 '가난을 악화시키는 상태'라고 말할 수 있다.

표 8.1 13개 주요 소외열대질환의 관리 전략

소외열대질환	상태	관리 전략
광범위 약물 투여 관리(MDA)에 의한 질병 통제 가능성		광범위 약물 투여관리(mass drug administration, MDA)
토양선충: 십이지장충(구충), 회충, 편충	해마다 10억명 이상이 감염(사하라사막 이남 아프리카, 남동아시아, 라틴아메리카)	해마다 albendazole 또는 mebedazole, 향상된 물과 위생으로 치료
주혈흡충증	아프리카 대부분에서 2억명이 감염	praziquantel, 향상된 물과 위생으로 치료
림프사상충증 (elephantiasis)	아프리카와 남아시아에서 1억 2,000만명 감염, 음낭종, 림프부종, 심각한 다른 림프계 사상충증으로 4,300만명이 고통	albendazole+ivermectin (회선사상충증 유행국가) 또는 albendazole + diethylcarbamazine (비-회선사상충증 유행국가)으로 6년간 MDA 관리
트라코마	급성 질병 4,000만명, 모로코와 가나와 같은 일부 나라에서 눈에 뛰게 손상되거나 절단된 환자 820만명	해마다 SAFE전략의 일부로서 azithromycin으로 치료
회선사상충증 (river blindness)	아프리카에서 3,700만명 감염	해마다 ivermectin으로 치료
환경적 방법에 의한 질병 가능한 통제		정화된 물 제공
메디나충	박멸에 근접	개별 사례 발견과 사례 통제, 감독, 개선된 안전한 물 제공과 정화, 풀파리 매개체 관리
개별 치료가 필요한 질병		사례관리
샤가스병	8~900만명 감염. 가난한 가정-남아메리카에서 제한된 분배	질병을 옮기는 침대 벌레의 관리
피부레슈마니아증	해마다 1,200만명 중에	조기 진단과 신속한 치료,

(피부리슈만편모충증)	150만명의 새로운 감염 사례. 아프가니스탄, 브라질, 이란, 페루, 사우디아라비아와 시리아에서 피부레슈마니아증 90% 발생	살충 스프레이를 통한 샌드플라이의 관리, (매개체 관리에서는 거의 사용하지 않는다), 살충제-흡착된 침실용 모기장 (insecticide-impregnated bed net)의 사용
내장리슈만편모충증 (내장레슈마니아증)	해마다 500,000명 사례, 방글라데시, 브라질, 인도, 네팔, 수단에서 내장레슈마니아증의 90% 발생, 만약 치료하지 않으면 치명적임	사례 발견과 치료
아프리카 파동편모충증	30만명 감염. 체체파리의 배분에 의해 영향을 받는 아프리카에서 좁게 분포	사례 발견과 치료, 매개체 관리
부루리궤양	세계적으로 50,000만명 발병. 아메리카, 아프리카와 남동아시아의 30 개국에서 유행	항생제와 수술을 동반한 조기 진단과 치료
나병	제거에 근접	다제약제 치료에 의한 사례 발견

높은 유병률을 보일 정도로 소외열대질환이 유행하는 국가의 정부 공무원을 포함한 정책결정자들은 이 질병들을 그리 중요하게 여기지 않는다. 이러한 질병에 대한 인식이 부족한 이유는 정부 공무원이 근무하는 수도에서는 소외열대질환이 거의 발견되지 않기 때문이다. 소외열대질환과 싸움을 하고 있는 다른 전문가 피터 호테즈 _Peter Hotez는 이것을 잊어버린 사람들을 괴롭혔던 잊혀진 질병이라고 불렀는데, 이는 사실이다. 소외열대질환의 다른 특징은 갈등, 시민 불만, 보건서비스 붕괴와 밀접하게 관련이 있다. 중앙정부와 대립하는 망명자, 이민자, 인종 소수자들은 이러한 질병에 걸릴 확률이 더 높

다. 아프가니스탄에서 리슈만편모충증; 수단에서 메디나충; 미얀마에서 림프사상충증; 앙골라, 콩고공화국, 수단에서 회선사상충증과 인간 파동편모충증을 들 수 있다. 많은 소외열대질환들은 얼굴을 흉하게 일그러트리고 낙인을 찍히게 하였다. 이 특징들은 성경과 다른 고대문서에도 묘사되어 있는데, (특히 예수 탄생을 기준으로 그 전후의) 천년(millennia) 동안 인간들에게 영향을 미친 질병이라 단언할 수 있다. 하지만, 이들이 가난한 사람들 중에서도 가장 가난한 사람들에게 영향을 주기 때문에 소외열대질환을 치료하기 위해 필요한 약과 백신을 위한 의약산업과 시장이 거의 형성되어 있지 않다. 이러한 많은 질병들에 대한 대응방안(pharmacopoeia, 藥典)은 20세기 중반 이후로 근본적인 변화가 없었다(혹은 줄어들었다).

소외열대질환으로 인한 질병부담은 상당하다. 해마다 530,000명이 죽고, 더 많은 사람들이 조기 장애로 고통 받고 있다. 이러한 사망자 중 400,000명 이상이 다음 5개의 감염병에 의한 것이다: 주혈흡충증, 십이지장충, 회충증, 리슈만편모충증과 아프리카 파동편모충증(수면병)이다. 아마도 치명적인 부담보다 훨씬 더 심각한 것은 조기 장애로 인한 활동년수의 상실과 같이 문헌에서 자주 묘사되는 장애의 총량이다. 소외열대질환의 보건에 대한 영향은 개발에 부정적인 영향을 주는 한 요소이다. 만성적으로 불능(不能)하게 하는 이들의 악순환 고리의 특징 때문에, 가난에 지속적인 악영향을 주는 중요한 교육적, 사회경제학적 나쁜 결과를 초래한다. 유년 시절에 걸린 만성 십이지장충 감염은 미래 임금 수준을 극적으로 줄이며, 림프사상충증은 인도 GNP를 상당히 약화시켰다. 전형적으로 고통이 없고 죽음을 거의 야기하지는 않는 부루리궤양 질환의 경우 발병될 경우 수술과 치료비용을 지원하는 보건의료체계와 환자에게 심각한 악영향을 미칠 수도 있다. 예를 들어 조직파괴는 뼈 속의 감염(골수염)을 야기하여 가끔 팔다리를 절단하여야 한다. 또한, 만약 병변이 무릎이나 팔꿈치와 같은 관절 근처에서 발생한 경우, 지연되어 치료하면 팔다리의 움직임을 제한하는 연축(contracture)이 초래된다. 회선사상충증에 영향을 받는 서아프리카와 중앙아프리카의 전형적인 지역사회에서는 보통 40세에 시력 상실이 나타나기 시작한다. 즉, 이 질병으로 가장 큰 타격을 받은 아프리카의 부모 또는 가장들은 맹인이 된다. 주로, 그들은 아이들 또는 손자들에 의해 인도를 받아야 하기 때문에 아이들이 학교에 가는 것을 그만두게 된다. 또한 맹인이 된 어른들은 농촌지역에서의 경제적 부 창출에 적절한 기여를 할 수 없다. 이 시나리오의 사회-경제적 결과는 매우 충격적이다. 이런 회선사상충증이 유행할 정도의 수준에 다다를 때, 경작지에서 일할 지역주민들이 적어져서 결국에는 식량 부족과 함께 고향이나 인근 비옥한 강가 평야지대를 떠나게 된다. 자급자족 농민이 강 유역으로부터 멀리 강제 이주될 때, 감염된 흑파리들이 토양이 안 좋은 지역에서 알을 낳으면 그 마을 전체는 가난해질 것이다.

소외열대질환은 단독적으로 발병하지 않는다. 많은 국가들에서 적어도 5개의 소외열대질환이 같은 장소에서 발생한다. 3개의 토양전염 기생충과 주혈흡충증은 림프사상충증, 회선사상충증과 트라코마와 지리적으로 상당히 중첩되어 발생한다. 이것은 통제 또는 4가지 약의 조합을 사용하여 7가지 소외열대질환의 제거-이버멕틴(ivermectin), 알벤다졸(albendazole), 아지트로마이신(azithromycin), 프라지콴텔(praziquantel)-를 위한 통합 프로그램을 가능하게 한다. 이러한 약 중 3개는 현재 제약회사에 의해 기부된다. 반면 네 번째 프라지콴텔은 상대적으로 낮은 가격으로 이용가능하다. 이들 각각은 중복되는 특수성을 가지고 있고, 4개 약의 병용요법은 옴과 몇 개의 박테리아 호흡기계 감염을 포함한 다른 감염도 목표로 한다.

에이즈, 결핵과 말라리아는 가장 많이 주목을 받는 강력한 빅3 감염병으로 여겨진다. 이들은 많은 가난한 국가들 중 사하라사막 이남 아프리카지역에서 중복성을 보이는데, 즉 소외열대질환의 지리학과 역학을 덮어씌우는 특징을 갖는다. 기생충 특히, 두 개의 주요한 주혈흡충증과 회선사상충증뿐만 아니라 3개의 주요 토양전이성 기생충인 에이즈, 결핵, 말라리아는 인구에서 발견되는 가장 흔한 질환이다. 소외열대질환이 에이즈, 결핵, 말라리아와 겹쳐서 유행할 때 복합적인-기생과 복합 감염에 가장 중요한 원인이 되는 빈혈의 동반이환이 매우 흔히 발생한다. 소외열대질환의 동시감염은 빅3의 자연사와 발전에 나쁜 영향을 준다.

기생충 동시감염은 말라리아와 에이즈에 대한 민감성을 증가시키고, 에이즈의 발현을 촉진한다. 짐바브웨에서의 한 연구결과에 의하면, 생식기에 되돌릴 수 없는 병변을 야기하여 (에이즈 전파에 용이하도록) 영속적인 진입로를 만들어주는 요로주혈흡충증에 걸린 여성들은 에이즈에 감염될 위험이 3배 높다는 것을 보여줬다. 요로주혈흡충증에 감염된 학동기와 청소년 여자들에게 프라지콴텔의 보급은 주혈흡충증으로 인한 사망과 에이즈 감염 모두에서 환자들을 보호할 수 있는 비용-효과적인 방법일 것이다. 기생충 감염이 특히 십이지장충과 주혈흡충증이 폐결핵의 합병증 또는 활동성 결핵의 발현에 불리한 영향을 줄 것이라는 증거도 있다. 소외열대질환의 관리를 에이즈, 결핵, 말라리아를 다루는 프로그램과 통합하면, 커다란 부수적인 이점의 가능성이 있다. 소외열대질환을 다루기 위한 지역사회-기반 보건의료체계는 항레트로바이러스를 주고, 결핵치료의 준수를 직접 관찰하고, 말라리아 예방에 대한 접근성을 향상시키며 모기장 사용을 증가시키는데 적합할 것이다. 동시에, 소외열대질환 관리는 빅3에 대한 퇴치 노력으로부터 혜택을 얻을 수 있을 것이다. 예를 들어, 말라리아 퇴치를 위한 모기장 사용은 림프사상충증의 전이를 막는데 효과적이고, 항레트로바이러스가 리슈만편모충증의 영향을 줄일 것이다.

소외열대질환의 관리

해매다 약 2억 달러의 비용으로 약 5억 명의 가난한 사람들(1인당 0.4달러)이 4개의 통합 약으로 예방치료를 받을 수 있을 것으로 추정된다. 끊임없이 범세계적으로 유행하는 7개의 주요 열대성질환에 영향을 미칠 수 있는 치료 가능한 4개 약제에 의한 통합 프로그램은 향후 5~7년의 기간 동안 유지되어야 한다. 이 통합 접근방법은 개별 질병에 대한 '단편적인' 노력에 비해 약 50%의 비용을 절약할 수 있다. 효율성을 더 증대시키기 위해 몇몇의 공공-민간 파트너십(public-private partnership, PPP)들은 소외열대질환을 위한 세계협력(The Global Network for Neglected Tropical Diseases)을 맺고 적어도 5개의 소외열대질환들이 동시에 병존하는 56개 국가에서 통합 관리를 위한 세계적 캠페인을 시작했다(그림 8.2 참조). 이러한 통합 관리에 대한 규모를 증가시키기 위해 충분한 약 공급량 확보, 순응성, 약의 상호작용, 약 내성 등과 같은 이슈에 대한 많은 문제들에 대한 해답을 제시할 필요가 있다.

통합 패키지에 포함된 여러 약들 중에 알벤다졸과 그 대체제인 메벤다졸(mebendazole)은 저항성을 유발할 수 있는 약제이다. 알벤다졸과 메벤다졸은 둘 다 벤지미다졸(benzimidazole)의 종류에 속한다. 이 계열의 다른 약들은 가축으로부터 풍토성 기생충을 살충하기 위해 널리 사용되었다. 열대성과 아열대 지역의 축산업자들은 10년 동안 자신의 가축들에게서 기생충을 퇴치하기 위해 벤지미다졸 항기생충제(benzimidazole antihelminths)에 의한 주기적인 치료에 크게

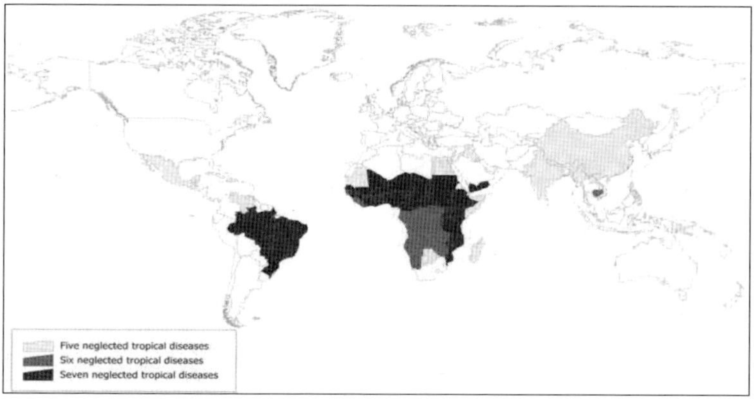

그림 8. 27가지 가장 흔한 소외열대질환의 세계적 분포와 동반이환을 보여주는 지도

출처. Hotez, P. Forgotten *People, Forgotten Diseases.* HSM Press, Washington, D.C., 2008

의존하였다. 하지만 오늘날 벤지미다졸에 대한 저항성이 많은 지역에서 널리 나타나고 있는데, 이 중 세계의 몇몇 지역의 축산업자들을 좌절시키고 있다. 특히 알벤다졸과 이버멕틴 조합의 사용 증가 후 벤지미다졸 저항성이 사상충 구충과 인간 기생충 사이에서 발생 가능성을 암시하는 현상들이 일부 관찰되었다. 또한 추가적인 투자가 필요한 가나에서 이버멕틴의 효용성 부족에 대한 증거들이 나타났다.

피터 호테즈는 소외열대질환의 치료 시 다행히도 지금까지 산발적인 사례에서만 발생한 약물 저항성으로 인해 우리가 적극적으로 가난한 국가에서 빠른 효과를 나타내는 통합 패키지의 활용을 단념시켜서는 안 된다고 강조했다. 그는 기생충에 대한 저항성이 박테리아 또는 바이러스 병원균이 발달하는 만큼 빠르게 발생하지는 않지만, 응급 약물 저항성의 출현을 감시하기 위해 도구와 기전의 적절한 준비는 중요하다고 주장한다. 동시에 우리는 소외열대질환에 대한 약의 새로운 파이프라인을 위한 연구와 개발 노력도 계속할 필요가 있다. 새로운 약의 개발에 따라 그들은 필요할 때 통합 약 패키지로 도입할 수 있다. 하지만, 소외열대질환을 위한 치료법을 위한 주요한 장애물은 생존가능한 상업적 개발의 동기 부재와 따라서 이러한 질병을 위한 인센티브의 부재이다. 주로 가축병 치료와 관련되어 개발된 항기생충제들은 제약회사들을 위한 이윤들이 약 개발을 가치 있게 만드는 곳에서 사용된다. 이러한 회사들은 그렇게 돈을 벌고 난 후 기부 또는 낮은 가격으로 공급할 고려를 준비하게 된다. 주요 제약회사들이 가난한 국가에서 소외열대질환을 퇴치하기 위해 무료로 약품들을 기꺼이 기부하고 있음에도 불구하고, 주주들에게 (이윤과 배당) 책임을 갖는 공기업들이 이러한 질병들을 위한 새로운 제품에 대한 광범위한 연구와 개발을 위해 소중한 자원을 투자하고 다음 단계로 나아가는 것은 매우 어려운 일이다. 하지만 소외열대질환을 위한 원조 없이는 고통 받는 사람들이 절대 이러한 제품들을 구입할 여유가 없다. 보건연구를 위한 세계포럼(Global Forum for Health Research)은 가난한 국가에서 가장 가난한 인구 90%에 영향을 미치는 문제에 대한 의학적 연구와 개발을 위한 국제적 재정 조달의 오직 10%만이 투자됨을 관찰할 수 있다는 것을 묘사하기 위해 '10/90현상'이라는 용어를 만들어 냈다. 소외열대질환으로 고통 받는 사람들은 명백히 이러한 현상의 가장 주요한 희생자이다.

소외열대질환을 위한 새로운 약 개발의 실적에도 불구하고 만약 우리가 다국적 제약회사에만 의존한다면, 새로운 약을 위한 연구와 개발에 대한 의미 있는 투자가 있을 것이라는 생각은 비현실적이다. 필요한 것은 '제품개발 파트너십(product development partnerships 또는 PDPs)'이다. 이러한 PDPs들은 산업체들과 연합하여 소외열대질환의 약 개발을 이끌며, 빌·멜린다 게이츠 재단에 의해 지원되는 것 중의 일부로-이러한 파트너십의 몇 개가 지금 준비되어 있는 공공보건을 위한 비영리 조직(public-health-driven not-for-profit organizations)으로서 묘사된다. 비록 기본 연구 단계일지 몰라도 주혈흡충증, 리슈만편모충증, 십이지장충, 클라미디아(트라코마와 출산 통로를 경유한 감염을 통해 신생아 폐렴을 야기하는 생식기 클라미디아 감염), 부루리궤양과 샤가스병을 포함한 소외열대질환의 백신을 개발하기 위한 계획들이 준비 중이다.

만약 당신이 기존에 빠른 효과가 있었던 통합 약 패키지를 필요한 사람들이 복용할 수 있게 노력해야 한다는 원칙을 시급하게 수용한다면, 이러한 통합 패키지에 대한 경제성 분석은 동시에 중요하다. 남아프리카에서 회선사상충증 관리, 이집트와 중국에서 메디나충 박멸, 림프사상충증과 주혈흡충증 관리, 남아메리카에서 샤가스병 관리와 같은 대규모의 성공적인 소외열대질환 관리 및 제거 프로그램의 경제적 이익률에 관한 연구들은 매우 많은 편익을 보여주는 사례에 해당된다. 빠른 효과를 목표로 하는 소외열대질환에 대한 복합 관리 패키지를 통해 동등한 혹은 더 많은 수익이 달성될 수 있으리라 상상된다. 하지만 제7장에서 설명된 것처럼 통합 접근은 화학요법을 넘어서 확산되어야 하고, 교육과 사회경제학적 근원, 생태학과 소외열대질환의 행동적 원인을 다루기 위한 의사소통 전략뿐만 아니라 개선된 물과 위생에 대한 접근을 포함해야 한다.

더 읽을거리를 위한 자료와 제안

Kathrine Schlosser의 보고서 'Trachoma through history'와 International Trachoma Initiative 웹사이트(www.trachoma.org)에 대한 접근은 트라코마의 설명과 역사를 위한 가장 중요한 자료였다. 반면 나병의 역사에 대한 가장 주요한 자료원은 Roy Porter의 『*The Greatest Benefit to Mankind*』(London: N.W. Norton, 1997)이다. 트라

코마의 질병부담, 임상적 특징, 문제에 대한 해결책에 대한 설명을 위해 David Mabey 등 (*The Lancet* 2003; 362: 223-229); Jeffrey Mecaskey 등 (*Lancet Infectious Diseases* 2003; 3: 728-734); Matthew Burton과 David Mabey (*PLoS Neglected Tropical Diseases* 2009; 3: e460)의 논문들을 참고하였다. 광산 변소(pit latrines)와 급성 트라코마 간의 관계에 대한 보고는 또한 *The Lancet*에서 발견할 수 있다(2004; 363: 1093-1098; Paul Emerson 등. 'Role of flies and provision of latrines in trachoma control: Cluster-randomized trial'). Victoria Hislop의 『*The Island*』(London: Headline Review)는 2005년에 처음 발간되었다. Peter Hotez, David Molyneux, Alan Fenwick과 Lorenzo Savioli는 소외열대질환 운동에서 뛰어난 인물들이다. 이들은 만약 소외열대질환이 완전히 제거되지 않는다면, 적어도 이러한 소외열대질환을 결정적인 조절(통제) 하에 둘 수 있다는 감각에서 '이전의' 열대성질환으로 변경하기로 결정하였다. 그들은 또한 'Rescuing the bottom billion through control of neglected tropical disease' (*The Lancet* 2009; 373: 1570-1575) 논문의 저자들이기도 한다. David Molyneux의 다른 보고서들도 포함되었다; '"Neglected" diseases but unrecognised successes - challenges and opportunities for infections disease control' (*The Lancet* 2004; 364: 380-383); Peter Hotez 등에 의한 논문. 'Incorporating a rapid-impact package for neglected tropical diseases with programs for HIV/AIDS, tuberculosis, and malaria' (*Public Library of Sciences Medicine* 2006: 3; e102); Peter Hotez의 책 『*Forgotten People, Forgotten Diseases: The Neglected Tropical Diseases and their Impact on Global Health and Development*』(Washington, DC: ASM Press, 2008). 이것은 소외열대질환의 세계에서 뛰어난 기본지침서이다. 주혈흡충증과 에이즈의 공동의 풍토성을 더 잘 이해하기 위한 시작점

은 'HIV/AIDS, schistosomiasis, and girls' (Kari Stoever 등. *The Lancet* 2009; 373: 2025-2026)의 논문이다. 게다가 2010년 1월에 란셋(*Lancet*)은 소외열대질환에 대한 특별시리즈를 만들었다. 2007년 이후로 소외열대질환에 유일하게 기여할 수 있는 동료평가연구의 양질의 논문에 대한 접근이 열렸다. 젠지바(Zanzibar)에서 살충을 통해 풍토성 기생충의 관리를 효율적으로 한 사례가 M. Albonico 등에 의해 설명된다(*Bulletin of the World Health Organization* 2003; 81: 343-352). 주혈흡충증을 박멸하기 위해 praziquantel의 광범위 약물 투여 관리는 성공적이었으며, 특히 모로코와 푸에르토리코에서 완전히 박멸되었다(A. Fenwick 등의 *Advances in Parasitology* 2006; 61: 567-622 참조). K. Ichimori 등은 태평양 지역에서 림프사상충증의 박멸에 대해 설명한다(*Trends in Parasitology* 2007; 23: 36-40). 반면 기니아 옴박멸프로그램의 인상적인 성공은 E. Ruiz Tiben과 D. Hopkins (*Advances in Parasitology* 2006; 61: 275-309)에 의해 설명된다. 회선사상충증 관리를 위한 프로그램의 현대 역사의 설명은 B. Boatin과 F. Richard (*Advances in Parasitology* 2006; 61: 349-394)에서 발견할 수 있다. 모로코는 SAFE전략을 통해서 트라코마의 전이를 성공적으로 방해하는 첫 번째 중소득 국가가 되었다. 그리고 이 성공은 『*Ruth Levine`s Case Studies in Global Health: Millions Saved*』 (Sudbury, Ma: Jones and Bartlett, 2007)의 10가지 사례에서 발견할 수 있다. 남아메리카에서 샤가스병의 관리는 Y. Yamagata와 J. Nakagawa에 의해 설명된다(*Advances in Parasitology* 2006; 61: 129-165). 인체 아프리카 파동편모충증(Human African tryponosomiasis)의 관리를 위한 두 가지 주요한 접근방법들은 E. Fevre E 등(*Advances in Parasitology* 2006; 61: 168-221)에 설명되어 있다. 리슈만편모충증(leishmaniasis)(피부와 내장 둘 다)의 관리는 복잡한 역학, 조기진단 장비 부족과 주입이 필요

한 약의 높은 비용 때문에(J. Alver 등. *Advances in Parasitology* 2006; 61: 223-274) 어려움으로 남아있다. 부루리궤양을 치료하고 예방하기 위한 새로운 접근방법은 P. Johnson 등에 의해 보고되었다(*PLoS Medicine* 2005; 2: e108), 반면 A. Rinaldi는 나병을 제거하기 위한 국제 캠페인의 리뷰를 제공한다(*PLoS Medicine* 2005; 2: e341).

제 9 장

영양부족

영양은 생활의 가장 기초적인 요소에 속한다. 우리는 우리가 먹은 영양 그 자체이다. 아이는 먹었던 영양에 따라 성장하게 된다. 영양 상태의 중요성을 간과하는 데에 대한 이유가 너무나도 명백하게 발생될 수 있지 않은가?

H. A. C. P. 오먼_Oomen, 1953

하산_Hassan 이야기

하산은 노인과 같은 주름진 얼굴에 그 큰 눈망울로 나를 쳐다보았다. 하산은 10개월 영아인데, 키가 겨우 58cm이었고, 체중이 3.9kg 나갔다. 하산은 이틀 전에 기침, 고열과 빠른 호흡 때문에 중앙 아프가니스탄의 범얀(Bamyan)병원을 방문하였는데, 양쪽 폐에서 타닥타닥하게 나는 소리가 청진기를 통해 발견되어 입원하였다. 오늘에서야 하산은 나아졌으며, 열이 내려갔고, 폐렴 증상과 증후가 사라졌다. 이는 입원 때 투여한 항생제가 호전에 크게 기여하였기 때문이다. 그러나 이번 경우는 지난 4개월 동안 하산의 세 번째 입원에 해당된다. 이전 한 번은 폐렴이었고, 또 한 번은 심각한 설사와 탈수 증세 때문이었다. 하지만, 나를 가장 걱정스럽게 만드는 것은 하산의 체중감소였다. - '건강으로 가는 길(road to health)'의 의무기록에 의하면, 그의 매달 체중은 같은 나이 또래에 비해 항상 적게 그려졌다. 하산은 2,400g으로 보통 정상 임신 기간에 태어난 신생아에 비해 저체중이었지만, 여섯 달까지는 체중이 금방 늘어났다. 하산의 엄마, 파티마_Fatima는 우리에게 말하기를 하산이 지난 4년 동안에 세 번째 아이라고 했으며, 자신은 지금 임신 5개월 상태라고 하였다. 하산은 오직 6주 정도만 홀로 모유수유를 받았으며, 그 이후 이 사회에서 습관적으로 사용하는 양의 우유(sheep's milk)를 보완적 음식으로 먹었다. 즉 하산이 7개월 되었을 때, 보건요원이 파티마의 임신을 발견하여 모유수유를 그만 둘 것을 조언했으며, 파티마에게 우유를 전달해 주었다. 파티마는 하산에게 주로 그 지역의 주요 음식인, 쌀, 감자, 밀로 만들어진 빵을 먹였지만, 야채와 양파는 없었으며, 겨울이 지난 지금 과일 또한 없었다. 그리고 파티마와 그녀의 남편이 많은 음식들을 살 여유가 없었기 때문에 하산은 달걀이나 생선, 고기를 거의 먹을 수 없었다.

아프가니스탄에서 지난 25년 동안 시민 갈등으로 인해 유명한 범얀의 불상(Buddhas of Bamyan)만이 유일하게 파괴된 것이 아니다. 아프가니스탄의 많은 아이들은 영양부족 또는 영양결핍(undernutrition)으로 죽었고 장애가 생겼으며, 영양부족의 방해를 받아 성숙해야 할 지적, 생산적 잠재능력의 완전한 수준에 이르지 못했다. 여전히 영양부족 문제는 오늘날에도 이어지고 있다.

결핍성질환(Disease of deficiency)

질병의 개념은 또한 새로운 패러다임을 포함하는 요소들의 결핍이 될 수 있다. '질병은 일반적으로 기생충, 독소, 병과 관련된 물질(*materies morbid*) 등의 양성인자(positive agent)와 연관되어 있다'라고 하면서, '병리학자의 사고가 자연스럽게 양성적 연관성으로 바뀌었고, 음성 신호에 의한 미리 고정된 이야기를 믿기 어려워 보였다'고 1919년에 보고되었다. 이러한 간극들 사이에서 적용 가능한 새로운 개념으로 보이는 질병은 소모증(marasmus)으로, 이는 빈곤한 지역의 유아를 괴롭히며, 근육 소모, 지방감소, 체중감소의 특징을 띄고 있다. 또 다른 질환으로 크와시오르코르(kwashiorkor, 가나의 해안지역의 언어로서, '첫 번째-두 번째'로 번역되며, 어린 형제가 태어나서 모유수유를 대체하게 될 경우 발생하는 질병; 단백열량부족증이라고도 함)는 주로 사하라사막 이남 아프리카에서 발견되며, 부종, 거식증, 확장된 간, 설사와 무기력한 증상을 보인다. 1755년 프랑스 내과의사인 가스파 카살_Gaspar Casal은 스페인에서 발생한 새로운 질병인 펠라그라(pellagra)에 대해서 공표했다. 이는 피부염 증세가 있고(끔찍한 표면, 건조하며, 딱지투성이며, 금이 간 형태), 설사, 치매 그리고 조기 사망의 원인이며, 모든 활기가 일시에 확 타오른다. 카살은 이러한 증세의 희생자는 가난한 사람들로 안정적인 음식을 구하는데 어려움이 있으며, 고기 혹은 우유를 섭취하기 힘들다고 언급했다. 미국의 공중보건국의 조셉 골드버거_Joseph Goldberger(1874~1929)는 고아원과 정신병원에서 펠라그라가 생기면 직원들은 도망간다(자연스럽게 더 좋은 비유)고 알렸다. 하지만 만약에 달걀과 우유가 환자들의 식단에 포함된다면, 이 질병은 감소할 것이다. 육류 섭취가 부족한 재소자에게 피부염이 나타나자 골드버거는 이 질병이 식이요법 결핍에 의한 것이라고 결론지었다.

각기병(beriberi)은 쌀을 먹는 아시아에서 일반적으로 흔하다. '난 할 수 없다'라는 뜻의 신할라족(Singhalese)의 말에서 유래한 각기병은 다리와 손 그리고 팔이 약해지는 특징을 띤다. 심장근육이 약해지면 심장장애로 이어진다. 각기병은 19세기 후반 특히 동남아시아에서 껍질이 제거된 가공 쌀을 먹고 농장 및 광산에서 일을 하던 사람들에서 심각하게 발생하였다. (자카르타) 바타비아(Batavia)에 소재한 한 연구소의 책임자인 크리스티안 에이크만_Christiaan Eijkman[42)]은 1890년대에 처음으로 병원의 닭들에게 보통 닭들이 먹는 갈색쌀 대신 환자에게 제공되는 흰쌀을 주었을 경우, 다발성신경염 증세를 보인다는 것을 발견하였다. 만약에 모든 쌀이 제공된다면, 닭들은 회복될 것이다. 1912년에 런던의 리스터연구소(Lister Institute)에서 일하던 카지미르 풍크_Casimir Funk는 현미의 겉껍질에서 활성물질을 분리하여 이것으로 각기병을 예방할 수 있게 되었다. 그는 식량에서 추출한 물질을 '비타민(vitamines)'이라 이름지었는데, 이는 그 성분들이 아민이며, 합성물이 암모니아에서 추출되었기 때문이다. 마지막 글자인 'e'는 1920년대에 빠지게 되었다. 모든 비타민이 아민이 아니라는 것이 분명해졌을 때, 풍크는 비타민 결핍을 펠라그라(니코틴산 부족으로 생기는 병), 각기병, 괴혈병, 구루병과 연관지었다. 결핍증상은 연구소에서 검증되었고, 다양한 식량의 영양적 역할-야채류(잎, 줄기, 씨), 우유, 계란 노른자, 고기-이 강조되었다. 그리고 이것으로 영양에 관한 이론적 기초가 설립되었다.

영양결핍에 관한 연구와 조치(강령)는 제1차 및 제2차 세계대전 사이에 추진력을 받게 되었다. 서반구 지역의 경제적 침체('배고픈 1990년대') 및 제3차 대전이라 불리는 기근과 굶주림에 대하여 늘어

42) 네덜란드의 위생학자·병리학자(1858.8.11~1930.11.5). 각기병(脚氣病)의 원인이 쌀겨에 있는 어떤 물질의 결핍에서 기인됨을 확인했는데, 이는 비타민 B1을 발견하는 단서가 되었다. 이 연구는 쌀을 주식으로 하는 동양의 의학계에 크게 공헌했다. 이것으로 F.홉킨스와 함께 1929년 노벨 생리·의학상을 받았다.

나는 인식으로 연구소의 과학자, 임상의사, 음식의 중요성과 건강 '결핍'의 지지자들은 힘을 합쳤다. 존 보이드오어_John Boyd Orr(1880-1971)는 자신의 여생을 세계의 빈곤 및 영양결핍과 싸우는데 썼고, UN과 같은 국제기구와 함께 일했다. 보이드오어는 1922년 애버딘에 로웨트연구소(Rowett Research Institute)를 설립하였고, 1945년까지 책임자로 재직하였다. 보이드오어는 또한 영양결핍의 전체적인 문제에 중점을 두는 *Nutrition Abstracts and Reviews* 저널의 편집자로 일했다. 영국은 보이드오어의 특별히 저소득 국가의 형편없는 영양결핍을 보여주는 1936년에 발표된 『음식, 건강 및 소득(*Food, Health and Income*)』에 관한 보고서 이후에 처음으로 영양 프로그램을 개발하였다. 보이드오어는 통계학적으로 빈곤, 부족한 영양 그리고 좋지 않은 건강을 상호 연관시켰다. 그는 영양결핍의 무서운 그림을 보여주면서 상당수가 가난, 비형평성과 시장의 힘에 의해 발생한다고 말하면서 농업과 공중보건을 강조할 것을 제안했다. 그는 세계 식량 생산의 증가를 위한 수많은 프로그램을 제안하면서, 세계 기근의 문제를 해결하기 위한 핵심인 과학과 싸워나갔다. 그의 영향으로 국제연맹(League of Nations)[43]에 영양위원회가 설립되었고, 그는 국제연합 식량농업기구(United Nations Food and Agriculture Organization)의 의장이 되었다. 보이드오어는 1949년에 그의 이런 업적으로 인해 노벨평화상을 받았다.

지난 50년 동안, 가난한 국가들은 통제를 뛰어넘는 다양한 영향력을 미쳤던 영양결핍 감소전략에 관한 국제적 이념들의 변화에 직면해 왔다. 즉, 반세기 동안 우리는 단백질 시대(protein era), 에너지

---

43) 제1차 세계대전 후에 설립된 국제평화기구로서 국제연합의 전신. 설립일: 1920년, 설립목적: 국제평화와 안전 유지, 경제적·사회적 국제협력 증진, 주요 활동/업무: 집단안보, 무기감축, 개방외교, 소재지: 스위스 제네바

갭(energy gap), 식품 위기(food crisis)를 겪으면서 영양프로그램의 적용과 함께 다양한 영양 계획, 영양 감시, 식품 불안전성과 생계 전략, 그리고 소량영양소시대(micronutrient era)를 맞이하였다. 그럼에도 불구하고 이러한 기술적 전략의 변동과 '유행' 때문에, 궁핍한 나라들의 영양 문제라는 속성의 변화는 드물게 반영되었다. 영양결핍은 보건과학과 서비스 측면에서 절대적으로 등한시되었다. 세계 공동체는 실패하였다. 영양의 중요성-특히, 모자보건 그리고 유아보건-을 구분하는 것과 영양결핍의 장기적 효과와 보건 개발에 대한 상당한 증거가 있었음에도 말이다. 그러므로 영양결핍을 줄이고 정책결정자가 국가적 그리고 세계적 행동(강령)을 수립하도록 하기 위해서는 입증된 중재방안의 선정과 적용이 절대적으로 필요하다.

오늘날 영양부족의 문제

매년 모든 어린이 사망의 $\frac{1}{3}$ 이상(3백 5십만명)과 전 세계적으로 총질병부담의 11%가 모자 영양결핍으로 인한 것으로 추정된다. 영양결핍은 발육 저지(stunting, 인체측정학의 지표로 나이에 비해 낮은 키와 관련된 지표, 불안정한 성장의 지표), 소모병(wasting, 키와 관련된 낮은 무게로 정의), 그리고 필수 비타민과 무기질(통합적으로 소량영양소로 언급)의 결핍을 아우른다. 영양 섭취를 잘 한 어린이의 각 연령별 그리고 성별에 따른 예상 성장 수치와 비교하여 저체중 혹은 체중 미달은 소모병과 발육 저지를 모두 포함할 수 있다. 2005년에 빈곤국의 5세 이하 아이의 20%가 저체중으로 추정되었고, 남부-중앙아시아와 동아프리카에서 가장 높은 비율을 보였다. 23개국의 아프리카, 16개국의 아시아를 포함하는 40개국에서 40% 혹은 그 이상의 발육 저지 유병률을 보였다(그림 9.1 참조). 심각한 소모병은 전세계 3.5% 혹은 1,900만 명의 아이들에서 발병하여 중증급성영양실

그림 9.1 5세 미만 소아에서 발육 저지 유병률(%)의 세계적 분포를 보여주는 지도

출처: World Health Organization Statistical Information System at www.who.int/whosis (2010년 2월 17일에 접속)

조(Severe Acute Malnutrition, SAM)로 잘못 판단되기도 하였다. 왜냐하면 HIV/AIDS를 포함하는 만성(감염)병과 흡수 불량(mal-absorption)이 급성식량불안보(acute food insecurity)와 같이 상당한 소모병을 유발하기 때문이다.

임신 이전과 임신기간 동안의 여성의 영양 상태는 건강한 임신과 건강한 엄마를 위해서 중요하다. 모성 영양부족은 자궁내 성장 제한(intrauterine growth restriction)과 연관된다. (임신 37주를 완전히 지나) 아이가 태어나더라도 저체중(2,500g 이하)은 자궁 성장 제한으로 발생할 수 있다. 빈곤국에서 이는 모든 출생에서 11%에 이른다. 모성의 영양결핍이 심각하지 않다면, 모유의 양에 큰 영향을 주지 않는다. 그러나 비타민 A와 요오드를 포함하는 소량영양소는 엄마의 영양 상태와 섭취에 의해 달라진다. 철결핍빈혈은 모성사망에 기여하는 중요한 요소로, 간접적으로나마 과소 추정되기도 한다. 여성의 출산시기에는 철결핍빈혈이 가장 높을 때인데, 왜냐하면 월경기간시 실혈과 임신기간 동안에 철분이 상당히 필요하기 때문이다.

2008년의 란셋(*The Lancet*)의 모자 및 영아 영양결핍 시리즈에서는 발육 저지, 심각한 소모병과 자궁내 성장 제한이 2005년 5세 미만의 2백 2십만 명 어린이들의 사망원인이었다고 추정했다. 소량영양소 연구에서 비타민 A와 아연(zinc)의 결핍은 상당한 질병 부분을 차지하는데, 각각 600,000명과 400,000명을 사망에 이르게 할 것이라고 추정된다. 요오드와 철 결핍은 질병부담이 작은데, 부분적으로 프로그램의 중재와 저자가 지속적인 노력의 중요성을 강조했기 때문이다. 차선의 모유수유(breast feeding)로 1백 4십만 명의 아이들이 죽음을 피해갈 것으로 추정된다.

비타민 A 결핍은 예방 가능한 맹인의 일반적인 원인이다. 더군다나 1990년대의 어린아이들의 비타민 A 보충에 관한 무작위 대조(임상)시험(randomized-controlled trials)의 메타분석(meta-analysis)을 통해서 감염의 심각성과 사망률을 줄일 수 있다는 것을 보여주었다. 비타민 A는 설사병의 심각성과 홍역의 합병증을 줄여주었지만, 비타민 A 결핍으로 인한 사망률의 증가는 면역체계의 좋지 않은 효과 때문으로 여겨진다.

아연은 단백질 합성과 세포 성장, 세포 분화에 필수적이다. 아연 결핍의 결과가 지난 40년 동안 자세히 설명된 것에 반해, 결핍의 건강 위험을 완화시키는 방안은 최근에서야 소개되었다. 심각한 결핍의 임상적 특성으로는 성장 방해, 면역기능의 손상, 피부 질병, 성선기능 저하증, 신경성 식욕부진증과 인지장애가 있다. 결핍을 예방하기 위한 다소의 노력은 감염에 대한 민감성을 증가시키며, 아연 보충에 의한 면역체계의 효과를 잘 설명해준다. 유아의 아연 결핍은 설사, 폐렴, 말라리아의 증가로 이어진다. 현재 설사병으로 고통 받는 아이들에게 수분을 재보충하려는 시도는 하루에 20ml의 아연을 보충해 주는 것을 포함하고 있다.

요오드는 갑상선호르몬과 연계하여 성장 제어와 발육, 신진대사에 필요하고, 갑상선종과 크레틴병을 예방하는 데도 필요하다. 부적절한 섭취는 지적 성숙과 물리적 성장에 영향을 준다.

헤모글로빈에서 주로 발견되는 철은 산소 결합과 이동에 그리고, 세포 성장과 분화에도 필수적이다. 철 결핍은 빈혈의 주요 원인이며, 만성 빈혈은 인지에 있어서 좋지 않은 영향을 준다. 다른 소량영양소 결핍에는 칼슘, 비타민 B(특별히 엽산과 비타민 B12)와 비타민 D 등이 있다.

2세까지의 영양결핍의 지표인 특히 영양섭취 부족의 여성에게서 태어난 아이의 저체중(lower offspring birth-weight)이 인생 후반기에 주로 성인의 작은 키, 학업 성취의 낮은 수준, 경제적 생산성의 감소 등의 부정적인 결과를 유발한다. 추가적으로, 처음 2년 동안 영양이 부족한 어린시절 이후 급격히 체중이 늘어나는 경우에는 당뇨병, 고혈압, 비만과 같은 비감염병이 발병할 위험이 높다. 좋지 않은 영양을 섭취한 아이는 운동신경과 인지 발달이 늦기 때문에 부모가 아이를 학교에 보내는 것을 지연시키게 된다. 이러한 아이들은 학교의 입학시기가 늦어지고, 학습 성취에 있어서 뒤떨어지며, 학교에서 그리고 나중에 성인기간에 인지 평가시험에서도 좋지 않게 평가받는다. 어렸을 때 영양섭취를 잘하지 못한 성인은 물리적, 인지적으로 생산력이 떨어지는 점이 발견되었다. 아이의 머리와 엄마의 골반 사이의 불균형을 나타나는 머리골반 불균형(cephalopelvic disproportion)은 안전한 출산에 있어서 문제가 있음을 나타내며, 이는 엄마의 작은 키가 원인이며, 발육 저지로 이어진다.

영양과 감염

> 식이와 소아마비뿐만 아니라 흔한 호흡기 감염과 결핵 등과 같은 감염에 관한 감수성 간의 관련성에 대한 지난 12년 동안 집중적인 연구를 통해 보면, 인체가 적절한 영양에 의해서 감염으로부터 실제로 완전하게 방어될 수 있다는 것을 확신하게 되었다.
>
> 벤자민 샌드러_Benjamin Sandler, 1951

영양 상태와 감염병 간에는 가깝지만, 복잡한 관련성이 있다. 사회-의학 분야의 역사학자인 토머스 맥퀸_Thomas McKeown은 1960년대와 1970년대에 영양 상태의 개선이 영국의 대부분 감염병의 감소를 가져왔다고 주장하였다. 그의 1840년대와 1850년대 분석에 의하면, 백신과 항생제와 같은 의학적 중재가 20세기에 도입됨에 따라 다양한 감염병으로 인한 사망률이 이미 19세기 중반의 높은 비율에서 80~90%가 줄었다고 한다. 가난, 영양결핍, 혼잡과 연관된 감염병인 결핵의 사망률은 잉글랜드와 웨일즈에서 1850년대 100만 명당 4,000명에서 1940년대 항생제 치료의 도입 이후 100만 명당 400명으로 줄었다. 홍역과 관련된 사망률은 100만 명당 1,200명에서 삶을 위협하는 2차 세균 감염 치료가 가능해진 1950년대 중반 이후 10분의 1 수준으로 줄어들었다. 맥퀸은 영국에서 19세기 중반부터 식량 생산과 총체적 부의 이득이 영양의 평균 수준을 상승시켰고, 결국 감염병에 대한 저항을 강화시켰다라고 주장하였다. 맥퀸은 결핵, 홍역, 디프테리아와 같은 감염병 전파의 주요 감소는 영양섭취에 의한 것이었기 때문에 깨끗한 물이 감염병 감소의 주요 요인이 아니라고 그 이유를 설명하였다. 그리고 그는 영양 개선이 중요하게 인식되어야 하며, 이것은 모든 감염에 대해서 인체의 저항을 도와준다고 결론지었다. 더욱 일반적으로, 그의 논문은 사람들의 건강의 주요 요소로서의 사회적 그리고 경제적 상태의 엄청난 영향력으로 주목을 받았다.

어린이 영양부족으로부터 재활: 보건의료의 지속성

뇌성 말라리아나 심각한 폐렴으로 고통 받는 아픈 아이들은 즉시 병원에서 치료받을 필요가 있다는 점에 어느 누구도 이의를 제기하지 않는 반면에, 심각한 영양결핍 아이들에 대한 임상치료와 재활치료에서의 최적의 치료방법에 대해서는 여전히 논란이 많다. 1950년대와 1960년대에는 병원을 중심으로 한 재활이었고, 1970년대에는 영양재활센터로 그 중심이 옮겨졌으며, 1980년대에는 영양결핍으로 아픈 아이들은 지역사회 및 재가 중심의 치료에 중점을 두었다. 최근에는 사례관리가 WHO, UNICEF와 민간기관의 소아질환 통합관리(Integrated Management of Childhood Illnesses, IMCI) 프로그램에 기반을 둔 지역보건체계(District Health System)를 이용하여 수행되고 있다. 이러한 접근은 영양재활을 격리시키지 않고 지속적인 과정으로, 해당 기관과 지역사회 간에 연계하여 수행하여야 한다는 것을 인식했기 때문이다. 소아질환 통합관리의 도입 이후 심각한 감염 혹은 영양결핍을 가진 아이를 위한 간편하고 잘 연구된 사례관리 프로토콜의 사용이 가능해졌다.

이러한 근거 중심의 프로토콜은 사례 발견 및 관리의 증진을 도와주었고, 보건의료기관에 입원한 아이들의 불필요한 높은 사망률을 줄일 수 있었다. 하산은 범얀병원에서 소아질환 통합관리의 지침에 따라 치료받았고, 14일 뒤에 퇴원하면서 지역사회 보건요원의 후속조치를 따르되 마을단위의 영양사업에 참여하도록 조언을 받았다. 이 프로그램은 매주 여성들이 모두 다 같이 보건교육과 질병 예방 세션뿐만 아니라, 지역공동체에서 재배된 야채와 과일을 사용한 건강하고 영양가 있는 음식을 준비하기 위해 모이도록 운영되었다. 하산이 한 달 후 인근지역의 보건소(basic health centre)의 이동진료팀(mobile clinic team)에게 진료를 받았을 때 그의 체중은 400그램 증가해 있었다.

영양결핍은 다른 보건 문제들과 다르지 않다: 예방은 분명히 치료보다 낫다. 전통적으로 아이들의 영양 상태를 증진시키는 프로그램은 영양이 좋지 않은 아이들을 진단하고 이들에게 직접적인 중재를 함으로써 시작된다. 그러나 이러한 집중 프로그램은 건강한 어른을 만들기 위한 전제 조건인 두 살 이전에 높은 필수 영양 요구의 제공 기회를 놓치게 한다. 이러한 실수의 결과는 다시 역행할 수 없으며, 이것은 란셋의 모자 및 영아 영양결핍 시리즈에도 잘 나와 있다. 이미 영양결핍 상태인 아이들의 영양 상태를 되돌리는 사업 보다는 여성들의 임신 중이나 어린아이들의 첫 2살까지의 기간에 중재하는 사업이 특히 중요하다.

저소득 국가의 가난한 가정의 식이 상태는 종종 소량영양소에 대해 결핍을 일으키며, 이는 특히 아이들에게 더욱 그렇다. 육류와 과일, 야채소비를 포함하는 식이요법의 다양화는 소량영양소 요구를 만족시키는데 도와준다. 육류 식품은 생물학적으로 이용할 수 있는 형태의 비타민 A, 철 그리고 흡수되는 아연의 좋은 요소이지만, 상대적으로 비용이 많이 든다. 철의 보충뿐만 아니라 요오드와 철의 소량영양소 식량 강화(micronutrient food fortification) 혹은 비타민A와 아연이 함유된 보충 프로그램도 있다. 이것은 비용-효과적이고 입증된 중재안이다.

WHO와 UNICEF는 생후 첫 6개월 동안에 절대적으로 모유수유를 권장한다. 하지만 가난한 국가의 모성 3분의 1 미만만이 모유수유를 하고 있는 것으로 추정된다. 모유수유(그리고 젖떼기)의 활성이 요구되지만, 여성이 농업이나 다른 강도 높은 노동활동을 하는 실제 환경에서는 자주 아이들을 돌봐 줄 수가 없다. 임신 때와 젖이 분비될 때 여성에게 필요한 요구사항, 모유수유의 중요성, 유아와 어린이(특히 질병 감염동안)에게 어떻게 수유해야 할지에 대한 교육의 실천은 아이들의 건강과 영양 상태에 있어서 유용한 영향을 미친다. 행동 변화가 비용-효과적이라는 증거도 있다. 개별 가정은 그들 자신이 소비하는 식량의 양을 늘릴 여유가 없을 것이다. 하지만 가구원 개개인에게 할당하는 양을 변화시킬 수 있을 것이며, 식량의 종류 또한 바꿀 수 있고, 준비와 제공하는 방식을 바꾸어주어 결국 영양을 증진시킬 수 있다. 이러한 메시지를 효과적으로 전달하는 데에는 특히 모성을 대상으로 한 일대일 상담이 필요하다. 보건의료기관('아이 친화' 병원이라 불림)에서 출산할 때의 모유수유 증진은 비용효과적일 수 있지만, 보건의료기관에서는 오로지 출산율이 좋을 때나 효과적일 수 있다. 모성의 체중을 재고, 아이의 체중을 측정하는 것은 어떻게 교육적인 메시지를 형성할지와 함께 매우 중요한 도구이다. 동시에 체중 측정 자체만으로 끝나는 것이 아니고 보건의료기관을 벗어나 지역사회 혹은 가정에서도 이루어질 수 있다는 점을 인식시켰다.

소량영양소 결핍을 주로 다루는 프로그램은 다량영양소(macro-nutrients) 결핍- 단백질-에너지 결핍(protein-energy deficiency) -을 다루는 프로그램에 비해 선호하는 경향이 있으며, 소량영양소 결핍과 다량영양소 결핍 문제를 분리해서 보는 경향도 있다. 전체적인 영양결핍의 중재보다는 상대적으로 그 기술적 특성과 실행이 쉬우며, 기술적 특성 때문에 결정된 것인지 혹은 소량영양소의 중재가 효과적인 방법으로 수행되었는지의 여부를 궁금해 하는 사람들이 있다. 영양결핍 문제를 포함하는 단백질-에너지 결핍의 중재는 계획의 수립과 실행이 어렵고, 이는 지역사회와 가정의 참여를 요구하는 하향식(top-down)의 방식으로 수행되는 소량영양소 중재와는 다르다.

심각한 영양결핍으로부터 아이들의 회복을 돕는 방법은 수년 동안 좌절되어 수행되지 않았다. 소아청소년과 전문의이며, 영양학자인 안드레 브리엔드_André Briend는 뉴뗄라(Nutella)의 초콜릿 단지에서 착안하였다. 1996년에 그는 밀크 파우더, 설탕, 땅콩 밀가루, 기름, 비타민, 무기질의 칵테일을 만들었다. 그의 주방용 레시피는 상업적으로 판매되는 플럼피넛(Plumpy'Nut) 상품으로 정제되었다. 플럼피넛과 치료식이사용계획(Ready to Use Therapeutic Food, RUTF)의 개념은 이 분야에서 효과가 있다고 증명되었고, 현재 UNICEF, WHO와 비정부기관들에 의해 지지를 받고 있다. 치료식이사용계획 혁명은 냉장고가 없고 심지어 위생상태도 좋지 않은 집에서 사는 영양결핍 아이들에게 필요한 영양을 채워주었다는 것이다. 이것은 호일로 처리된 바(foil-covered bars) 형태로 제공되거나 지역에 따라서는 플라스틱 용기에 담겨짐에 따라 열대지역에서 3개월에서 4개월까지 보관이 가능하다. 대부분의 재료들은 다수의 가난한 나라에서도 구할 수 있지만, 밀가루의 주요성분인 밀크 파우더는 비쌀 수 있다.

최근 보건 분야의 영양결핍 문헌들은 소량영양소 공급, 식량 강화 프로그램, 병원-기반의 모유수유사업과 제한된 지역사회 영양 프로그램에 중점을 둔다. 이는 현재의 비용-효과성을 입증해야 하는 현실과 부분적으로 관련되어 있을 것이다. 비용-효과에 관한 문헌에서는 오직 단위 비용의 산정과 비용-효과 비율의 분석 여부만 고려하고 있다. 그러므로 가치가 있는 안전한 물의 공급이나 적절한 위생, 전기 공급, 여성에 대한 교육 확대 등은 유아의 영양결핍을 확실히 감소시키지만, 비용 관련 자료를 모으기 어렵고 계산되지 않은 중재들은 무시된다. 개입들의 여러 가지 목적 중에 하나인 영양 개선의 비용 효과성을 평가하는 틀을 어떻게 사용해야 하는지는 명확하지 않다. 불행하게도 너무 많은 중재들이 보건 영역 외적인 곳에서 발생하며, 이것은 논의가 되지도 않는다. 중장기 정도의 중재는 직접적으로 보건 영역과 연관되어 있지 않다. 하지만, 농업의 생산성 향상, 인프라와 수송의 개선, 여성의 교육 기회 확대, 공정한 교역 협정 등은 영양 보충이나 강화프로그램보다 모자 영양결핍의 감소에 더 큰 영향을 끼친다.

효과적인 영양계획(Effective nutrition action)

> 현대에는 끔찍하고 형편없는 사건들이 없어서 말 못하지는 않지만, 세계가 전례 없는 번창 속에서도 지나친 궁핍의 지속은 여전히 최악의 한 사례에 해당한다.
>
> 아마르티아 센_Amartya Sen[44], 1999

인간에게서 영양결핍의 결과로 일어나는 많은 근거들 때문에, 사회와 경제발전이 국제기구, 중앙정부 및 광역지방정부나 기초지방정부로 하여금 영양문제를 위해 대응토록 하는 강력한 사유를 엮어내고 있다. 그러나 모든 이러한 수준에서 빈곤국에서의 영양결핍의 높은 유병률은 이례적으로 보이지 않으며, 문제를 언급하는데 책임있는 자들의 실패도 아니다. 영양결핍에 대한 무시는 드물게 지도자에게 정치적 비용을 부과한다. 새천년개발목표(MDGs)와 관련된 영양결핍이 핵심과제('극한의 기근과 가난을 제거')임에도 불구하고 (1990년부터 2015년까지 5세 이하 저체중 아이의 비율을 절반으로 만들겠다), 평상시와 다를 바 없는 정치적 과정의 일반적 이슈로 여겨지는 경향이 있다. 이와 관련된 드라마는 없었으며, 미래의 가난한

---

44) 인도의 경제학자(1933~). 사회적 선택이론(공리)과 후생 및 빈곤 지표, 기아 문제에 대한 실존분석 연구 등을 통해 기아와 빈곤 문제에 초점을 맞춘 경제학의 틀을 확립하는데 공헌하여 1998년 노벨경제학상을 수상하였다.

국가와 가난한 사람, 계속되는 정부의 정치적 성공, 사람들의 웰빙에 있어서 필수요인이라는 자각이 없었다. 그 결과, 영양결핍에 대한 조치와 관련하여 정치적 요구가 없었으므로, 대부분 부유한 정부와 가난한 나라는 가난한 사람에게 제공하는 영양과 관련된 재화와 서비스의 보장에서 큰 역할을 하지 못했다. 왜냐하면 영양의 문제를 공식적으로 주장하는 사람도 거의 없었기 때문이다. 따라서 이 점은 향후 가난한 국가와 부유한 국가 모두 고위 공직자들 중에서 정치적 옹호자를 필요로 하게 되었다.

UNICEF에 의해 개발된 틀은 영양결핍의 기본적이며, 근본적 원인을 인식하고 있다. 여기에는 환경적, 경제적, 사회정치학적 요소가 작용하며, 가난이 중심 역할을 하고 있다(그림 9.2 참조). 이는 인구, 가정, 개인의 영양 상태를 증진시키기 위해서는 다양한 요소와 관련된 복합적인 노력의 필요성을 말한다. 영양결핍은 단순히 기술적 또는 과학적 근거-기반만의 방법으로 해결이 가능하지 않고, 많은 요소들의 고려가 필요한 사회적 문제이다. 또 다른 발견 점은 근본원인이 다양한 방식으로 서로서로 연관되어 있다는 것이다. 이러한 상호연관성을 분석할 필요가 있으며, 적절한 방안의 계획이 주어진 상황 아래에서 이해되어야 한다. 예를 들어, 안전한 음식이 제공되는 가정이라도 여전히 영양이 부족한 유아와 여성이 있을 것이다. 왜냐하면 여성들의 농사나 다른 업무에 대한 부담과 부적절한 지식은 아이의 치료의 질에 있어서 부적절하게 타협할 것이기 때문이다. 게다가, 가정의 음식 안전을 향상시키려는 노력은 생산의 향상이 어떻게 달성되느냐에 따라서 상승하거나 감소할 것이다. 그리고 음식준비 혹은 소비에 있어서 문화적으로 한정된 방식이 존재하는 상황에서는 어린아이들과 모성을 위한 결함이 있거나 부적절한 음식으로 이어질 것이며, 지역사회 발전과 함께 주의 깊게 이야기되어야 할 필요가 있다.

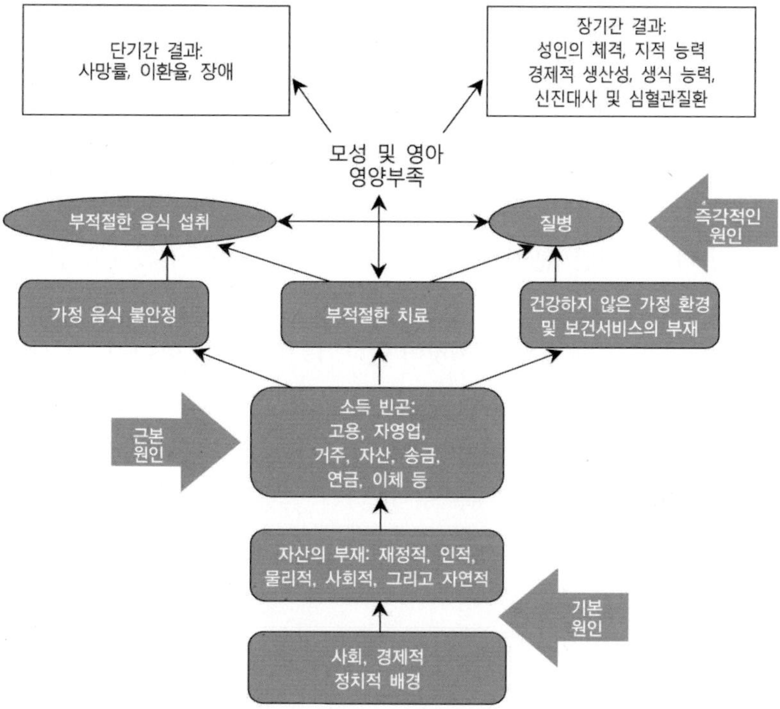

그림 9.2 모자영양결핍에 대한 빈곤, 식량 위기, 다른 기저 및 중간 원인 간의 연관성의 틀과 단기, 장기 결과

출처: Black, R.E. et al. *The Lancet* 2008:371;243-60

가구 수준에서의 영양결핍은 또한 사회적 요소에 의해 영향을 받는다. 이것은 가구 수준에서의 영양 자원의 가용성은 거시 수준에서 무슨 일이 발생하는지와 연계되어 있기 때문이다. 지난 반세기동안 전 세계 식량생산은 기하급수적으로 성장하였고, 이는 인구성장을 능가하였다. 이러한 성공은 부분적으로 화학적 비료, 살충제와 질병-내성 종자를 포함하는 새로운 기술의 사용 결과로 이루어진 것이다. 추가로 넓게 퍼진 관개를 통해서 경작할 수 있는 땅이 상당하게 만들어졌다. 그러나 이러한 식량생산의 성장이 있었음에도 불구하

고, 2009년 6월 세계식량계획(World Food Programme, WFP) 보고서에서는 10억 2천만 명 혹은 전 세계 인구의 6분의 1 정도가 영양결핍이라고 발표하였다. 어찌하여 이런 일이 가능했을까? 한 가지 이유로 경제학자 아마르티아 센이 지적하기를, 식량 공급의 분배가 적절치 않았다는 것이다. 그는 많은 국가들이 인구에게 맞는 적절한 식량 공급이 가능했지만, 분배가 적절하지 않아서 기근을 겪었다고 언급하였다.

이러한 점에는 새로운 것이 없다. 19세기 중반 아일랜드에서 발생한 감자 기근(potato famine)의 재앙 동안 아일랜드 사람들이 살 수 있는 충분한 돈이 있었다면 기근을 막을 수 있었겠지만, 그렇지 않아 생산된 많은 수의 소들, 옥수수와 다른 식량들의 매우 상당한 양이 영국으로 수출되었다. 영국정부는 더욱 더 쉽게 아일랜드에서 수입하기 위해 곡물 조례(條例)(Corn Laws)를 폐지함으로써 1846년 곡물의 가격이 떨어졌다. 그러나 아일랜드 농부들은 지주들에게 지대를 갚기 위해 재배 곡물을 늘렸다: 떨어지는 곡물 가격은 쉽게 지대 가격을 올렸고, 이런 경제 현상은 결국 가난으로 이어졌다. 최근 가난한 나라의 기근은 유사한 형태를 보여준다. 부적절한 식량 배분과 불균등한 지역 생산은 세계의 많은 국가들을 괴롭힌다. 일부 국경지역에 접한 국가들의 식량생산이 특히 불안정한 상태인데, 이는 세계 식량 가격의 불안정성, 한 국가 내 여러 지역의 생산의 변동성과 개별 가구의 구매력의 차이 때문이다. 불안정한 상태에서 기근은 쉽게 갈등, 홍수와 특이한 날씨 상태(기후변화와 지구온난화에 연계되어져 점점 더 늘어나는 현상으로 드문 일이 아닌)로 인한 작물의 실패를 동반한 가뭄, 높은 식량 가격으로 인한 구매력의 상실로 인해서 촉발된다.

불행하게도 국제 식량 원조는 영양 중재를 우선시하는 방법을 유지하였다. 2006년에 WFP는 영양결핍의 높은 부담을 갖고 있는 20

개 국가에 대한 약 15억 달러(US)를 포함하는 전체 27억 달러(US)의 식량 원조와 관련 지원계획을 발표하였다. 식량 원조는 계속해서 목적이 없이 단지 식량 배분을 보조하기 위해 사용되거나 영양 상태에 대해 아무런 효과가 없다고 입증된 학교급식 프로그램에 쓰였다. 또 다른 쟁점은 급성 식량 부족(acute food shortage)을 다루기 위한 불균형적 비율의 식량 원조는 범죄의 결과로 이어진다는 것이다. 수단의 다르푸르에 거주하는 2백만 명이 직면한 곤경은 새 밀레니엄의 첫 번째 비극이다. 그러나 대다수에서 추정된 세계의 90% 배고픈 사람들은 급성 위기의 결과로 인한 기근의 희생자가 아니다. 만성 궁핍에 의한 것이다 - 즉, 지속되는 '조용한' 궁핍은 사라지지 않았다. 영양결핍의 근본 및 기본 원인을 즉각적으로 해결하고자 즉, 복합적 접근방식으로 사용하기 위해서 추가 재원이 요구된다. 그리고 모자 영양결핍을 다루는 모든 영역 사이에서 효과적인 상호 공동협력이 요구된다. 이러한 것에는 농작물의 영양 함량을 향상시키는 새로운 기술['바이오-강화(biofortication)']을 사용하는 농업과 농촌의 개발, 물과 위생, 보건서비스를 고려하는 사회 개발, 어린 여자아이의 교육, 여성의 역량강화 등이 포함된다. 다른 중요한 영역은 소액금융(microfinance)과 시골지역 가계를 대상으로 한 조건부 현금이체 상품과 거래와 같은 혁신적인 방법을 사용하는 재정 지원 등을 포함한다.

2008년에 5명의 노벨상 수상자를 포함하는 8명의 경제전문가들이 코펜하겐 합의센터(Copenhagen Consensus Center)에 초대받았다. 30개의 의제 중 전 세계적으로 도전에 직면한 10개의 우선순위를 정하기 위해서 말이다. 질병, 교육, 여성과 발전, 지구온난화, 공기오염, 갈등, 테러, 보조금과 무역장벽, 위생과 물, 영양결핍과 궁핍이 이에 해당한다. 우선순위를 결정하는 방법에 비용-효과분석이 사용되었고, 현실의 제한과 어려움뿐만 아니라 제도적 상황, 윤리적 및 인본주의적 긴급성의 요구 또한 고려되었다. 소량영양소인 비타민 A, 아연이 전문가에 의해 가장 높은 우선순위를 받았으며, 그 후로는 무역 개혁이 따랐다. 세 번째 우선순위는 식량에 철과 요오드화된 소금의 강화이다. 나머지 7가지 해결책은 어린이의 예방접종 범위의 확장, 바이오-강화, 구충, 교육비용의 감소, 여성교육의 기회 증가, 지역사회에 기초한 영양증진, 여성의 생식기능의 지원 등이 있다. 이러한 10가지 대응책에 다른 정책(물과 위생 중재, 조건부 현금이체는 20위 안에 들었다)의 통합은 우리가 더 나은 영양결핍 해결방안을 찾기 위해서 복합적 접근을 설계할 때 중요하다.

이런 모든 정보의 강력한 논리는 정부가 복합적인 국가영양계획을 만드는데 관련된 중재, 감시체계 구축, 이러한 계획의 평가, 여성과 어린이의 권리와 지위를 강화하는 법과 정책을 확대하는데 필요하다는 것이다. 또한 무역과 농업, 빈곤 감소에서의 영양과 관련된 전 세계적 조약들을 유도하는 국제적 리더십과 협상 또한 필요하다. 국제적 기부자로부터의 영양을 위한 더 많은 재정지원을 동반하면, 결과는 의도된 정책인 현재의 식량 원조와 기술적 지원 공급에서 가난한 국가에 인적 그리고 제도적 능력 형성에 대한 향상된 투자로 이어질 것이다. 그러나 이러한 개정은 오랫동안 늦어진 것이다.

더 읽을거리를 위한 자료와 제안

영양의 역사에 관해서 Roy Porter의 『*The Greatest Benefit to Mankind: A Medical History of Humanity*』 (London: W.W. Norton & Company, 1997)와 Tony McMichael의 『*Human Frontiers, Environments and Disease*』 (Cambridge: Cambridge University Press, 2001)을 이용하였다. 고전인 Thomas McKweown의 『*The Modern Rise of Population*』 (New York: Academic Press, 1976)은 책값을 지불하고 온라인에서

여전히 구입할 수 있다. 2008년 *The Lancet*에서 2008년 1월부터 2월까지 '모성 및 유아 영양결핍'에 관해서 5개의 보고서가 발행되었다.

www.who.int/child_adolescent_health/documents/malnutrition은 영양부족인 아이들의 관리에 관한 지침에 대해서 매우 유용한 매뉴얼 세트를 제공한다. Sue Horton의 2008년 'Hunger and malnutrition'의 'challenge paper'와 Anil Deolalikar의 'perspective paper'를 사용하였고, 두 보고서 모두 Copenhagen Consensus Centre website(www.copenhagenconsensus.com)에서 다운받을 수 있다. 이 웹사이트는 또한 Copenhagen Consensus 2008의 결과를 가지고 있다. 기근에 대한 UN Millennium Project 태스크포스에 의해 발간된 『*Halving Hunger: It Can be Done*』 (London: Earthscan, 2005) 보고서에는 브라질, 중국, 코스타리카, 쿠바, 스리랑카, 태국과 같은 저소득국가의 향상된 영양 상태와 성공 기여요인에 관해서 설명되어 있다.

제 10 장

가난의 새로운 질병

각각의 문명은 특별한 질병 유형을 가지고 있다고 말할 수 있다. 질병의 발생 양상은 그 전체 환경(신체적, 생물학적, 그리고 사회적)에 대한 인간의 반응 표현이다; 따라서 이 반응은 인간 또는 그 환경에 무슨 영향을 미치는 가에 의해 결정된다.

렌 듀보스_René Dubos[45], 1961

마리아마_Mariama 이야기

마리아마는 35세로 젊은 편이며, 감비아의 수도 반줄(Banjul)에서 살고 있다. 그녀는 현재 아주 편안하게 살고 있다; 그녀의 남편은 서열이 높은 공무원으로 2명의 도우미들이 집을 청소해주고, 요리를 해주고, 설거지도 해주며, 또한 네 자녀도 돌봐준다. 세계은행으로부터 대출을 받아 구입한 운

45) 프랑스 태생의 미국 세균학자(1901~82). 일찍이 생태학의 중요성을 주창.

전기사가 딸린 정부 차로 쇼핑을 하고, 아이들을 학교에 데려다 주고, 가끔 친구네 집을 방문한다. 집에서나 방문한 친구네서나 그녀는 요리와 스낵의 중요한 구성요소인 설탕, 소금, 고기와 오일을 아주 많이 먹는다. 이런 결과로 인해 마리아마는 그 지역의 미의 상징이라는 루벤스 모델(Rubens model)의 모습을 하고 다녔다. 최근 마리아마는 몸 상태가 좋지 않게 되었다. 이에 남편이 감비아의 공공병원에서 (파트타임으로 근무하던) 몇 명 안 되는 내과 전문의들 중 한 명과 급하게 진료 예약을 잡았다. 의사는 마리아마에게 고혈압과 비만을 진단하였다. 마리아마는 당뇨검사도 받았다. 하지만, 불행하게도 그녀는 식이 또는 운동에 관한 어떠한 충고도 듣지 못했다. 첫 번째 상담 비용은 감비아의 연간 1인당 보건의료 비용의 4배 정도였다.

마리아마는 소위 풍요(부유)의 병(diseases of affluence)으로 고통받고 있는 유일한 사람이 아니다. 우리가 수행하였던 한 연구에 의하면, 1990년대 말 동안 35~54세 사이의 반줄 여성의 30%가 비만(obesity)이었다. 이 연구에 참여한 모든 성인의 약 20%가 고혈압(high blood pressure 또는 hypertension)을, 8%가 당뇨병(diabetes mellitus)을 가지고 있었다. 농촌인구를 대상으로 한 유사한 이환조사에서는 고혈압의 발병 수준이 상당히 낮았으며, 국제 지침서에 따른 당뇨병이나 비만은 거의 없었다. 동시에, 농촌과 외지에 사는 어린이와 성인 남녀 20%는 여전히 영양결핍에 걸려 있었다.

식이와 질병

아프리카와 남아시아의 농촌지역에서는 식이 에너지의 반 이상을 곡식, 탄수화물이 많은 뿌리, 과일로부터 얻는다. 반대로 유럽과 북아메리카에서는 전체 에너지의 ¼보다 적은 양만을 곡식으로부터 얻는다. 약 200년 전 영국에서 시작된 산업과 기술혁명(industrial and technological revolution)이 유럽, 북아메리카 그리고 다른 나라들로 확산되면서 음식의 생산, 가공, 저장을 위한 기술이 개발되어 왔다. 이러한 기술 개발로 인해 에너지, 지방, 설탕이 인공적으로 다량 함유된 음식이 일 년 내내 공급되고 있다. '서양 음식'에 첨가된 지방, 유제품, 소금, 설탕, 알코올의 소비 수준은 일반적으로 탄수화물 식품 소비와 역비례 한다.

북아프리카에서 오랜 경험을 쌓은 아일랜드 외과의사인 데니스 버키트_Dennis Burkitt는 1970년대에 뇌졸중(stroke)을 포함한 많은 심혈관질환(cardiovascular disease), 당뇨병, 비만, 충치, 충수염, 게실염(결장에 염증이 생겨 장 기능에 장애가 생기는 증상), 담석증, 대장암, 치질, 정맥류성 정맥과 같은 많은 질병들이 전통적으로 농촌에 거주하는 사람들에게는 그다지 흔하지 않다는 것을 발견하였다. 이것을 토대로 그는 부유한 국가에서 흔한 이러한 질병들의 발생에 식습관이 중요한 역할을 한다고 가정하였다.

20세기 초, 심혈관질환은 사망원인 중 10%도 되지 않았지만, 21세기 초에는 30%까지 증가하였다. 1900년대 중반부터 2001년까지 심혈관질환은 많은 부자 국가들에서 주요한 사망원인이 되어 왔다. 지난 2세기 동안, 산업과 기술혁명은 질병과 사망원인의 급격한 변화를 초래하였다. 1900년 전에 감염성질환들과 영양 부족은 세계에서 가장 흔한 사망원인이었다. 하지만 1900년 이후로 대부분 부유한 국가들에서 심혈관질환과 암이 가장 흔한 사망원인이 되었다.

고혈압은 20세기 가장 주목 받는 심장질환이 되었고, 심장마비(heart attack)의 주요한 위험요인이 되었다. 동맥이 두꺼워지고 단단해지는 동맥경화(arteriosclerosis)는 혈액을 전신으로 보내기 위해 심장이 더 강하게 뛰도록 만든다; 이것은 임상의사에게 친숙한 '고압맥(高壓脈, hard pulse)'을 만들어 심장을 압박하고 호흡을 가빠지게 하고, 협심증의 흉통(angina chest pains)을 야기하기도 한다. 죽상 동맥경화증(粥狀 動脈硬化症, atherosclerosis)은 동맥벽 안에 지방질이 쌓여서 야기되는 동맥경화증의 한 형태로 스트레스, 흡연, 과도한 음주와 관련이 있다. 관상(심장)동맥의 갑작스런 폐색은 심장마비를 야기하고, 가끔 죽음을 초래하는 심박동 상실을 일으킨다. 심장카테터법은 1930년대 개발되어 현재까지 심장혈관 촬영을 주도해오고 있다. 이는 나중에 컴퓨터축단층촬영(술)[computerized axial tomography (CAT)-scanning]과 핵자기공명영상[nuclear magnetic resonance (NMR)-imaging)]과 같이 심장을 연구하는 비침습적 방법의 개발로 이어졌다. 진단법의 발전은 고혈압성 심장질환관리의 발전을 동반하였다; 즉, 협심증과 심장마비를 야기하는 폐색된 동맥을 없애주기 위한 관상동맥우회술(coronary artery bypass)과 다른 개심술들이 1960년대부터 소개되었다. 심장병을 위한 약물치료도 꾸준히 발전했다. 또한 수많은 부유한 국가들에서 관상동맥 심장병의 감소에 기여한 것은 건강한 생활습관으로의 이동에 있다. 1970년부터 대두된 이러한 변화로 심장질환 원인의 예방에 대해 더 잘 이해하게 되었다. 이 돌파구는 화학을 통해서 왔다.

죽상 동맥경화증의 위험 또는 동맥벽의 지방 플라크 축적의 위험은 더욱 명확해졌다. 동맥플라크의 주요 구성성분이 간에서 만들어지고, 지방이 풍부한 음식에 의해 추가되어 콜레스테롤(cholesterol)이 된다는 것은 미국인 미셸 브라운_Michael Brown과 조셉 골드스테인_Joseph Goldstein에 의해서 발견되었다. 1985년 그들은 '콜레스테롤 기전의 규제에 관한 발견'으로 노벨의학상(Nobel Prize for Medicine)의 공동수상자가 되었다. 이것은 부유함이 가난보다 심장병을 더 잘 유발한다고 규명한 역학자와 의학통계학자에 의해 강화되었다. 부자들은 더 기름지고 많은 음식들을 먹는다. 콜레스테롤의 역할에 대한 이해는 동맥의 막힘에 의해 야기되는 심장마비와 뇌졸중의 예방에 대한 식이와 약에 대한 새로운 생각을 증진시켰다. 위험요인들-흡연, 식이, 비만, 운동 부족-에 대한 대중의 이해도 향상되었다. 그리고 생활습관의 변화는 이런 문제들을 줄이는데 근본적인 기여를 하였다. 많은 부유국들에서 버터와 다른 유제품의 판매가 감소한 반면, 불포화지방을 포함한 식물성 오일의 구매는 오히려 증가하였다. 소금이 첨가된 음식 섭취는 감소되었고, 조깅은 유행이 되었다. 부분적으로나마 그 결과, 미국에서 관상동맥성 심장질환이 1970년과 1990년 사이에 반으로 떨어졌고, 한 해 300,000명의 사망자가 감소했다. 그리고 뇌졸중도 상당히 감소하였다. 하지만 이런 건강증진(health promotion)은 모두에게 동일하지 않았는데, 서양에서는 부자에서 가난한 사람에게로 그 부담이 옮겨가고 있다. 영국에서는 1970년대 초 관상동맥성 심장질환으로 인한 조기사망(early death)의 비율이 상위층에서보다 하위층에서 1.2배 높았다. 1990년대 초까지 그 비율은 2.2정도로 증가하였다. 그림 10.1에서와 같이 심혈관질환 사망자는 지금 또한 고소득 국가에서 비해 저·중소득 국가에서 더 높다.

부유한 나라에서 가난한 나라로의 심혈관질환의 이동은 '태아근원이론(foetal origins theory)'에 의해 부분적으로 설명된다. 태아근원이론은 1990년대 영국인 데이비드 바커_David Barker의 가정으로 엄마가 영양 부족 상태에 있을 때의 태아 경험이 생존을 위해 성장과 대사를 촉진시키도록 프로그램화되었다는 제안이다.

심장병, 뇌졸중, 당뇨병을 포함한 몇 가지 주요 질병의 위험이 있는 성인은 저체중 또는 몸이 유난히 마른 아이를 낳을 확률이 높다. 이러한 두 가지 유형의 성장 결손은 다른 단계에서 태아에게 끼쳤던 영양부족을 반영하고 있는데, 각각 혈압과 인슐린 작용에 의해

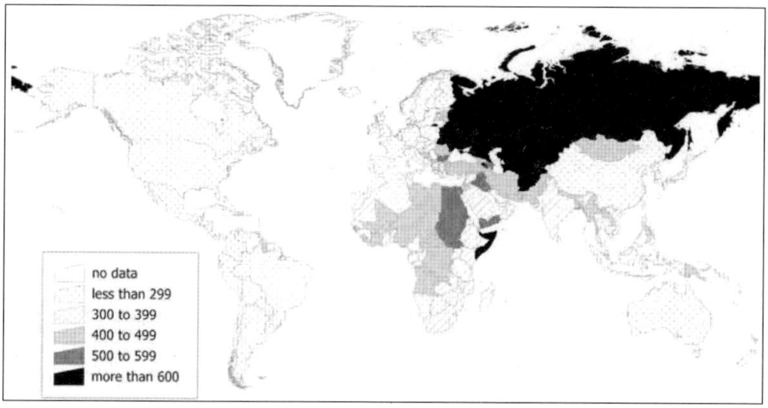

그림 10.1 심혈관질환 사망률(인구 100,000명당 연령표준화사망률)의 세계적 분포를 보여주는 지도

출처: World Health Organization Statistical Information System at www.who.int/whosis (2010년 2월 17일에 최종 접속)

영향을 받는다. 바커는 이처럼 병에 대해 늘어난 민감성으로 인해 성인이 되었을 때 심혈관질환과 당뇨병 발병 확률이 높다. 또한, 성장 장애 태아와 저체중아들은 '연료에 기대어' 살아가도록 계획되었기 때문에 나중에 성인이 되었을 때 잘 먹어서 비만이 되기 쉽다고 주장한다. 저체중아 출산(low birth weight)은 부유한 나라에서보다 가난한 나라에서 특히, 더 낮은 사회계층에서 흔하게 발생한다.

다국적 담배 제조회사(Big tobacco) 이야기

1999년 토요일 저녁에 반줄로부터 200Km 떨어진 지방인 파라페니에 있는 디스코텍을 방문한 소년들은 말보로(Marlboro) 유니폼을 입은 매력적인 젊은 여성들이 자신들을 위해 불을 붙여주는 무료담배를 선물로 받았다. 나는 이전에도 종종 이런 모습을 본 적이 있지만, 다시 한 번 화가 나는 것을 참을 수가 없었다. 나는 디스코텍 밖에서 커다란 말보로 그림으로 덮

여진 새 SUV차 옆에 서 있는 '마케팅 캠페인'의 관리자를 찾았다. 나는 장기적으로 그가 이러한 디스코 소년들의 담배 중독과 (후에 발생할) 특정 질병으로 인한 죽음에 대해 책임을 져야 할 거라는 메시지를 전달하려고 노력했다. 그와 구경꾼들은 나를 이상하게 쳐다보면서 비웃었다. 나는 심히 화가 나서 집으로 와 버렸다.

감비아 정부는 특별한 이유를 언급하지 않고 1998년 담배광고에 대한 금지를 취소하였다. 하지만 이러한 조치의 필요성에 대해 관련 공무원들을 설득하는 일은 재경부장관이 해왔다. 재경부 관료들의 제안에 장관이 아무런 언급을 하지 않았는데, 이를 어렵게 만든 다른 '논쟁'이 있는지 없는지는 우리는 전혀 알지 못했다. 또한 감비아의학협회에 의한 저항도 들리지 않았다.

흡연과 폐암 사이의 연관성은 독일 임상의사들에 의해 처음으로 의심되기 시작하였고, 1930년대 다른 곳에서도 그들은 이 '흔하지 않은' 질병의 증가를 주목하였다. 이 의심은 많은 폐암환자들이 흡연가라는 사실에 기반하고 있었다. 물론 이는 기막힌 관찰이었지만, 그들의 명제를 정당화하기 위한 과학적 근거가 부족하였다. 그 결과 1930년과 1960년대 사이에 수많은 역학연구자들이 흡연과 폐암 사이의 관계를 계량화하기 위해 연구에 착수하였다. 이러한 연구들 중에서 리차드 돌 경_Sir Richard Doll과 오스틴 브래드포드 힐_Austin Bradford Hill에 의한 2개의 연구가 최고로 여겨진다. 돌과 힐은 최초로 환자-대조군연구방법(case-control study method)을 사용하였고, 폐암이 있는 병원 환자들의 대규모 표본을 폐암이 없는 유사집단의 흡연력과 비교하였다. 이 연구결과는 1950년에 발표되었는데, '질병 발현의 위험이 흡연량에 비례해서 증가한다. 비흡연가에 비해 하루에 25개비 또는 그 이상을 피우는 사람들의 질병 발현율이 50배나 더 높았다'고하였다. 이러한 결과의 규명 후에 돌도 담배를 끊었다. 1954년, 돌과 힐에 의한 40,000명의 의료인들의 흡연 습관에 대한 코호트연구(cohort study)의 첫 번째 결과가 발표되었는데, 이것은 이전의 연구 결과를 확인시켜 주었다. 1964년 미국의 의무감(US Surgeon-General)은 암으로 인한 사망이 비흡연가에 비해 흡연가에서 70% 높다는 것을 경고하였다. 그러고 나서 1979년 보고서에서 의무감은 흡연으로 인한 가장 큰 위험은 암의 증가 위험보다 심장병이라고 발표했다. 이 관련성에 대한 좋은 근거들이 50년 전에 이미 발견되었음에도 불구하고, 지금 11억 이상의 사람들이 흡연을 하고 있다. 어떻게 이런 일이 일어날 수 있을까?

나는 이것은 주로 생산자, 담배회사 주주들과 정부의 이익 때문이라고 생각한다. 담배는 상당히 중독성이 있다고 인식된다. 흡연은 세계의 많은 가난한 지역에서 증가하고 있다. 11억 명 중 9억 3천만 명이 소위 개발도상국에 살고 있는 것으로 추정된다. 한 국가 당 흡연하는 성인의 비율이 그림 10.2에 제시되어 있다. 담배는 흡연하는 사람들의 절반을 사망케 하는 것으로 추정되었다. 이에 담배는 가난한 사람과 부자 사이의 건강불형평성(health inequalities) 증가의 주요한 원인이다. 규제가 덜한 -가난한 나라- 새로운 시장으로 관심을 옮기고 있는 부유한 다국적 기업의 판매 캠페인 결과로 흡연율이 대부분 이러한 국가들에서 증가하게 되었다. 담배산업은 전통적인 광고(예; 방송과 전단지, 빌보드), 판매장에서 상품안내, 간접광고(예; 스포츠와 문화 이벤트에 스폰서, 자선 기부, 도매업자, 유통업자와 소매업자에 대한 판촉비용 지원, 무료 담배 제공, 상점에서 상품 진열과 브랜드 촉진 항목)를 포함한 마케팅, 세금 감면을 위한 목표가격 할인을 포함한 홍보와 정치가의 로비에 매해 몇 100억 달러(US)를 계속적으로 사용하고 있다. 많은 나라에서 이러한 활동을 금지했음에도 불구하고, 흡연은 여전히 영화에서 자주 묘사되고 있고, 담배회사에 의해 지원되고 지불된다.

그림 10.2 성인 흡연율(%)의 세계적 분포를 보여주는 지도
출처: World Health Organization Statistical Information System at www.who.int/whosis (2010년 2월 17일 접속)

역학적 변천(epidemiological transition)

어린이들이 1978년 비율로 여전히 죽게 된다면, 2007년에는 1,620만 명이 죽었을 것이다. 하지만 실제로는 950만 명이 죽었다. 약 700만 명의 차이는 매일 18,000명의 어린이가 생명을 구하고, 수명이 연장되었기 때문이다. 아이들의 죽음에 가장 큰 기여를 하는 감염성 질환의 부담이 감소하였기 때문에, 이로 인한 이미 앞(제5장 참조)에서 검토되어진 인구학적 변천은 역학적 변천-발생하는 질병 명에서의 연령과 연관된 변화-를 야기할 것이다. 소위 부유병 또는 생활습관병(diseases of lifestyle)이라고 불리는 질환은 만성 비감염성질환과 종종 동일시된다. 주로 심혈관질환, 비만, 암, 만성 호흡기질환, 당뇨병은 오래 산 사람들에게서 더 흔하다. 수명 연장의 잇점이 부자 국

가의 더 부유한 계층에서 가장 먼저 나타나기 때문에, 심혈관질환과 다른 만성 비감염성질환들은 이들에게서 먼저 발생된다. 하지만 흡연, 고지방 식품, 설탕과 소금이 많이 첨가된 식품 섭취와 같은 행태가 보편화되면서 결국 가난한 국가에서 이러한 질병들이 더 잘 발병되고 있고, 질병의 사회경제학적 분포에서도 역전현상이 나타나고 있다. 사회경제적 취약성과 관련된 만성 생활스트레스로 인한 부정적인 건강 영향이 가난과 건강의 관련성을 증가시켰다.

최근에 가난한 나라에서 '질병의 이중부담(double burden of disease)'이 발생하고 있다. 첫 번째 부담은 현대 공중보건과 의료의 구축뿐만 아니라 경제 성장이 감염성질환, 모성과 주산기 질환, 영양부족으로부터 상당히 고통 받고 있는 수십억의 저소득층에게는 혜택을 주지 못하면서 우회하게 된다. 가난한 나라에서의 또 다른 부담은 고령화, 도시화, 변화된 소비 행동으로 인한 만성 비감염성질환들이다. 심혈관질환, 비만, 암, 만성 호흡기질환, 당뇨병뿐만 아니라 정신장애는 장애아와 조산아 출산의 주요 원인이 되고 있다.

만성 비감염성질환들은 2005년에 전 세계 사망원인의 60% 이상(3,500만 명)으로 추정된다. 이러한 사망의 80% 이상이 가난한 나라에서 발생한다. 만성 비감염성질환이 인간 생활의 발전에 있어서 중요한 장해요인임에도 불구하고, 세계에서 만성 비감염성질환에 대한 우선순위가 낮은 것은 놀랍다. 만성 비감염성질환은 가난한 나라에서 질병 부담과 경제적 부담을 크게 부과한다. 가난은 만성 비감염성질환의 중요한 원인이고, 이러한 질병들은 가난에 기여하고, 특히 보건의료서비스에 대해 본인부담의 높은 비율을 가지고 있는 나라에서 흔하게 나타난다. 만성 비감염성질환의 경제적 영향력이 과소평가되고 개선해야 할 이슈로서 인정을 덜 받는 이유는 세계보건 공동체와 각국 정부들이 예방에 적은 관심을 갖고 있으며, 그 책임을 주로 개개인에게 돌리고 있기 때문이다. 이러한 무관심(indifference)은 정당화되지 않는다.

WHO는 MDGs를 보완하기 위해 만성병의 예방과 통제를 위한 세계 목표를 제안하고 있다. 이 목표는 만성병으로 인한 사망자를 1년 당 추가적으로 2%씩 줄이자는 것이다. 이 목표가 달성되면 2015년까지 3,600만 명을 구할 수 있을 것이다. 추계는 심혈관질환 사망자의 70% 이상, 만성 호흡기질환 사망자의 약 40%, 암 사망자의 약 34%, 모든 만성질환자 약 50%가 경감 가능한 위험요인들이 원인임을 보여주고 있다. 게다가 이러한 예방 가능한 사망자 대부분이 가난한 나라에 살고 있고, 절반은 70세 미만의 사람들이다. 이것은 비싼 의료서비스의 필요 감소와 생산가능인구의 증대를 포함한 주요한 경제적 혜택을 가져다 줄 것이다. 이 목표는 달성될 수 있을까?

소위 부유병의 예방과 관리

관상동맥질환 또는 폐암으로 죽어가는 흡연자에 몇 달 혹은 몇 년의 생명을 연장하기 위해 제공되는 말기 임종관리에 쓰는 막대한 의료비용을 통해 현대의학은 발전해 왔다. 운 좋은 환자들이 얻게 된 다행스러움은 헤아릴 수 없을 정도로 크겠지만, 사실상 이에 관한 국제통계는 거의 없다. 여하튼 심장질환 또는 폐암 환자의 생명과 관련된 관상동맥 기능부전의 연장으로 인한 혜택은 다소 적다. 이 질환들을 진단받고 치료받는 대부분 사람들은 5년 이상 살지 못한다. 이것은 보건경제학자들에 의한 추계를 보면 알 수 있듯이, 심장학(cardiology)과 종양학(oncology)에서의 말기 임종관리를 위한 지출이 위험요인들의 예방과 조기 치료에 대한 지출보다 더 많음을 보여주고 있다.

만성 비감염성질환으로 인한 사망과 이 질환들을 지속가능한 방법으로 예방하기 위한 중재는 적어도 다음의 네 가지 조건을 충족시켜야 한다. 첫째, 중재는 만성 비감염성질환의 원인이 되는 대부분의 위험요인들을 목표로 해야 한다. 둘째, 중재는 위험요인들을 이로운 변화로 이끌어야 하며, 이는 죽음과 질병을 감소시켜야 한다. 셋째, 중재가 실행되는 환경 내에서 비용-효과적이라는 증거를 보여주어야 한다. 넷째, 중재의 규모를 증가시키는 정책이 과연 가난한 나라에서 재정적으로 실행가능한지에 대한 증거가 있어야 한다.

중재의 효과성, 비용, 수용성, 실행가능성을 고려했을 때, 소금 섭취 감소와 흡연 통제는 세계적으로 만성 비감염성질환 예방을 위해 우선순위 목록에서 높은 위치를 차지하는 인구-기반 전략(population-based strategies)이다. 하루 당 권고된 5그램 미만으로 소금의 섭취량을 감소하는 것은 제조업자들이 자발적으로 가공식품의 소금 함유량 줄이기, '짠 음식 피하기'와 '식탁에 소금 올려놓지 않기'와 같이 가정과 지역사회에서 식단의 변화를 장려하려는 목적으로 한 지속적인 캠페인을 통해 달성될 수 있다. 이런 조치는 기준 혈압보다 높은 환자가 적지만, 중요한 크기만큼의 혈압을 감소시킬 수 있게 해준다. 2005년 담배 소비 감소를 위해 WHO 담배규제기본협약(Framework Convention on Tobacco Control)은 몇 가지 정책들을 제안하였다. 여기에는 담배세 증가, 금연지역 강화, 담배가 건강에 미치는 위험성을 인식시키기 위한 담배 포장과 라벨링의 요구, 포괄적인 흡연 금지 광고, 홍보, 스폰서십을 포함한다. 란셋(*The Lancet*)의 만성질환에 대한 2007년 연제 논문들을 보면, 23개 저·중소득 국가에서 10년 동안(2006~2015) 사망한 약 1,400만 명이 금연과 소금 섭취를 줄였다면 죽음을 방지할 수 있었을 것이라고 추정되었다. 두 가지 전략을 실행하기 위해서 가난한 국가에서는 1년 당 인구 당 0.14달러와 0.38달러 정도 각각 필요한 것으로 추정되었다. 그리고 이 비용의 대부분은 인지 캠페인과 법 제정을 위해서 사용될 것이다.

잠재력이 좋지만 근거가 부족한 인구를 기반으로 한 다른 전략들에는 '조리용 기름 관리전략(cooking oils control)'과 신체 활동(physical activity)을 통한 체중 감소를 포함한다. 정부는 모리셔스(Mauritius)에서 포화 지방 오일을 불포화 지방인 콩기름으로 조리용 기름을 변화시키는 프로그램을 실시했는데, 이는 콜레스테롤 수치의 상당한 감소를 야기하였다. 다른 환경에서도 더 많은 근거들이 필요하지만, 이러한 조리용 기름 관리전략은 잠재적으로 많은 이익을 가져다주었다.

과체중을 가진 사람들 중 보통의 체중 감소(5～10%)는 콜레스테롤과 포도당 부하(glucose tolerance)의 개선뿐만 아니라 고혈압 여부와 상관없이 혈압을 개선시킨다. 체중 감량을 위해 오직 식이요법만으로는 부족하기 때문에 신체활동을 병행하면 훨씬 더 성공적일 수 있다. 비록 대규모의 무작위대조임상시험(randomized controlled trials, RCT)이 (중재의 효과성을 보여주기 위한 가장 좋은 기준이) 아니지만, 많은 연구에서 신체활동의 증가는 연령과 성(gender)에 관계없이 모든 원인의 사망을 줄인다는 근거를 보여주고 있다.

첨단기술 접근방법(high-technology approaches)과 다르게 간단하게 혈압이나 콜레스테롤 수치를 낮추어주는 다제약제 치료는 일차의료와 외래진료를 통해 주로 제공될 수 있기 때문에 상대적으로 가난한 나라에서 실행가능성이 높다. 이러한 질병들의 고위험군은 자신이나 가족들이 심장병, 뇌졸중, 다른 중요한 심혈관질환의 병력을 가지고 있는지에 의해 쉽게 확인될 수 있다. 어떤 고위험군은 비싸고 시간이 많이 소요되는 진단검사(laboratory test) 없이 진단될 수 있는 여러 위험요인들(음주, 흡연, 나이, 성, 혈압, BMI)로도 확인될 수 있다. 다제약제 치료와 기존에 심혈관질환을 가지고 있던 개인들을 위한 보건교육의 병행 방법은 가난한 나라에서 연간 인구 1인당 1달러(US) 미만 또는 매년 치료받는 환자 1인당 55달러(US)의 비용으로 23개 저·중소득 나라에서 1,800만 명의 죽음을 피할 수 있게 해주었다. 이 비용에는 의약품, 검진과 치료, 실험과 행정, 교육, 모니터링과 프로그램 평가와 관련된 프로그램 비용을 포함한다.

다른 인구-기반 전략은 건강한 식이요법을 강조하고 신체활동을 증가시키는 생활습관 중재에 의해 포도당 결핍으로 인한 당뇨병을 예방하는 것이다. 중국과 인도에서의 연구는 이러한 중재들이 당뇨병 이환을 줄일 수 있었음을 보여준다. 이러한 질병들의 진단과 성공적 관리는 일차의료에서 간호사들에 의해서 잘 수행될 수 있다. 하지만 이러한 경우에도 다른 나라에서의 개별 접근방법의 비용효과성과 지속가능성의 많은 증거들이 제시될 필요가 있다.

마리아마는 운이 좋았다; 그녀 친구들 중 한 명이 그녀와 유사한 건강문제를 가지고 있었다. 그 친구는 그녀의 주치의로부터 건강한 식이와 정기적인 신체적 활동에 대한 충고를 받아왔다. 그들은 자신들의 식이를 변화시키고, 함께 체육관에 가는 일에 힘을 합쳤다. 마리아마는 그녀의 체중을 줄일 수 있었고, 혈압도 진정되었고, 반복 혈당검사에서 정상으로 나왔다. 6개월 후에 그녀는 약을 끊었고, 아마도 더 중요한 점은 -자신이 더 좋은 기분을 느끼고 더 건강해졌다-는 것이다.

2006년과 2010년 사이에 란셋 만성질환 시리즈를 분석한 결과, 만성 비감염성질환의 위험을 줄이기 위해 아무것도 하지 않는다면, 23개의 저·중소득 국가에서 심장병, 뇌졸중, 당뇨병으로 인해 경제적 생산의 840억 달러(US)를 잃게 될 것이라고 추계하였다. 만성 비감염성질환의 예방과 통제- 이 기간 동안 만성 비감염성질환의 사망률을 해마다 2%씩 줄이는 것 -를 위한 세계 목표의 달성만으로도 이러한 나라들에서 2,400만 명의 사망을 방지할 수 있을 것이다. 그리고 10년 동안에 이러한 질병으로 인한 국가 수입에서 예측된 손실로 추계되는 80억 달러(US)를 절약할 수 있을 것이다. 획득된 수명의 거의 80%는 70세 이하의 사람들에서의, 57%는 60세 이하의 사람들에서의 사망을 방지함으로써 각각 늘어나게 된 것이다.

어린이 조기 발육(early childhood development)

> 너희 각각은 독자적인 사람이고, 존경과 존엄성의 권리와 가치를 가지고 태어났다. 너희 개인은 삶에서 가능한 가장 좋은 시작을 하고, 가장 좋은 양질의 기본교육을 완수하고, 완전한 잠재력을 개발하여 지역사회에서 의미 있는 참여를 위한 기회를 제공받을 가치가 있다.
>
> 넬슨 만델라_Nelson Mandela[46]와 그라카 마첼_Graça Machel, 2000

15살이 되기도 전에 죽는 900만 명 이상의 어린이들의 대다수가 저·중소득 국가에서 태어나고, 이러한 나라들 안에서도 더 취약한 가정과 지역사회에서 살고 있다. 이러한 사망률의 불형평을 시급히 다룰 필요가 있다. 유아시절의 경험은 인생 전체의 과정에서 중요한 기초가 된다. 개개인의 아이들과 사회 모두에 있어 나중에 부족한 학력을 보충하는 것 보다 삶이 시작될 당시부터 상황을 긍정적으로 제공하는 것이 더 좋다. 성공적인 모자보건에 대한 정책을 세움으로서 정부와 시민사회조직이 인구의 건강증진과 건강한 유년 시절을 보장

46) 남아프리카공화국 최초의 흑인 대통령이자 흑인인권운동가(1918~)이다. 종신형을 받고 27년여 간을 복역하면서 세계인권운동의 상징적인 존재가 되었다. 저서로는 자서전『자유를 향한 머나먼 여정』등이 있다.

할 수 있다. 임신 전·후와 출산과 같이 인생을 시작하는 시점에 지속적이고 포괄적인 중재 접근방법을 채택함으로서 인간의 삶을 개발하는데 중요하고 지속적인 향상을 만들어갈 수 있다.

앞에서 설명한 것과 같이 심장병, 뇌졸중과 당뇨병을 포함한 몇 가지 만성 비감염성질환에 이환된 환자들이 저체중 아이를 출생할 확률이 높다는 것을 보여주는 좋은 증거들이 있다. 영아시절의 뇌 성장은 외부 영향에 굉장히 민감하다. 이것은 자궁에서 시작되어서 인생 전체에 영향을 준다.

학령기 전·후의 교육은 건강한 삶을 위한 인생의 궤도와 기회를 만든다. 최근의 경제발전에도 불구하고 취학시기 아이들 중 7,500만 명의 아이들이 학교에 가지 못하고 있다고 추정된다. 교육적 평가로는 어른이 되었을 때, 소득, 고용, 삶의 상태에 대해 미치는 건강의 영향을 보면, 부분적으로 향상된 건강결과들과 관련이 있다. 이것은 세대 간에 이전되는 경향이 있다. 엄마의 교육적 평가는 어린이 건강, 생존과 그들의 교육적 성취의 결정요인이다. 심혈관질환, 당뇨병과 비만을 포함한 성인들이 겪고 있는 많은 건강 어려움들이 어린시절에 근거를 두고 있다. 사회적 불형평성은 나중에 건강의 불형평성에 기여한다. 취약한 환경 출신 아이들은 학교에서 더 취약하고, 어른이 되면 더 낮은 임금과 높은 출생률을 가지는 경향이 있다. 또한 더 좋은 의료서비스를 찾고, 좋은 영향과 자극을 자신의 아이들에게 제공하는 것에 대한 권한을 덜 주게 되고, 따라서 취약함이 세대 간에 이전되게 된다.

보건의료체계는 어린아이들을 살리고 개발하는데 중요한 역할을 한다. 엄마와 아이들은 임신과 출산을 포함한 출산 전부터 아이들의 어린시절까지 이어지는 치료의 계속성이 필요하다. 그들은 좋은 질의 거주환경, 깨끗한 물과 적절한 위생 시설, 안전한 이웃들과 폭력으로부터의 보호를 포함한 안전하고 건강한 환경이 필요하다. 좋은 영양은 중요한데, 이는 적절한 영양 상태를 갖춘 엄마의 자궁 안에서 시작된다. 생애주기에서 조기 모유수유의 시작과 생후 6개월 동안 독점적으로 모유수유만 하도록 지원해주는 정책은 중요하다; 이것은 음식의 안전성 향상을 통해서 신생아와 어린이를 위한 건강한 식이의 이용가능성과 접근성을 보장해주는 정책만큼 중요하다.

그러므로 영유아 생존과 발육은 얼마나 잘 그리고 얼마나 형평하게 사회, 정부 및 국제기구들이 각자의 업무를 조직했는지에 달려있다. 모자교육, 소득 창출 기회와 권한 부여를 통한 양성평등은 어린이 생존과 개발에 중요한 역할을 한다. 어린이들은 정부들이 가족친화적 사회보장 정책들을 채택할 때 혜택을 받게 된다. 어린이는 지원, 보육, 돌봄과 삶의 환경에 대한 반응이 필요하다. 그리고 그들은 자신들의 세계를 탐험하고, 놀고, 다른 사람들과 말하고 듣는 방법을 배우는 기회들이 필요하다. 학교는 아이들의 개발에 기여하는 환경의 일부이고, 아이들의 능력을 기르고, 이것이 진짜로 달성되는지는 모르지만 건강형평성을 달성시키는데 중요한 역할을 한다.

어린이 조기 발육 프로그램에 대한 투자는 사회가 성인들의 만성비감염성질환의 부담을 줄여주는 것과 동일하게, 더 많은 어린이들이 사회적으로, 경제적으로 사회에 긍정적인 기여를 할 수 있는 건강한 어른으로 자랄 수 있도록 해주는 가장 강력한 행동에 해당한다. 어린이 조기 발육 프로그램의 투자는 이러한 중재들이 가장 궁핍한 아이들에게 가장 큰 영향을 주기 때문에 또한 중요한 '균형점(equalizer)'이 될 수 있다.

어린이 조기 발육 프로그램의 편익들이 점차 인식되어지고 있지만, 이 영역에 대한 부적절한 투자도 있다. 저·중소득 국가들에서의 세계은행과 다른 국제기구에 의한 연구들을 보면, 어린이 조기 발육 프로그램에 비용당 편익 비율이 약 3:1이라고 보고하였는데, 이것은 1달러 당 3달러의 사회적 비용절감이 있음을 의미한다. 이러한 수익은 가장 위험한 어린이들을 목표로 한 프로그램에서 증가하였다. 결론은 명확하다. 세계은행 경제학자 반 더 개그_Van der Gaag와 탄_Tan은 '자신들의 아이들이 고통 받으면, 사회는 번성할 수 없다'고 언급했다. 어린이 조기 발육 프로그램들은 어린이들의 복지와 사회의 미래에 대한 건강한 투자이다. 가난의 세대간 주기를 깰 수 있게 하는 어린이 조기 발육 프로그램들은 생산적이고 충만한 삶을 살도록 사람들에게 기회를 제공하므로, 개발의 궁극적 목표를 달성하기 위한 강력한 도구로 볼 수 있다.

어린이 조기 발육 프로그램에 우리가 투자를 해야 하는 지에 대한 논쟁이 있지만, 그들의 생활습관을 변화시키기 위해 개인들을 설득시키는 것에 의해 또는 만성 비감염성질환을 가진 사람들을 치료하고 돌봄에 따라 성인들의 삶의 상태가 바로잡아져서는 안 된다는 것을 암시하는 바는 아니다. 내가 말하고자 하는 핵심은 우리는 두 가지 모두 해야 할 필요가 있다는 것이다.

더 읽을거리를 위한 자료와 제안

Roy Poter의 『*The Greatest Benefit to Mankind: A Medical History of Humanity*』(London: W.W. Norto & Company, 1997)는 소위 부유병의 역사에 대한 나의 주요한 정보의 원천이 되었다. 이것은 상당히 읽기 쉬웠고, 동시에 해박한 책이었다. 인간 건강에의 식이를 포함한 환경과 우리의 상호작용을 위해 반드시 Tony McMichael의 저서 『*Human Frontiers, Environment and Disease*』(Cambridge: Cambridge University Press, 2001)을 읽기 바란다. David Barker의 『*Mothers, Babies and Diseases in Later Life*』(London: BMJ Publishing Group, 1994)는

Barker와 그의 동료들에 의한 연구결과들을 다루었다. 이것은 태아와 신생아의 영향이 어른이 되었을 때 건강에 상당한 영향을 줌을 보여준다. Doll과 Hill에 의한 '명작'은 R. Doll, A. Breadford Hill의 'Smoking and carcinoma of the lung: Preliminary report' (*British Medical Journal* 1950; 2: 739-748, 1999년 *Bulletin of the World Health Organization*, 77: 84-93에서 재발행) 및 R. Doll과 A. Bradford Hill의 'The mortality of doctors in relation to their smoking habit: A preliminary report', *British Medical Journal* (1954; ii: 1451-1455, 2004년 *British Medical Journal*, 328: 1529-1533에서 재발간)에서 발견할 수 있다. 란셋에 만성질환 시리즈는 2007년 12월 8일과 12월 22/29일 사이에 발간되었다. 어린이 조기 발육의 주제에 대한 좋은 도입은 『*Early Childhood Development to Human Development*』 (Mary Eming Young에 의해 편집, The World Bank에 의해 출판, Washington, DC, 2002)에서 발견할 수 있다. 이것은 어린이 조기 발육에 대한 투자의 잇점과 어려움에 대해서 다루었다. 만성 비감염성질환 위험인자들에 대한 감비아 도시와 농촌지역의 비교 결과를 Marianne van der Sande 등의 'Blood pressure patterns and cardiovascular risk factors in rural and urban Gambian communities', *Journal of Human Hypertension* (2000; 14: 489-496)과 'Obesity and undernutrition and cardiovascular risk factors in rural and urban Gambian communities', *American Journal of Public Health* (2001; 91: 1641-1644)에서 볼 수 있다. 혈압을 낮추는 소금섭취 감소는 중국, 자메이카, 나이지리아에서 지역사회 시범사업으로 달성된 바 있다(H. Tian 등, *Journal of Human Hypertension* 1995; 9: 959-968; T. Forrester 등, *Journal of Human Hypertension* 2005; 19: 55-60). 중국 톈진 프로젝트는 고혈압과 비만의 감소를 보여준다(Yu Z 등, *Preventive Medicine* 1999; 29: 165-172). 주로

포화지방 식물 오일에서 불포화 콩기름으로 요리오일을 바꾸는 정부 주도 프로그램을 포함한 지역사회-기반 모리셔스 프로젝트는 전반적으로 콜레스테롤 집중을 낮춘 바 있다(U. Uusitalo 등, *British Medical Journal* 1996; 313: 1044-1046). 생활습관 중재로 손상된 포도당 내성으로 인한 당뇨병 발현의 예방은 중국에서 증명되고 있다(G. Li 등, *The Lancet* 2008; 371: 1783-1789), 농촌 남아프리카에서 당뇨병과 고혈압을 위한 간호사 주도 관리는 장애를 가진 환자의 높은 비율을 성공적으로 통제하였다고 보고했다(R. Coleman 등, *Bulletin of the World Health Organization* 1998; 76: 633-640).

제 11 장

보건재정

가난과 싸운 적이 있는 사람이라면, 궁핍이 얼마나 값비싼 것인지를 안다.

제임스 볼드윈_James Baldwin, 1961

헬레나_Helena 이야기

어느 따뜻한 오후, 나는 오두막의 그늘에 가려진 의자에 앉아 있게 되어 기뻤다. 일상적인 인사말을 나눈 후, 헬레나는 나에게 스와힐리어(Kiswahili)로 말하기를(지역사회 리더에 의해 통역) '남편이 없다'고 했다. 남편이 6개월 전에 세상을 떠났다고 한다. 내 의문은 계속되었다. 헬레나는 학교에 다닌 적이 없고, 라디오나 자전거, 가축도 없었다. 그녀와 다섯 명의 자녀들이 먹고, 자고, 생활하기에는 너무나 작은 두 개의 방이 딸린, 파형지붕도 없는 오두막에서 살고 있었다. 하지만, 주거 공간은 깨끗했고, 폐기물 처리 공간은 분리되어 있었고, 화장실은 좋았으며, 햇볕 아래 마실 물이 가득 담긴 세 개의 물통이 있었다. 가장 큰 아이는 학교에 갔고, 막내는 규칙적으로 의원에 가서 성장에 대한 모니터링을 하고 모든 백신 접종을 보장받을 수 있는

'건강으로의 길(road to health)'이라는 카드를 가지고 있었다.

나는 헬레나에게 탄자니아 정부가 보건의료제도에 있어서 '비용분담(cost-sharing)' 프로그램을 시작했다고 설명하였다. 그리고 나는 우리 지역에서 무엇이 실행 가능한지를 보기 위해서 지불 용의와 지불 능력을 조사하고 있는 팀이라고 하였다. 하지만, 나는 헬레나가 말할 답을 미리 알 수 있었다. 가진 것도 없이 혼자 사는 어머니 겸 호구(戶口)인 헬레나에게 아무도 돈을 내라고 할 수 없었다. 본인부담제도는 뉴욕, 워싱턴, 런던이나 다르에스살람(탄자니아의 수도·항구도시)에서 하는 제도만큼 그리 간단하지 않았다. 헬레나는 10명 중 9명이 그랬듯이, 수수료보다 지역사회중심 공공보건재정체계가 더 좋다고 했다. 얼마 낼 수 있는 가에 대한 질문에 대해서 신중히 생각한 후 제시한 금액은 그녀의 현실 수준에 잘 맞는 것 같았다. 그 액수는 기금 등록 시 드는 행정비용과는 비교도 안 될 정도로 작은 금액이었다.

의료비(health expenditure)

1980년대에 비용, 더욱이 보건의료재정은 보건의료정책 결정에서 주요 현안으로 급부상하였다. 1986년 세계보건기구의 이사회(Executive Boarder)에서 이에 대해서 논의되었고, 그 이후 1987년 세계보건총회(World Health Assembly, WHA)에서도 논의되었다. 이와 같은 고민은 부유한 국가나 궁핍한 국가 모두에게 해당된다. 부유한 국가에 있어서는 어떻게 하면 비용을 줄일 수 있는가, 가난한 국가에 있어서는 어떻게 하면 현재의 수준을 유지하거나 "모든 이에게 건강을(Health for All)"이라는 정책을 실행하기 위한 재원을 늘릴 수 있는가라는 점이 관심의 대상이었다. 1980년대 이전의 가난한 국가들은 보건전문가가 부족했기 때문에 의료를 위한 비용 증액을 제한받았다. 이들 국가에는 의료서비스를 제공할 의사나 간호사와 같은 의료인력이 부족하였다. 그 때 이후로, 교육 프로그램은 보건전문가의 공급을 늘려왔으나, 많은 가난한 국가들은 여전히 부족함을 느꼈다. 시간이 갈수록 상황은 더 악화되었는데, 그 이유는 자질을 갖춘 의료인력들이 목장(greener pastures)이라고 여겨지는 부유한 국가로 전출하는 '두뇌유출(brain drain)'이나 탈출현상이 발생했기 때문이다.

1980년대에 있었던 (공급자라고 일컬어지는) 인적 자원의 증가, 기부나 차관에 의해서 설립된 병원과 같은 의료기관의 확충은 특히 운영비에 있어서 공공의료비의 증가라는 압박으로 다가왔다. 많은 환자들이 전통의학보다는 (또는 전통의학과 더불어) 현대 의료기술의 혜택을 받음으로서 새로운 의료서비스의 이용가능성과 접근성이 확보되어 수요를 증가시켰다. 이와 같은 수요는 아동에 대한 예방접종, 산전부터 산후까지 전반에 걸친 임신 여성에 대한 관리, 만성 기침을 하는 환자의 타액검사(결핵)와 같은 의료서비스 및 보건의료체계에 의해 촉진되었다.

다른 요인은 인구학적 또는 역학적 천이인데, 이는 감염과 만성비감염성질환의 위험이 두 배나 높고 의료서비스를 많이 이용하게 되는 노인층을 포함하여 전체 인구의 증가를 가져왔다. 그리고 신의료기술의 발달이라는 요소도 있다. 신약은 오래된 의약품의 가격을 떨어뜨리기는 하였지만, 신약 그 자체 가격은 매우 비싸다. 진단과 치료를 위해서 다양한 새로운 의료장비가 계속 개발되어 왔다. 이러한 새로운 장비는 오래된 장비를 교체하지 않고, 종종 추가적으로 더 들어가게 되었다. 또한 새로운 장비의 유지와 운영을 위해서는 더 많은 직원과 자원이 필요하였다. 이러한 상황에 더하여, 전 세계는 1980년대 심각한 경기 침체를 맞게 되었다.

경제위기(economic crisis)

첫 번째 경제위기는 1982년 국제유가의 급속한 가격 상승으로,

OPEC 산유국들의 카르텔에 의해 시작되었다. 이로써 원유를 생산하지 못하는 중·저소득 국가는 곧바로 오늘날 신용제한(credit-crunch)이라고 불리는 것을 맞게 되었다. 그들의 수출 규모로는 다른 필요한 물품을 포함하여 원유를 수입할 만큼 충분하지 못했기 때문이다. 많은 고소득 국가는 다른 물품의 수입을 줄이는 대신 원유를 높은 가격에 구입할 수 있었다. 원자재에 대한 세계의 수요 감소와 가격 급락은 빈곤국의 국제수지(balance of payments)에 더욱 심각한 영향을 끼치게 되었다. 결과적으로 가난한 국가는 같은 수준의 외화를 벌기 위해서 수출을 더 많이 해야 했다. 이렇게 하지 못할 경우 그들의 환율 가치는 떨어지고 국제통화기금(International Monetary Fund, IMF)으로부터 차관을 받아야 했고, 조세 수입과 공공지출 간에 매우 밀접한 균형을 필요로 하는 시기에 직면하게 되었다. 이는 공공지출 부문을 줄임으로서 달성할 수 있었다. 삭감되는 공공재정은 대부분 보건이나 교육과 같은 사회영역에 대한 것인 반면, 국방영역에는 변함이 없었다. 보건 분야에서는 이차의료·삼차의료 보다는 (지방의) 일차의료(primary care)의 삭감이 가장 많았다. '구조조정사업(structural adjustment programmes)'의 영향은 가난한 국가에 사는 궁핍한 사람들에게 큰 충격을 주었다. 구조조정의 실질적인 혜택은 값이 더 싼 커피, 면, 코코아와 같은 상품이 풍부하던 부유한 국가에서 볼 수 있었다.

한편 원유 생산자는 부유한 국가에 있는 우량은행(leading bank)에 많은 수익을 예치하였다. 이들 은행은 이익이 나는 상품을 찾아서 안정성 있는 투자를 하였다. 가난한 국가가 거대한 자금을 대출해 주는 대상이 되었다. 정부에 의해서 보장되는 투자가 안전할 것 같다고 믿어졌다. 종종 이러한 자금은 지역경제를 강화하는데 투입되지 못했고, 조세를 늘리거나 공공지출을 줄이는 방안과 같은 정치적으로 인기 없는 조치는 연기되었다. 더욱이 정치인이나 차관을 다루는 고위 공무원 간부가 일부 자금을 비밀 예치금 형태로 부유한 국가의 은행에 재입금하였다. 게다가 해외 채무 때문에 서비스의 비용을 지불해야 하는 압력에 이어 높은 원유 가격에 의한 국제수지의 압박도 뒤따랐다. 그리고 국내통화 측면에서 채무상환지불금(debt service payment)의 평가절하는 더 큰 압박이었다.

전반적으로 경제위기는 공공의료재정을 감소시키는 결과를 낳았다. 보건부는 건물의 유지 관리를 연기하고, 의료장비와 자동차를 교체하지 않고, 약, 의료용품, 휘발유의 공급을 줄였다. 동시에 직원의 봉급을 실제적으로 인하하여 지급하였다. 보건부는 종종 퇴직하는 직원을 충원하지 않을지라도 잠재적으로 더 퇴출시키지는 않았다. 자동차와 휘발유가 없었기 때문에 외진 곳에서 근무하는 인력에 대해서는 감독이 되지 않았다. 약의 공급과 다른 상황이 불확실해지자 환자의 수는 줄어들기 시작했다. 직원들은 부족한 수요와 봉급의 감소에 대해 일하는 시간을 줄임으로서 대응하였다. 대신에 그들은 자신이나 가족의 생계를 위해 환자들에게 불법적으로 진료비를 받는 뒷거래에 관여하였다. 국가 보건의료체계의 붕괴에 대해 탄자니아를 포함한 많은 가난한 국가들의 정부 반응은 각자의 보건의료체계 유지를 위해 추가 재원을 찾으려고 하는 것이었다. 1980년대 보건에 대한 외국 원조의 침체에 따라 가난한 국가들은 자국 내에서 추가적인 자원을 찾기 시작했다. 한 가지 명확한 재원 마련의 출처는 공공의료서비스 분야에 수수료를 도입하거나 인상시키는 것이며, 탄자니아는 1993년부터 이 방안을 단계적으로 도입하였다.

수수료(user fees)

> 나는 환자나 의료서비스를 필요로 하는 사람이 그 비용을 직접 지불하는 제도는 중요하다고 생각한다. 어떻게 지불이 이루어져야 할까? 다양한 방법이 있을 수 있다. 중요한 점은 그들이 반드시 지불해야 한다는 것이다. 그들은 자신이 샀다고 느껴야 하고, 공평하다고 느끼면서 동시에 작아진다고 느껴서는 안 된다.
>
> 무하마드 유누스_Muhammad Yunus[47), 2007

보건의료에서 수수료와 같은 몇 가지 보건재정 문제는 논란이 많다. 환자가 불필요하거나 경솔하게 의료를 이용하고, 엄청난 비용을 전통적 치유자나 민간공급자에게 직접 지불하는 것에 대한 논의가 있어 왔다. 이러한 비용은 환자가 받은 서비스에 대하여 한계비용만을 지불하고도 서비스의 향상을 가능하게 하는 공공보건서비스에 적용되어야 한다.

환자가 불필요하고 경솔하게 의료를 이용한다는 논거는, 환자가 자신이 이용하게 될 의료가 필요한지 아닌 지를 구분할 수 있다고 가정하는 것이다. 둘째는 비용이 불필요한 의료이용을 막는다고 가정하는 것이다. 두 가지의 가정에는 의문점이 있다. 많은 환자들은 자신의 증상이 심각한지 아닌지를 알지 못한다. 또한 공급자에 의해 부과되는 수수료는 오직 의료비용뿐이라는 잘못된 가정을 종종 하게 된다. 그러나 이런 활동으로 인해 손실된 시간(농업이나 근로를 하지 않음으로서 현금 소득을 상실하게 되거나, 가사 의무를 할 수 없게 된 어머니에게는 중요할 수 있는)과 같은 중요한 추가적인 간접비용

---

47) 방글라데시의 은행가·대학교수(1940~). 방글라데시 빈민들에게 무담보 소액대출 운동을 전개하여 빈곤퇴치에 앞장섰다. 자신이 설립한 그라민은행과 함께 2006년 노벨평화상을 공동으로, 2006년 제8회 서울평화상을 각각 수상하였다.

이 있다. 많은 환자들에게 교통비도 추가적인 간접비용이 된다.

받고자 하는 서비스나 의료공급자의 유형을 선택함에 있어서 서비스시간, 이동시간, 대기시간, 질병의 심각성에 대한 인식, 의료공급자나 의약품의 접근가능성, 환자의 치료방법 등 많은 요소들이 고려되지만, 가격 또한 중요하다. 비용은 의료서비스에 대한 수요를 감소시키는데, 이러한 수요의 대부분은 가난한 자들에 의한 것이다. 만약 지원된 재정이 서비스를 향상하는데 잘 사용된다면, 이용 인구의 구성이 바뀔 것이다. 잘 살게 되는 것은 정부의 보건의료서비스를 바꾸어 놓을 수 있으며, 궁핍한 인구집단의 수요가 감소된 것처럼 보이도록 할 것이다. 직접지불방식에 크게 의존하게 되면, 의료를 가장 필요로 하는 매우 궁핍한 사람들의 접근성은 더욱 어렵게 된다. 국가별로 어떻게 재원을 마련하였는지, 의약품이나 봉급을 개선하기 위해 어떻게 사용하였는지 잘 정리된 자료가 있는데, 이것은 의료의 질을 향상시키고, 가난한 자들의 복지를 향상시키고 수요의 증가를 일으킬 수 있다.

어느 보건의료체계이든 궁핍한 사람들이 비용을 내지 않도록 하는 조치는 가장 근본적인 어려움이다. 부담할 수 있는 자들에게는 모든 비용을 내도록 하고, 가난한 자들에게는 일부 비용을 적용하는 것이 논점이지만, 이러한 방법을 실행하기는 쉽지 않다. 비정부 보건의료제공자가 실행할 수 있었던 사례가 있다: 의료인력이 지역사회에서 오랜 기간 동안 지역공동체와 광범위하게 접촉하면서, 그들에 대한 많은 정보를 갖고 서비스를 지원하는 경우 거의 대부분 성공을 하였다. 전통적 치유자는 비용을 따로 받을 수는 있지만, 이들 역시 지역사회와 밀접하게 관련이 되어 있으며, 이들은 종종 현물로 지불받기를 원하기도 하고, 때로는 지불받을 수 있을 때까지 기다리기도 한다. 예를 들면 농촌지역의 경우 수확기가 될 때까지는 지불 받는 경우가 가능하지 않을 것이다.

지불용의(willingness to pay)가 자동적으로 지불능력(ability to pay)을 의미하지는 않는다. 사람들은 면책(claiming exemption)에 의해 창피를 당하는 것보다 돈을 내는 것을 선호한다. 그러나 이러한 점은 수확기가 되기 전에 의료를 이용하지 않는다는 것을 의미하는 것이 아니고, 높은 이자 때문에 큰 빚을 지게 되거나 땅이나 다른 중요한 소유물을 팔아 버리는 상황에 이르게 되는 것을 의미하는 것도 아니다. 탄자니아에서는 의료서비스의 비용을 지불하기 위해서 60%의 가구들이 돈을 빌리거나 전당포에 잡히거나, 특별한 판매를 해야 했다. 수수료와 현금 지불은 보건의료재정에서 형평적이지 못한 방식이다. 왜냐하면 이것은 가난한 사람들에게 큰 충격을 주고, 과부담 의료비로부터 그들을 재정적으로 보호하지 못하였기 때문이다.

보건의료비 부담으로부터 보호

세금, 사회보험료, 민간보험과 제한된 가계 직접부담의 조합은 중·고소득 국가의 보건의료재정 마련에 있어서 선호되는 도구가 되었다. 이러한 국가에서는 많은 인구가 정규직의 형태로 도시지역에서 일을 하고 있다. 근로자에게 세금을 부여하는 정책과 정부재원이나 보험료를 기반으로 하는 보건의료체계의 설계는 상대적으로 쉬운 일이다. 하지만 불행하게도 저소득 국가의 경우는 의료 재원의 마련에 있어서 정책적 대안이 매우 제한적이다. 가난한 국가에서는 많은 인구가 농촌지역에 거주하고 있으며, 이들은 대부분 비정규 근로자 내지는 자영업자에 해당하는데, 이러한 점은 정부 입장에서 효과적인 조세 마련에 한계점으로 작용한다. 이들 국가에서의 이와 같은 인구집단은 질병 비용으로부터 보호하거나 의료서비스에 대한 비용을 내기 위한 효과적인 재정을 형성하는 과정을 어렵게 만든다.

관련된 문제는 보건재정을 통합하는 과정에 있어서 유발된다. 통합은 부유한 곳에서 가난한 곳으로, 건강한 사람에게서 건강하지 못한 사람에게로, 근로자로부터 경제 활동을 하지 못하는 사람에게로 자원의 이전을 요구한다. 이러한 통합이 없다면, 소득이 적은 사람들은 자신이 아프게 되면 심각한 재정적인 어려움에 노출된다. 거대한 수요와 제약된 자원 때문에, 정부는 공공재원만으로 궁핍한 사람들에게 보건의료를 제공하기 어렵다. 많은 빈곤국들에서 공적부조나 공공지출에 의해 잘 사는 사람들이 가난한 사람들보다 이득을 더 얻는다. 이론적으로 모든 국민에게 보건의료를 제공하는 공공정책은 희소한 보건의료자원의 선로를 가난한 사람에게서 보건의료 전반에 있어 정치적 영향력이 있는 사람에게로 바꿀 수 있다.

가난한 국가들에서의 지역사회의 농촌지역 주민들과 자영업 종사자들에게 다다를 수 있는 정부의 능력은 좌절된 채 파멸적인 보건의료비로부터 재정적 보호를 보장하도록 그들을 점점 더 동원하게 되었다. 지역사회중심 보건재정 구조의 일반적 특징은 기금을 징수하고, 통합하고, 자원을 할당하고, (간혹) 보건의료의 제공에 있어서 적극적으로 참여한다는 것이다. 헬레나가 참여하기도 했던 1994년 지불용의와 지불능력에 관한 연구 지침에 의하면, 1996년 탄자니아 북부의 윔바(Kwimba)지역에 있는 섬베병원(Sumve hospital)에 지역사회중심 보건재정이 도입되었다. 이 정책은 3년간 수행되어 질병비용으로부터 참여자들을 재정적으로 보호하고, 필수 의료서비스에 대한 접근성을 향상시켰다. 그러나 대상자는 20,000명을 넘었고, 목표로 했던 재정의 지속가능성은 달성하지 못했으며, 이 기금을 시작했던 외부 기부자의 재정 지원도 끊겼다. 그러나 이루고자 했던 재정의 지속가능성이 현실적이었는가? 그리고 사업의 대상자에게 가치 있었는가? 헬레나와 그녀의 아이들, 그리고 다른 가난한 사람 중에 매우 가난한 사람들은 이 기금에 가입할 수가 없었다.

세계보건기금(Global Health Fund)

> 지속가능성은 모든 원조로 인한 사업이나 국제기구 평가의 주요 기준으로 계속 거론된다. 때로는, 이 개념은 논의에 있어서 중요하다. 게다가, "지속적이지 않다"라는 선언은 "가치가 없다" 또는 심지어 "해롭다"와 동등해 보일 수 있고, 이런 방식으로 다른 어떤 고려도 기각하게 된다.
>
> 엔리코 파비그나니_Enrico Pavignani와 알레산드로 콜롬보_Alessandro Colombo, 2006

아직 전체의 동의를 얻지는 못했지만, 세계보건은 보건에 대한 책임을 국제적으로 같이 하는 것이라고 정의할 수 있다. 부유한 국가에 사는 사람들이 자국 내에서 연대를 실천하는 방법과 국경을 뛰어넘어(beyond the borders) 세계적으로 연대를 실천하는 방법은 크게 다르다. 보건의료비용과 보건의료의 필요에 있어서 가난한 국가와 부유한 국가는 많은 차이를 보인다. 중·저소득 국가는 전 세계 인구의 84%를 차지하고, 세계적 질병(global disease)의 90%를 차지하지만, 세계 경제의 20%, 전체 보건지출의 12% 수준 밖에 되지 않는다. 고소득 국가의 일인당 의료비는 저소득 국가의 100배 수준에 달하며, 생활비의 차이를 고려하더라도 고소득 국가가 보건의료를 위해 지출하는 비용은 30배 정도 높다. 공공의료비로 GDP의 7%를 쓰는 부유한 국가에 거주하는 국민이 자국민의 건강에 대해 갖는 책임의식에 대한 가치가 가난한 국가에 사는 국민보다 30배 정도 높다라면, 가난한 국가에 사는 국민은 보건의료에 있어서 부유한 국가 GDP의 0.21%와 동등한 수준을 기대할 것이다. 보건에서의 원조가 최근에 상당히 증가[2001년: 70억 달러(US) → 2007년: 218억 달러(US)]하였음에도 불구하고, 이는 여전히 부유한 국가 GDP[40조 달러(US)]의 0.05% 수준 밖에 되지 않는다.

의료서비스의 포괄적인 기본 패키지는 연간 일인당 최소 약 50달러(US)(경상가격)가 필요한 것으로 추정되었으나, 가난한 국가에서는 그 이상이 사용된다. 만약 그 정도의 돈이 필요하다면, 국내에서 자급자족으로 재원을 지속적으로 충당하기에는 당분간 현실성이 없는 것으로 보인다. 2007년 기준 10억 인구 규모의 GDP가 5,580억 달러(US)인 가난한 국가는 기본 의료 패키지[연간 일인당 584달러(US)]를 위해 연간 일인당 12∼15달러(US)를 조성할 수 있었다. 보건을 위한 현재의 국내 지출이 비교적 고무적이었으나, 현실적인 목표에 이르지 못한다. 즉, 탄자니아의 GDP는 380달러(US)였으나, 보건의료에 대한 지출은 9달러(US)였다. 가난한 국가에서 이 금액은 연간 일인당 35∼38달러(US)[또는 10억 명당 350억∼380억 달러(US)]의 재정적 차이를 보였다.

국제적 의료구호 운영이 도입된 곳에서의 갈등과 위기의 상황에서, 재정의 지속가능성은 고려되지 않았다. 그 이유는 의료구호 운영은 사람들이 재난이 발생하기 이전의 상황으로 돌아갈 수 있도록 도와주기 위해서 반드시 필요한 개입이라고 여겨졌기 때문이다. AIDS에 대한 국제연합 공동계획(Joint United Nations Programme on HIV/AIDS)의 전임 회장인 피터 피옷_Peter Piot은 HIV/AIDS는 만성적인 위기로 여겨야 한다고 주장하였으며, HIV/AIDS의 영향을 받았던 국가를 이로부터 벗어났던 국가와 비교해볼 수 있다고 했다. 이로 인해 의료구호와 의학발전과의 차이는 희석될 수 있다.

국경 없는 의사회 벨기에사무소(Médecins Sans Frontières Belgium)[48]의 전 이사인 고릭 움스_Gorik Ooms는 가난한 국가가 보건 분야에 대한 국내 재정의 지속가능성을 목표로 하지 않는 것을 문제삼았다. 그는 조지 부시_George W. Bush 정부가 에이즈구제응급계획(US President's Emergency Plan For AIDS Relief, PEPFAR)을 시작하였을 때, 용어에 '구호'가 들어가 있음을 관찰하였다. 그리고 PEPFAR가 PEPFADA[DA는 개발지원(Development Assistance)임]보다 단지 소리가 더 좋았기 때문에 사용한 것이 아니라고 했다. 에이즈구제응급계획(PEPFAR)은 의료구호프로그램으로 여겨졌고, 예측 가능한 재정의 자급자족이 목적이 아닌, 위기의 상황에 긴급하게 대응하기 위한 것으로 여겨졌다. 유사하게, 에이즈, 결핵 및 말라리아 퇴치를 위한 세계기금은 더 이상 재정의 지속성을 목표로 하지 않는다. 한 국가가 그들의 세계기금을 사용할 때는 현명하고 효과적으로 승인해야 하며, 세계기금의 지속적인 지원을 확신해야 한다. 세계기금은 거창한 목표[AIDS에 걸린 사람들에게 항레트로바이러스제(antiretroviral therapy) 제공에 있어서 과거에는 지속적으로 보급하지 못해서 묵살되었지만, 세계기금에서 장기적으로 지원을 하자 널리 보급되었음]의 잇점을 성공적으로 입증하였다. 이러한 접근법을 받아들이는 것은, 세계기금이 보건의료에 대한 접근을 인간의 권리라고 절대적으로 인식하는 것이다. 인간의 건강에 대한 권리와 필수요소로서의 의료서비스에 대한 접근성을 목적으로 하는 외국의 지원(foreign assistance)은 자선(charity)이 아니다. 연수 중인 변호사 옴스

48) 국경 없는 의사회(프랑스어: Médecins Sans Frontières, 영어: Doctors without Borders)는 1968년 프랑스의 베르나르 쿠슈네르 등 청년의사들이 주축이 되어 설립된 비정부기구(NGO)로, 나이지리아의 비아프라 전쟁에서 국제 적십자사 활동을 하다가 분리되어 설립되었다. 1981년 벨기에와 스위스가 가입하면서 조직이 국제적으로 성장하게 되었으며, 현재에는 스위스 제네바에 본부가 있으며, 26개 국가에 지부가 각각 설치되어 있다(http://www.msf.org/). 이 단체는 1996년 서울평화상을 수상하였으며, 1999년 노벨평화상을 수상한 바 있다.

_Ooms는 이것이 국제법률 상의 의무를 이행하는 문제라고 주장하였다.

최근에 뉴욕 타임스(*New York Times*), 로스앤젤레스 타임스(*Los Angeles Times*), 파이낸셜 타임스(*Financial Times*), 영국의학잡지(*British Medical Journal*)에 실린 논문들은 세계기금이 특정 질병에 초점을 맞춘 접근을 하는 것에 대해서 비판하고 있다. 세계기금은 이 (무상)서비스를 확대해야 한다는 것과 그들의 활동이 모성사망률이나 아동사망률을 감소시키는 것과 같은 보건 관련 새천년개발목표 달성에 있어서 충분하게 기여하지 못한 것이나 HIV/AIDS, 결핵, 말라리아를 제외한 다른 비감염성질환 등의 질병 발생률이 다시 증가하였다는 측면에서 압박에 시달리고 있다. 또한 이것은 보건의료체계를 전반적으로 강화하기에 충분하지 못했다.

그렇다면 포괄적인 기본 패키지를 보장하는 세계보건기금은 어떤가? 이러한 접근법은 많은 국제보건 구호단체들 간의 관계를 다양한 상호협정(bilateral agreements)뿐만 아니라 단일 질환 협정(single-disease agreements)을 포함해 합리화시키는 방법을 제공하고 절차를 통일시키며, 효율성을 높일 수 있다는 장점이 있다. 가난한 국가가 시민사회(civil society)에 의해 조정되고 공유될 패키지 요구서(package needs)를 제출한다면, 단 하나의 세계보건기금은 그들의 실제 우선순위를 반영해서 보장을 해야 한다. 통합은 또한 시민사회가 옹호와 모니터링에 있어서 책임감을 갖는 것을 가능하게 한다. 부유한 국가의 시민사회는 보건에 대한 국제원조를 위한 자금을 형성하는데 있어서 자국민을 동원하는 역할을 하고, 가난한 국가의 시민사회는 보건의료를 위한 국내 재원을 마련하고 그 돈이 잘 쓰일 수 있도록 역할을 한다. 가난하거나 부유한 국가의 시민사회는 모두 불법외화유출(illegal flight capital)[49]에 압박을 가해야 하며, 이러한 돈

---

49) 가난한 나라에서 상당한 금액의 돈이 규제기관의 감독을 빠져나가 부유한

이 보건의료의 불형평을 줄일 수 있는 곳에 쓰이도록 해야 한다. 유일한 세계보건기금을 통해 국제원조를 받음으로서 지속적인 정치, 경제적 관여를 방지할 수 있다. 개발 원조를 사용하여 UN회의에서 수혜국이 특정한 쪽으로 투표하도록 회유하거나, 그들의 천연자원의 착취에 있어서 유리한 조건을 제공하도록 하는 것은 방지되어야 한다.

만약 증가되거나 지속적인 국제원조 규모가 국내 재원의 마련을 줄이거나 침체시킨다면, 부유한 국가는 국제원조를 지속적으로 하려는 의지를 약화시킬 것이다. 세계보건기금은 수혜국의 합의와 지속적인 국제원조에 따라 증가된 것만큼을 포괄적 기본 의료 패키지에 할당하도록 하는 로드맵을 요구할 수 있다. 세계보건기금은 각 국가가 국내 재원으로써 조세 재원, 사회보험료, 민영건강보험, 미시-건강보험(micro-health insurance)을 포함한 지역보건재정(community health financing)과 제한된 가계 직접지출을 적절하게 조합하여 국가 특성에 맞는 해결책을 찾을 수 있도록 도아 왔다.

국내 또는 국제적인 통합, 위험의 공유와 모니터링은 연간 보건예산의 심한 기복을 막을 수 있다. 또한 현재와 같이 여러 개의 채널을 갖는 것(새로운 기부자가 불만족스러운 기부자를 대체하기도 함)보다 하나의 포괄적인 세계기금을 갖는 것은 재원이 잘못 사용되고 붕괴되는 것으로부터 막을 수 있는 유리한 위치에 있도록 한다. 시민사회의 참여는 재원이 붕괴하고 잘못 사용되는 것을 방지하는데 있어서 추가적인 '도구'가 될 수 있다.

또 다른 경제위기

나는 우리에게 있어서 가난한 국가를 도와주는 것이 필요(불가결)하

국가의 '안전한' 은행계좌로 이동하는 현상

다고 강조하고 싶다. 그들은 경제위기의 희생자이다. 만약 우리가 연대를 하지 않는다면, 그들이 새천년개발목표를 달성하기 위해서 했던 놀랄만한 노력이 무효화될 것으로 생각한다.

니콜라 사르코지_Nicolas Sarkozy[50], 2009

그 동안 세계는 '경기 침체(economic downturn)'라는 또 다른 경제위기의 '희생'이 되었다. 이러한 최근의 경제위기는 전 세계인과 (부유하거나 궁핍하거나) 모든 국가에게 영향을 미쳤고, 결국 일반적인 경우처럼 궁핍한 사람들은 부유한 사람들에 비해서 더욱 많은 고통을 받았다. 비록 이러한 위기가 끝난 것은 아니지만, 가난한 국가의 투자, 무역(기본 생산물의 가격은 이미 하락하였음)과 신용은 이미 후퇴하였고, 그래서 세계는 점점 더 상호의존적인 재정 구조가 되었다. 비록 이러한 재정 구조가 시장경제를 과신하도록 했고, 일부 부유한 국가에서의 규제 완화는 현재의 세계 위기를 만들었지만, 그 누구도 폐쇄 자치 경제(closed autonomous economies)로 다시 되돌아갈 것이라고는 생각하지 않는다. 보호무역주의(protectionism)를 성명했던 정부지도자들은 즉시 동료, 경제학자와 미디어로부터 비판을 받았다. 그것은 지난 위기에서 배웠던 최소한의 한 가지 교훈 때문이다. 대부분의 부유한 국가들의 정부는 자신의 원조 수준을 줄이지 않을 것이라고 성명을 내었다. 이것은 희망적인 신호였다. 일부 경제위기를 다루고자 국제적으로 공유된 책임감은 국제 책임으로 확대되었고, 국제빈곤과 불형평을 조정하는 한 가지 방법으로써 세계

---

50) 프랑스의 정치가(1955~). 헝가리 이민 2세로서 부모의 이혼으로 어려운 유년 시절을 보내고 법학을 전공하여 변호사가 되었다. 22세에 파리 근교의 시의원으로 정치에 입문하여 예산장관, 내무장관과 경제장관을 거쳤다. 2007년 5월 집권당인 대중운동연합(UMP)의 후보로 사회당의 세골렌 루아얄을 누르고, 제23대 대통령에 당선되었다.

보건을 위한 연대를 증가시킬 수 있고, 경제를 조직하는 다른 방법이 될 수 있다고 주장하였다. 재원 마련에 있어 혁신적인 방법에는 특수 비행기세 도입과 이로부터 창출된 이익을 이용한 국가간 통합기금 마련하기, 가난한 국가의 시장 가격을 낮추기 위한 집중관리약품 조달하기, 담배세를 통한 보건 분야 재원 확보하기 등이 있다. 부채를 보조금으로 교환하거나 차관을 보조금으로 바꾸는 방안 역시 또 다른 시도가 될 수 있고, 확대할 수 있으며, 보건의료제도를 강화할 재정 마련에 있어서 도움이 될 수 있다. 무엇이 이상적(Utopian)인가? 여기에서 제안된 생각들은 의심할 여지없이 대담하지만, 지금이 경제위기에 맞서 건강불형평을 포함하여, 빈곤을 완화시킬 야망을 반드시 강화해야 할 적당한 시점이다.

더 읽을거리를 위한 자료와 제안

Brian Abel-Smith의 『*An Introduction to Health Policy, Planning and Financing*』(London: Longman, 1994)은 고전적인 원문을 유지하고 있으면서 1980년대 경제위기에 대한 뛰어난 시각과 함께 가난한 나라에 있어서 구조조정프로그램, 보건재정과 보건서비스 전달에 대한 중요성을 제공하고 있다. Pablo Gottret와 George Schieber에 의해 저술된 『*Health Financing Revisited: A Practitioner's Guide*』(Washington, DC: World Bank, 2006)는 보건재정에 대해 잘 연구된 보편적인 소개서이다. 저소득 국가에서 여러 사례연구에 대한 정보를 제공하고 있다. Gorik Ooms의 박사학위논문인 『*The right to health and the substantiality of health care: Why a new global health aid paradigm is needed*』는 http:/www.ichr.org/files/academia-doctoraat%20Gorik%20Ooms_0.pdf에서 확인(2009년 3월 3일에 접속)할 수 있는 데, 이는 아주 재미있고 영감

적인 아이디어뿐만 아니라 반드시 읽어볼만한 내용이다. 1994년 6월 헬레나가 참여한 지불의도에 대한 연구는 Gijs Walraven가 *Health Policy and Planning* (1996; 11: 428-437)에 'Willingness to pay for district hospital services in rural Tanzania'라는 제목으로 보고한 것이다. Alexander Preker 등의 연구인 'The effectiveness of community health financing in meeting the cost of illness'는 *Bulletin of the World Health Organization* (2002; 80: 143-150)에 보고되었다. Manuela De Allegri와 그의 동료들은 지역사회 의료보험의 평론에서 극복하기 어려운 주요한 것을 *Tropical Medicine and International Health* (2009; 14: 586-589)에 'Community health insurance in sub-Saharan Africa: What operational difficulties hamper its successful development?'이라는 논문으로 보고하였다. Enrico Pavignani와 Alessandro Colombo의 인용 문구는 세계보건기구 매뉴얼인 'Analysing disrupted health sectors: Analysing health sector financing and expenditure'의 모듈 6에 있으며, http://www.who.int/hac/techguidance/tools/disrupted_sectors/module_6/en/index.html에서 얻을 수 있고(2009년 3월 24일에 접속), Nicholas Sarkozy는 2009년 4월 1일 *International Herald Tribune*에 'Toward the G-20'라는 제목으로 세계적 관점 논문(Global Viewpoint Article)을 기고하였으며, 이것을 본 장에서 인용하였다. 2008년 9월에 만들어진 High Level Taskforce의 두 연구진이 Innovative International Financing for Health Systems에 관해서 쓴 보고서는 www.internationalhealthparnership.net/CMS_files/documents/working_group_1_-_report_EN.pdf(이 보고서는 '규모를 크게 하는 것'과 '비용'을 억제해야 함을 강조하였음)와 www.internationalhealthpartnership.net/CMS_files/documents/ working_group_2_-_report_EN.pdf (이 보고서는 자금을 다양화하고 늘리는 방법에 대해서 논의하였음)이며, 이 두 개의 보고서들은 모두 접근 가능하다(2010년 1월 29일에 접속함).

제 12 장

국경인근지역 보건의료

'세상의 숨겨진 지붕'에서 내려와 강물이 잊힌 사람들에게 말하며, 미지의 땅에 대한 비밀을 속삭인다. 그 땅은 우리 민족의 발상지를 뒤흔든 것으로 보인다. 이란과 투란 사이의 전설적으로 긴 워터 마크, 이것들 때문에 인간의 운명 깊숙한 곳에 수로가 생겨났다. 전 세계적 정복자들인 알렉산더_Alexander와 타메를란_Tamerlane은 옥서스(Oxus) 강에서 말의 갈증을 풀었다. 동유럽의 시인들은 그 분수에서 영감을 얻었다. 아랍의 지리학자들은 그것을 세상의 모든 강보다 양과 깊이 그리고 숨결에서 우월하다고 자랑했다.

조지 나타니엘 커즌_George Nathaniel Curzon[51], 1894

---

51) 영국의 정치가(1859~1925). 인도 총독이 되어 벵골 분할법을 시행하는 등 제국주의 정책을 추진하였으며, 외상(外相)에 올라 소련과 폴란드의 국경으로서 커즌 라인을 제안하였다.

사남_Sanam 이야기

6개월 전에 아내가 죽었던 다우라트_Dawlat와 나는 전화로 대화를 나누었다. 그와 직접 말하는 것이 훨씬 좋았지만, 내가 지금 있는 곳에서 고작 3km 떨어진 그의 마을로 가기 위해 옥서스강에 있는 국경 사이의 다리를 건너는 것이 허락되지 않았다. 나는 타지키스탄이나 고르노바다흐샨의 코로그에 있었고, 그는 아프가니스탄 바다흐샨의 바쇼르에 있었다. 타지크 아프간 국경은 타지키스탄의 대통령이 고르노 바다흐샨으로 방문할 거라고 예상되면서 안보를 이유로 폐쇄되었다. 국경은 4일간 폐쇄되었는데, 그 기간 동안 타지키스탄에서 응급의료가 필요한 환자를 포함하여 아무도 국경을 넘는 게 허용되지 않아 다른 지역에서는 이용할 수 없었다. 바로 이것 때문에 2007년 12월에 사남이 사망하였다. 그녀는 30세의 여성으로 두 아이의 엄마였는데, 심각하게 화끈거리는 복통, 복부 팽창과 3일 동안 대변을 보지 못하는 병력으로 사망했다. 그의 부모님들과 함께 사남을 돌보던 남편 다우라트는 3일 동안 아내가 어떤 것도 삼키지 못했으며, 삼키면 다시 토했다고 보고했다. 그는 또한 아내가 창백해 보였고, 죽기 전날에는 특히 가슴 통증을 호소했고, 그 통증은 흉골까지 뻗쳐 지속되었다는 생각이 든다고 했다. 아내는 임신 3개월 중이었는데, 이미 한 번 출산 전 관리를 받은 적이 있었다. 이는 이전에 임신했을 때에는 가능하지 않았던 것들이다. 그 당시에는 이 지역에 보건센터가 없었기 때문이다. 다우라트는 아내가 아팠던 첫 날 바쇼르에 있는 보건센터에 데리고 갔고, 검사 후 의사는 그녀가 '급성복통증'을 앓고 있기 때문에 응급수술을 해야 하기에 병원에 이송할 필요가 있다는 결론을 내렸다. 의사는 그녀를 국경 맞은편의 병원으로 이송하기 위해 문의를 했다. 바쇼르에 있는 보건센터에서 코로그병원을 바라보면 볼 수 있는 거리였다. 정말로 옥서스강 너머에 단지 국경과 다리로만 분리되어 있을 뿐이다. 특히 겨울에는 이 높은 산악지역에서 코로그병원은 환자들이 진료를 받을 수 있는 유일한 장소였다. 아프가니스탄 바다흐샨에 있는 유일한 병원은 다우라트와 그의 가족이 살고 있는 마을에서 결코 접근할 수 없는 거리에 있기 때문이다. 의사는 국경 경비대로부터 국경이 폐쇄되었다고 들었고, 경비대는 국경을 건너는 것을 허락하지 않았다. 국경의 양쪽에 있는 보건의료기관들이 관여하여 미친 듯이 서둘러 시도했음에도 불구하고, 사남이 병에 걸린 지 3일 후에 사망할 때까지 국경을 건너도 좋다는 허가는 내려지지 않았다.

내가 생각하기에 임신 초기에 보이는 급성복통증의 전형적인 증상과 징후(그래서 사남의 죽음이 임산부의 사망으로 분류되어야 한다), 그리고 극심한 빈혈이 있는 한 여성의 병력에 기초하여 판단할 수 있는 가장 가능성 있는 진단은 자궁외 임신 파열이었다. 장폐색이나 천공은 다른 진단에서 발견될 가능성이 높다. 내가 그녀의 병력으로 추정해보기에, 사남이 국경을 넘을 수 있었고 안정을 찾아서 마침내 필요한 복부수술을 받았다면, 충분히 생존하여 회복할 수 있는 좋은 기회가 있었을 것이 분명하다.

잔혹한 게임의 땅

북쪽에 귀를 기울여라, 내 아들아, 거기에는 바람 따라 다툼이 있다;
앞에는 코사크사람(Cossack)의 발굽에 의한 발자국 소리가, 뒤에는 회색의 커다란 코트가,
매우 놀랄만한 유형의 국경 따라 다툼이 있네!
오, 옥서스강의 물결 따라 다툼이 있네!

루디야드 키플링_Rudyard Kipling[52], 병사 세 명, 1888

사람들이 과거에 했던 것보다 잔혹한 게임을 더 많이 비평하였다.

존 키이_John Keay, 남자와 산이 만날 때, 1977

중앙아시아의 높고 추운 산간지역은 한 때 '잔혹한 게임(Great Game)' 시에 격전지역이였다. '잔혹한 게임'이란 용어는 영국과 러시

52) 『정글 북』을 비롯한 많은 단편소설을 쓴 인도 출신의 영국 소설가 겸 시인(1865~1936). 『7대양』 등이 당시의 대영제국주의에 호응하였기 때문에 애국시인으로 선전되기도 했다. 1907년 노벨문학상을 수상했다.

아가 중앙아시아와 그 주변지역(아프가니스탄, 파키스탄, 타지키스탄)을 차지하기 위한 경쟁과 갈등의 시기를 일컫는다. 지금, 러시아와 영국 제국의 승계국이 한 때 잊혔던 이 지역을 다스리고 있다. 내가 생각하기에 이들 지역사회의 건강상태, 특히 국경지역(아프가니스탄, 파키스탄, 타지키스탄)에 인접한 곳에 살고 있는 여성과 어린이들의 건강상태는 이 국가들의 도전, 성공 그리고 실패를 어느 정도 반영하고 있다. 이 인접지역의 지역사회들은 민족적, 종교적 및 문화적으로 공통점이 많지만, 이들의 보건지표들은 불균형 해소에 대한 정부와 비정부 관계자들의 능력과 노력에 따라 많은 차이를 보인다.

기반 보건의료기관이 최소 수준에 불과하고, 현대적인 보건서비스가 거의 제공되지 않는 산간벽지인 아프가니스탄 바다흐샨주에서 린다 바틀릿_Linda Bartlett은 다른 조사원들과 함께 가임 연령층의 사망률을 조사하였다. 2005년의 조사결과에 따르면, 3년 동안(1999년 4월~2002년 3월) 모성사망비가 가장 높았고(100,000명당 6,507명), 영아사망률(infant mortality rates)도 매우 높았다(1,000명당 217명)고 보고하였다. 옥서스강(판지주 아무다야) 건너편에는 새로 독립한 타지키스탄공화국의 고르노바다흐샨주가 있다. 이 지역은 舊소련의 보건의료체계로부터 도움을 받아서 불과 1994년만 해도 모성사망비(100,000명당 54명)와 영아사망률(1,000명당 28명)이 비교적 낮았다. 동 신생공화국의 자치주에 대한 최근 조사는 보건의료제도가 소련의 통치 시대 동안 달성되었던 지표들을 유지하지 못했다는 것을 보여주고 있다. 파키스탄의 다른 지역과 멀리 떨어져 있는 분쟁지역인 북부지역은 전통적으로 지방정부기관들이 매우 취약하였다. 그러나 지난 20년 동안 여성과 아동의 보건지표들이 괄목할 만큼 개선되었는데, 모성사망비가 100,000명당 550명에서 68명으로, 영아사망률이 1,000명당 158명에서 31명으로 각각 큰 폭으로 감소되었다. 여성과 유아, 특히 신생아의 사망에 대한 보고가 미흡하다는 국제적인 지적이 있었고, 이 3개 지역에 대한 자료 취합방법에도 차이가 있어 그 측정치를 직접 비교하기는 어려웠다. 하지만, 아프가니스탄 바다흐샨주에 비해 파키스탄 북부지역과 고르노바다흐샨주의 여성과 유아들의 사망위험이 현저하게 낮은 이유가 무엇인지, 또한 실제 그 큰 차이가 무엇 때문에 발생하는지 조사해야 할 필요성을 강하게 시사해주고 있다.

아프간 바다흐샨과 국경인근지역의 여성과 아동 사망

아프가니스탄 북동부지역

아프가니스탄의 바다흐샨주 보건당국이 직면하고 있는 도전은 가공할 만하다. 지역주민들은 매우 가난하고 대부분 문맹이며, 넓은 곳에 흩어져 산다. 여성의 이동이 자유롭지 못하고, 보건의료기관은 거의 없거나 열악하다. 또한, 해당 보건의료인력들은 교육을 제대로 받지 못한 채 그 배치 인원도 소수에 불과하였다(표 12.1 참조). 아프간 정부는 국제원조단체들의 지원 하에 이 지역의 보건사업을 시행하고자 아가칸 개발 네트워크(Aga Khan Development Network, AKDN)와 위탁계약을 체결하였다. 보건부 정책에 따라 이 프로그램은 2003년에 시작되었는데, 하나의 비정부단체에게 한 지역이나 마을에 대한 보건서비스의 계획 수립, 실행 및 모니터링을 모두 맡기고 있다. 이러한 접근법은 업무의 중복을 피하고, 효율적인 자원관리를 보장하며, 프로그램 관리를 효과적으로 추진하려는데 있다.

보건서비스는 아래와 같이 3단계의 의료전달체계를 통해 제공되도록 구성되어 있다.

- 지역사회 보건요원: 지역사회 인구 약 1,000명당 문맹이 아닌 지역 원주민 중에서 남녀 담당자를 되도록 각각 1명씩 보건요원으로 선정한다.
- 보건소: 주로 외래환자서비스와 통상적인 분만서비스를 제공하고, 인구 5,000명~10,000명을 담당한다.
- 종합 보건의료원: 입원환자를 처리할 능력이 있고, 종합적인 산부인과 서비스(제왕절개술과 수혈 포함)를 제공하며, 최소한 인구 25,000명을 담당한다.

2009년 말경 아프가니스탄 바다흐샨주 국경지역의 지역보건망에는 99개 마을의 198명 지역사회 보건요원, 17개 기초보건소 및 3개 종합 보건의료원이 포함되어 있었다. 이 보건계획에는 157,000명으로 추산되는 지역주민에게 보건관리서비스를 제공하면서 다음과 같은 기본적인 중재 보건사업들이 포함되어 있다. 즉, 아동 예방접종, 영양보충/검사, 폐결핵, 산전/출산/산후 관리, 가족계획 및 기초 치료서비스(아동질병 통합관리 포함) 등이다. 지역 내 조산학교가 한 곳 설립되었는데, 이 지역에서 병원이 투자한 유일한 학교이다. 지금까지 18개월 동안 아동보육, 건강증진과 질병예방과정 등에 대하여 교육받은 80명의 졸업생들이 배출되었으며, 이들은 각자의 고향과 가장 가까운 보건소에 배치되었다. 산이 많아 고립된 이들 지역의 지리적 접근성 차이를 해소하기 위하여 보건의료시설과 가까운 곳에 산모대기소의 추가 개설의 가능성과 타당성에 대하여 현재 운영되고 있는 대기소의 긍정적인 결과들을 바탕으로 검토를 수행한 바 있다.

보건서비스 외에 다른 중재 프로그램들도 실행되고 있다. 교육(여성교육 위주), 자연자원관리, 영농/마케팅, 수자원/위생시설, 도로건축, 원격통신, 전기, 소액금융, 소기업 개발, 시민사회 활성화 등의 프로그램이 지역개발프로그램으로 구성된 경제개발 및 문화회복

활동과 결합되어 있다. 이러한 접근법이 여성/아동사망률에 미치는 효과에 대한 판단은 아직 유보적이다. 사남은 아직까지 도움을 받지 못했지만, 2004년~2009년에는 보건서비스의 제공과 활용도가 증가되는 유망한 조짐을 보였다.

파키스탄 북부지역

파키스탄 북부지역은 현재 강력한 지방정부기관들이 없이 종파간 긴장으로 고통을 겪고 있는 분쟁지역으로서 날씨가 좋아야만 육로와 항로를 통해서 접근할 수 있다. 공공서비스의 제공이 과거나 현재에도 너무 제한적이어서 인구가 분산되어 있는 외딴 지역의 대다수 주민들에게는 제대로 그 혜택이 미치지 못하고 있다. AKDN은 아프가니스탄 바다흐샨주에 도입한 모델과 유사하게 3단계 보건계획을 수립하였다. 지역사회를 중심으로 하는 이 모델은 건강증진과 질병예방 활동을 수행하는 지역사회 남녀 보건요원들이 상호 연계하여 민간의 비영리 보건의료시설 네트워크를 통해 서비스를 제공하기 위한 것이다. 지역사회들은 이런 보건의료시설의 신축에 참여할 뿐 아니라 적극 기여하고자 토지와 노무를 제공하고 (제한적으로나마) 적은 수수료를 지불받고 있다.

1980년 이후 여성과 아동보건지표들이 모두 현저한 개선을 보였다. 이 보건의료체계에서는 지역사회조산원("여성보건방문원"이라 불림)이 중요한 역할을 하였다. 이 여성들은 여성/아동보건관리 역량이 있는 1급 보건전문가로서 지역사회 보건요원들을 지속적으로 교육/감독하고, 여성/아동보건관리업무(가정 분만과 보건소 분만 포함)를 수행하며, 마을 수준의 기초보건과 종합보건을 연결시키는 역할을 한다. 보다 많은 관심이 집중되고 있는 부분은 교육과 감독의 유지, 치밀하게 공공서비스의 조정/준비(공급, 교육과 의사소통 포함)를 통해 좋은 환경을 촉진시키는 것이다. 지역사회들은 지방보건위원회를 통하여 지역사회조산원들의 안전과 복리를 적극적으로 지원한다. 적기에 환자 의뢰를 보장하고자 시설중심적인 보건서비스의 질적 수준의 향상과 함께 지역사회의 합병증관리 능력, 그리고 비상상황 대처능력을 제고시키려는 노력이 동시에 진행되어 왔다.

타지키스탄

고르노바다흐샨주 지역사회들의 보건상태가 비교적 양호한 상태로 유지된 이유는 (舊)소련의 보건의료체계의 기여 때문이었다. 그렇지만, 고르노바다흐샨주의 병원의 병상과 인력은 오히려 과잉 상태였다(인구 1,000명당 병상수, 의사와 간호사 수가 각각 9개, 2명과 16명으로 추산)(표 12.1과 그림 12.1 참조).

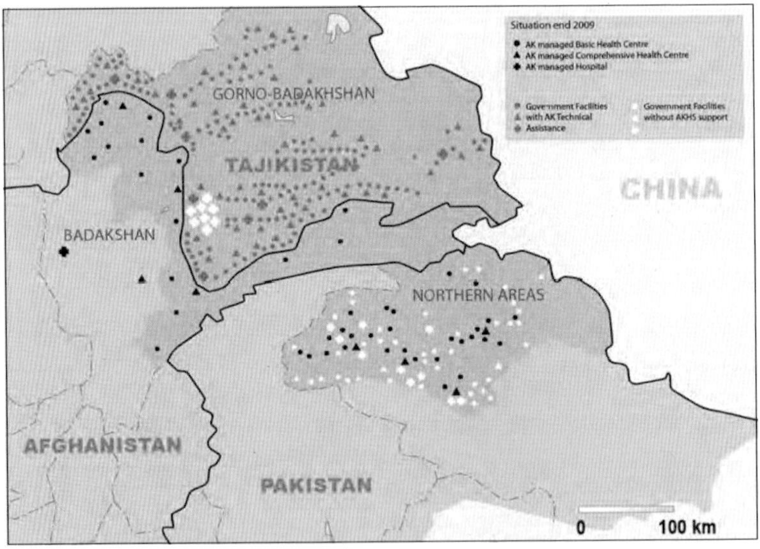

그림 12.1 아프간 바다흐샨주, 파키스탄 북부지역(현재는 길지트-발티스탄)과 타지키스탄 고르노바다흐샨주의 국경인근지역들의 보건의료기관 현황

표 12.1 아프가니스탄과 아프간 바다흐샨주, 파키스탄과 북부지역, 타지키스탄과 고르노-바다흐샨주 보건지표

보건지표	아프가니스탄		파키스탄			타지키스탄		
	바다흐샨주 2004(1)	아프가니스탄 2005(2)	북부지역 1986(3)	북부지역 2004(4)	파키스탄 2005(2)	고르노-바다흐샨주 1994(3)	고르노-바다흐샨주 2004(3)	타지키스탄 2005(2)
보건사업별 수혜 인구 수	133,000	28.6 m	283,000	312,000	154.8 m	228,000	213,000	6.4 m
모성사망률(출생아 100,000명당)	6,507	1,900	550	68	500	54	116	59
영아사망률(출생아 1,000명당)	217	165	158	31	79	28	38	71
5세 미만 유아사망률(출생아 1,000명당)	323	257	n.a.	39	99	n.a.	52	100
기대여명(년)	46	46	53	67	64	n.a.	69	64
기대여명: 남성의 비율에 대한 여성	96	101	102	102	101	n.a.	110	109
피임약 보급률(%)	1	10	n.a.	33	28	32	45	34
출산 시 숙련된 조산사(%)	2	14	13	88	31	70	76	71
1세 영아의 홍역 예방접종률(%)	69	64	11	90	78	40	70	84
성인문맹률, 여성(%)	11	13	9	32	36	n.a.	98	99
초등학교 입학률, 여성(%)	70	56	13	66	69	n.a.	100	97
안전한 물 사용 인구비율	0.3	39	5	58	91	36	36	59
적절한 위생시설 사용 인구비율	0	34	8	51	59	83	83	51
인구 1,000명당 의사 수	0.1	0.2	n.a.	0.3	0.7	n.a.	2.1	2
인구 1,000명당 간호사 수	0.2	n.a.	n.a.	1.6	n.a.	n.a.	8.9	n.a.
인구 1,000명당 (병원) 병상 수	0.2	0.4	n.a.	0.8	0.7	n.a.	9.1	6.1
매년 1인당 전체 수입 평균(US$)	80	250	132	288	690	n.a.	235	330
1인당 AKDN 보건사업 운영비용(US$)	11.2	n.ap.	n.a.	6.7	n.ap.	1.8	5	n.ap.

m = million (백만), n.a. = not available (이용 불가), n.ap. = not applicable (적용 불가)

(1) Bartlett 등의 연구(2005)에서 인용한 모성, 영아 및 5세 미만 유아사망률에 대한 자료, 복합지표모음(multiple indicator cluster, MICS)과 지식실천범위(knowledge practice coverage, KPC) 모듈 및 방법론(www.childinfo.org/mics과 www.childsurvival.com./kpc2000 참조)을 활용한 관할구역의 인구를 대상으로 한 특별 조사에서 얻은 나머지 자료

(2) www.unicef.org/infobycountry(일차 자료원)와 www.worldbank.org/data/countrydata(결측 자료를 위해 사용된 2차 자료원)로부터 획득한 자료(둘 다 2007년 11월 30일에 마지막 접속). 주: 2005년 자료는 이용할 수 없었으며, 표에는 이용할 수 있는 가장 최근 연도의 자료를 보여주고 있다.

(3) MICS와 KPC 모듈 및 방법론(www.childinfo.org/mics과 www.childsurvival.com./kpc2000 참조)과 유사한 설문지를 이용한 관할구역의 인구를 대상으로 한 특별 조사에서 얻은 자료. 모성사망률을 추정하기 위해서 가임여성 사망률조사 방법론이 사용되었다.

(4) 사망률자료를 포함한 인구자료는 관할구역 인구 안에서 시행된 정기 인구감시체계로부터, 나머지 자료는 특별조사에 의해 각각 얻었다.

소련이 광범위하게 제공하고 막대하게 자금을 지원했던 보건의료시설과 서비스들은 소련의 붕괴로 보조금 중단과 내전(1992~1997년) 이후 거의 제 기능을 발휘할 수 없는 상태가 되었다. 보건소를 비롯한 공공보건기관들은 국가중심체제에서 시장중심체제로 전환될 것으로 예상되었다. 시간이 지나면서 정부는 구조 변화의 필요성을 인식하여 보건개혁계획을 수립하였다. 모든 국민에게 비용효과적인 보건의료를 지속적으로 제공한다는 비전을 달성하려는 정부는 효과적인 공중보건 수단들을 활성화하고자 하였다. 즉, "가족의료" 전문성을 발전시켜 기본적인 보건관리를 개선하고, 보건전문가의 능력을 향상시키며, 보건의료체계 개발과 관리에 지역사회를 참여시키는 것이었다.

여성/아동보건 중재 프로그램에 속하는 내용은 다음과 같다. 지역수준 교육의 제공과 보건의료시설의 고급화/설치를 통한 출산 준비, 신생아 보육과 합병증에 관한 인식 제고, 교육을 통한 신생아 보육과 진료 개선, 모유수유/아동발육/보양식에 대한 교육, 일상적인 발육 관찰과 연구에 대한 지원, '분말주머니(비타민, 엽산, 철분 및 아연이 담긴 봉지)'를 이용한 가정 중심적인 영양 강화식품 접근법 채택의 타당성과 효과시험을 통한 산모와 유아 영양, 지역사회 보건담당자의 보건/위생 활성화를 통한 세대별 음용수 공급과 위생 등이다.

여성과 아동의 보건지표, 보건의료체계와 어려운 환경

위에서 설명한 경험들은 공식적인 연구결과는 아니다. 따라서 특정 중재 프로그램들에 따른 효과라고 결론짓기는 어렵다. 더구나 파키스탄 북부지역의 여성/영아사망률 감소가 전적으로 보건계획의 개입에 의한 결과라고 결론짓는 것도 부정확할 수 있다. 국민의 교육 수준 향상, 여성의 권리 강화 및 운송기반의 개선 등의 요인들도 의심할 여지없이 중요한 것이다. 혹자는 여성/영아사망률 감소가 보건계획의 내부요인들이 복합적으로 상호작용한 결과를 반영하는 것이라고 주장할 수는 있지만, 그 외에도 정치/경제/사회/문화 분야의 요인들도 영향을 주었다고 본다. 여성의 업무역량, 영양상태, 교육수준, 생산자원에 대한 접근성과 사회적 지위는 특유한 성별 관계의 배경뿐만 아니라 경제자원의 수준과 배분에 의해서도 영향을 받는다. 이러한 요인들은 이번 장에서 논의한 3개 지역들의 상이한 보건 접근성 수준에 따라 상호작용하여 여성과 유아/아동의 매우 다른 결과를 낳았다.

여성과 영아사망률의 감소는 중대한 도전과제이다. 이것은 특히 '어려운 환경(difficult environments)'에서는 더욱 그렇다. '어려운 환경'이란 국가가 국내외 자원들을 효과적으로 활용하여 빈곤을 줄일 수 없는 환경이라고 정의할 수 있다. '어려운 환경'으로 인식되는 지구촌 많은 지역들에서 상당한 개선이 일어나지 않는 한, 가난하지만 잘 관리되는 다른 환경에서 아무리 진전을 이룩해도 지구촌 새천년개발목표(Millennium Development Goals)(모성사망비의 3/4와 5세 미만 아동사망률의 2/3을 줄이는 목표도 포함)가 달성되지 못할 것이라고 각종 전망치들은 제시하고 있다.

자원이 제한되어 있는 각종 어려운 환경에서 효과적이고 공평한 보건서비스를 준비하여 제공하고, 비용을 지불할 수 있다는 증거들은 매우 미미하다. 아프가니스탄 바다흐샨주, 파키스탄 북부지역과 타지키스탄 고르노바다흐샨주 같은 어려운 환경에서 보건서비스를 제대로 제공하기 위해서는 이 지역들이 극복해야 할 '함정' 때문에 많은 도전과제들이 대두된다. '함정'은 폴 칼리어_Paul Collier가 한 논문에서 언급한 "수십억의 최빈국 최저층들이 실패하고 있는 이유와 그에 대하여 취할 수 있는 대안"을 준비하는 과정에서 인식된 것이다. 이러한 함정들은 내전과 내륙지역으로 인해 초래된 열악한 관리 상태와 관련이 있다. 여성과 아동의 보건지표들을 개선하기 위해 중시해야 할 사항은 보건의료체계를 강화하고, 정보와 보건의 접근성을 제고시키며, 관련 지역사회 문제와 개발 문제들을 검토하는 것이다.

인적 자원을 개발하고 질적으로 개선된 중재 프로그램들을 도입하여, 지속적이고 확대된 규모로 프로그램을 실행하는 것은 보건의료체계를 강화시키기 위한 최우선 과제로 인식되어 왔다. 파키스탄 북부지역에서는 지난 20년 동안 그래 왔고, 고르노바다흐샨주와 아프가니스탄 바다흐샨주에서는 최근에 부각되었다. 그럼에도 어려운 환경에 대한 여성/아동보건 프로그램의 규모 확대와 지속은 거의 달성되지 않았다. 예를 들어, 여성과 아동사망률을 감소시킨다는 기본 목표 하에 20년 동안 이 프로그램을 실행한 결과, 파키스탄 북부지역의 비용회수율은 50% 정도를 보이고 있다. 나아가 특정 프로그램의 부분적인 성공은 서비스에 대한 기대감을 높였고, 이는 비감염성질환과 손상/사고에 대한 보건서비스 수요, 남성과 장년층에 대한 서비스 제공으로 발전되었다. 따라서 높아진 다양한 수요와 니즈의 일시적 충족은 보건의료체계의 기반을 약화시켜 서비스의 수준 저하와 여성/아동사망률 증가에 기여할 수 있는 현실적인 위험이 도사리고 있다.

아프가니스탄의 보건사업은 성과중심적인 '계약 이외의 모델'이라는 틀 안에서 실행되고 있다. 관리는 정부의 보건부가 맡고 있다. 이들은 비정부단체들과 계약을 체결하여 규정된 서비스를 제공하고 표준지표를 기준으로 중재 프로그램들의 성과를 관찰하며 평가하고 있다. 국제원조단체들은 인구 1명당 기준에 입각하여 기금을 제공하고 있는데, 현재는 인구 1명당 3~6달러(US)(지역과 단체에 따름)로 협상된다. AKDN의 경험에 비추어보면, 지원된 자금이 실제 운영비용의 20~50% 정도에 불과한데, 인구 1명당 11.2달러(US)가 필요한 것으로 산출되었다. 제공지역의 지리적 접근성과 관련하여 가중치가 부여되었지만, 현저히 부족한 수준이었다.

원조기금 외에도 최근까지 소액의 수수료가 부과되었지만, 진료비 부담으로부터 빈민층을 보호하고자 많은 면제정책들이 병행하여 제공되었다. 부과와 면제 규정들은 마을 보건위원회가 소득 수준을 감안하여 결정하였다. 이러한 진료비는 총운영비의 4% 정도를 조달한 것으로 추산되었다. 중기적 관점에서 볼 때 규모의 확대는 지역경제가 개선된다 해도 외부기금의 확보에 따라 좌우될 것이다. 아프가니스탄은 국제원조단체들이 단기 이상의 자금 지원을 약속하지 않고 있는 점이 부분적인 원인이 되어 현재 자원이 충분치 않다. 통합프로그램과 지역개발 접근법이 복합적인 상승효과를 내면 보다 강력한 경제기반을 달성할 수 있지만, 이러한 접근법은 현재 마련 중이고 시간도 오래 걸릴 것으로 보인다.

타지키스탄(특히 고르노바다흐샨주)에서는 국가중심체제에서 시장중심체제로 전환되고 있어서 제공 시점에 무료로 보건관리서비스를 제공하는 중앙집중식 자금지원으로부터 사회건강보험에 의해 유지되는 혼합적인 자금지원 모델을 기초로 하는 보다 비용-효과적인 시스템으로 이동할 필요가 있다. 그러나 실제로는 예측한 대로 전환되지 않았고, 오히려 외부로부터 자본이 투입되어 급격하게 진행됨에 따라 보험 기반을 와해하는 결과를 낳았다. 재정 부족은 보건전문가들에 대한 비공식 지급액을 포함한 소액경비 지출의 대폭적인 삭감을 촉발시켰고, 이들은 자신의 일당이 1달러(US)로 감봉되고 동시에 담당 인구의 축소를 목격하게 되었다. 향후 가능한 대안으로는 주의 깊게 계획이 수립된 건강보험을 들 수 있다. 이는 보건개혁을 유도하고, 관리 수준을 관찰할 수 있는 체계를 잡아 줄 것이며, 지역사회와 시민사회단체들을 의사결정과정에 더욱 많이 참여시킬 것이다. 그러나 시간이 많이 걸릴 뿐만 아니라 모든 이해관계자들이 다음 사항에 대하여 합의를 이루어야 한다. 즉, (a) 계약관계가 얼마나 제대로 작용할 것인가, (b) 그러한 관계를 관장하는 규정들을 어떻게 수립할 것인가, 그리고 (c) 혁신을 장려하고 실패 위험을 줄이기 위한 규정들을 실행하는 능력을 어떻게 강화시킬 것인가 등이다.

'국경인근지역 보건의료(cross-border healthcare)를 위한' 사례(보고)

보다 많은 관심을 기울일 필요가 있는 또 다른 전략은 '국경인근지역 보건의료'에 입각한 접근법이다. 전통적으로 국경은 빈틈이 많아서 사람들이 쉽게 넘나들었는데, 그 목적은 종종 시장을 방문하여 거래하기 위해서이거나 결혼하기 위해서였다.

이는 1930년대부터 계속 바뀌었는데, 그 당시에는 타지크 국경이 러시아 국경수비대의 엄중한 통제에 놓임에 따라 국경들이 사실상 봉쇄되어 있었다. 소련이 붕괴된 이후 아프간-타지크(고르노)-바다흐샨 국경의 옥서스강에 있는 3개의 다리가 2003년부터 개통됨에 따라 각 지역사회의 수요에 맞추었던 종전의 관행들이 일부 복원되기 시작했다. 그러나 각 지역의 여성/아동 프로그램들은 최근까지도 국가와 시민사회단체들의 능력 범위 안에서 시행되어 왔다. 주요 관계자들의 능력에 많은 차이가 있기 때문에 그들의 노력은 매우 상이한 결과를 낳았다. 능력 배양은 장기적인 노력이 필요하지만, 당장 시작해야 하는 것이다. 또한 국경지역의 공조체계를 증진시키기 위해 노력한다면, 빠르지만 지속적인 개선으로 이어질 가능성이 있다. 우리의 경험에 비추어볼 때, 고르노바다흐샨주와 파키스탄 북부지역에서 문화적 배경이 흡사하고 동일 언어를 사용하는 보건전문가들을 모집하여 아프가니스탄 바다흐샨주로 배치하는 것은 보건전문가와 지역사회가 모두 받아들일 수 있는 유력한 방법이었다. 아프가니스탄 바다흐샨주의 일부 중환자들을 타지크병원에서 치료받게 하며, 고르노바다흐샨주와 아프가니스탄 바다흐샨주의 정책입안자들이 파키스탄 북부지역을 연구하고 다니면서 그 기본적인 보건관리제도의 관찰도 가능했지만, 사실 사남의 사례로 보면 실패이다. 보건전문가, 국경당국 및 정책입안자들과 함께 실시한 표적 집단(focus group) 토론과 심층면접조사에 의해 확인된 바와 같이 국경지역의 공동 보건관리는 달성될 수 있는 것이다. 그러나 이를 위해서는 반드시 지침을 잘 마련하고, 그에 따라 실행해야 한다는 전제조건이 있다.

극복해야 할 한 가지 주요 과제는 중앙정부 차원의 신뢰 부족인데, 이는 주로 국경 보안과 마약밀수 문제들과 관련이 있다. 그러나 효과적인 국경지역 공동보건정책의 개념 정립은 신뢰 구축을 위한 중요한 첫 걸음이 될 수 있다는 주장이 제기되었다. 비록 충분한 논의는 없었지만, AKDN의 정성적인 연구에 참여한 사람들이 제안하였고, 성공가능성을 상당히 높일 수 있는 조치 중에는 월경(越境) 절차의 단순화, 모든 중재 프로그램들의 원가를 투명하게 산정한 다음 원가를 전액 회수할 수 있는 수준으로 가격의 책정과 재원조달 방안에 합의, 그리고 각국의 모든 이해관계자들의 잠재적인 이익을 적절히 소통하는 것이다.

'국경지역 공동보건'정책은 3국의 인적 및 재정 자원들을 방출시킬 개연성을 갖고 있으므로 '전통적인 수단'에 의한 경우보다 상상이상으로 빠르게 진전시키는데 일조할 것이다. 왜냐하면 이러한 접근법을 택하면, 기존의 자원을 최대한 활용할 수 있기 때문이다. 보건전문가와 환자들이 '규정에 따른' 이동은 다른 지역(비록 유럽지역이지만)에서 얻은 경험상 비록 실행하기 쉽지 않을 수는 있지만, 가능한 것이다. 나아가 각국의 보건서비스의 다양한 능력을 활용함으로써 보건관리를 개선시킬 수도 있다.

빈곤의 여러 가지 얼굴

> 개발을 위해서는 폭정과 빈곤, 체계적 박탈과 경제 기회 미비, 억압적인 국가들의 과잉 행동과 공공시설 경시 등 자유를 침해하는 주요 근원을 제거해야 한다. 전례 없는 풍요로움이 증대되고는 있지만, 현대 사회는 많은 사람들의 기본적 자유를 외면하고 있다.
>
> 아마르티아 센_Amartya Sen, 1999

> 건강의 사회적 결정요인 위원회에게 있어서 건강불평등 감소는 윤리적 명령이다. 사회적 불평등은 너무도 많은 사람들을 죽음으로 내몰고 있다.
>
> WHO 건강의 사회적 결정요인 위원회, 2008

'국경을 초월한 보건정책'('cross-border health policy')이 지역 보건지표를 개선할 수는 있지만, 분명 만병통치약은 아니다. 빈곤에는 여러 가지 얼굴이 있다. 아파도 받아야 할 보건의료 지원을 받지 못하고, 더러운 물, 말라리아 혹은 예방접종만으로도 예방할 수 있는 감염병 등으로 인해서 아이들이 죽어가고 있다. 가난하면 학교에도 갈 수 없고, 읽고 쓰는 법도 모른다. 가난하면 직장도 없이, 불안감 속에서 하루하루를 살아간다. 가난하면 아무런 힘도 없고, 표현할 수도 자유를 누릴 수도 없다.

1998년 노벨경제학상을 수상한 아마르티아 센은 (개발의 필요조건으로 간주한) 자유를 정치적 자유와 시민권, 경제적 자유, 사회적 기회, 투명성 보장 및 방호 보안 등으로 이루어진 상호 의존성이 있는 꾸러미라고 정의한 바 있다. 그의 주장에 따르면, (의료, 교육 및 기타 사회서비스 등에 대한 조치 등을 포함한) 복지는 사람들이 필요한 바를 표면화시킬 수 있는 민주주의 제도를 통해서 착수할 수 있으며, 민주적 책임성을 바탕으로 하여 건강과 같은 광범위한 영향력이 있는 이슈를 다루는 지도자들에게 인센티브를 제공한다. 국가 내/국가 간 상당한 건강불평등은 부적절하고, 불공평한 보건의료 분배에서 비롯되었으며, 현재 건강의 사회적 결정요인이라 일컫는 것에 의해서 발생된다. 국가 내/국가 간 현저한 건강불평등의 원인은 권력, 소득, 상품 및 서비스의 불평등한 분배에 있다. 건강 및 의료 격차(gaps in health and healthcare)는 운명의 문제이기보다는 정책 실패를 나타내는 지표들이다. 건강불평등을 다루려면 지역적, 국가적, 세계적 차원에서 보건에 대한 사회·정의적 접근방법, 일차의료 및 보건의료제도 등을 우선시하고 강화해야 하며, 관련 분야 간 협력(inter-sectoral action)에 대한 지대한 관심 또한 필요할 것이다.

더 읽을거리를 위한 자료와 제안

Peter Hopkirk의 『잔혹한 게임(*The Great Game*)』(London: John Murray, 1990)에는 중앙아시아 전역에서 벌어진 치열한 전략적, 경제적 주도권 다툼을 논하고 있다. 반면, Paul Garnier의 『빈곤의 경제학(*The Bottom Billion*)』(Oxford: Oxford University Press, 2007)에는 세계 도처의 최빈국에서 벌어지고 있는 일과 그 이유에 관심 있는 이들을 위한 필독 도서이다. 또한 이 책에는 그들을 도울 수 있는 방법에 대한 자극적 견해들을 제시한다. 원문에서 참조한 Linda Bartlett 등의 논문, 'Where giving birth is a forecast to death: Maternal mortality in four districts in Afghanistan, 1999-2002'는 *The Lancet* (2005; 365: 864-870)에서 찾아볼 수 있다. 빈민 격차를 드러낼 수 있는 가장 중요

한 보건 중재 스케일-업에 관한 이슈들에 대해서는 K. Hanson 등의 'Expanding access to priority health interventions: A framework for understanding the constraints to scaling-up' (*Journal of International Development* 2003; 15: 1-14)를 참조하라. 이전의 국경을 초월한 보건 사례는 G. Walraven 등의 'Improving maternal and child health in difficult environments: Experiences in adjacent geographical areas in Afghanistan, Pakistan, and Tajikistan and the case for "cross-border" health care'를 *PLoS Medicine* (2009; 6: e5)에서 찾아볼 수 있다. 『자유로서 발전(*Development as Freedom*)』 (New York; Knopf, 1999)에서 Amartya Sen은 '사람들이 소중히 여길만한 이유를 가지고 살아가게 만드는 고양된 자유'로서의 발전을 정의하고, 이에 대해 부연 설명하고 있다. 건강의 사회적 결정요인 위원회의 최종보고서인 'Closing the gap in a generation: Health equity through action on the social determinants of health'는 WHO 웹사이트(www.who.int/social_determinants/final_report)에서 무료로 다운로드 받을 수 있다(최종 확인 날짜 2009년 10월 10일).

제 13 장

알마아타 선언의 재조명

나는 우리가 일차보건의료(Primary Health Care)의 가치, 원칙 그리고 접근으로 회귀하지 않는다면, 새천년개발목표(Millennium Development Goals, MDGs)에 도달할 수 없을 것이라고 확신한다.

마거릿 챈_陳馮富珍, Margaret Chan, 2007

30여 년 전 냉전시대에 카자흐스탄의 한 도시에 134개 국가의 보건전문가들과 정책결정자들이 일차보건의료 국제 컨퍼런스에 참석하기 위해 모였다. 1978년 9월 12일, 2000년까지 "전 인류의 건강(health for all)을" 달성하는 것을 목적으로 알마아타 선언이 발표되었다. "전 인류의 건강을"이라는 알마아타 선언의 목표는 '단순히 질병이 없거나 허약하지 않을 뿐만 아니라 신체적, 정신적 및 사회적으로 완전히 안녕한 상태'라는 세계보건기구(World Health Organization, WHO)의 건강에 대한 정의에 기초하고 있다. 그 당시 세계보건기구 사무총장인 하프단 말러_Hafdan Mahler는 알마아타 선언이 지역, 국가의 건강에서 가진 자와 가지지 못한 자의 숭고한 합의라는 드문 사례에 해당한다고 했다. 이 선언은 부적절하고 불평등한 보건의료가 경제적으로, 사회적으로 수용되지 않는다는 것을 언급할 뿐만 아니라 보건의료에 대한 접근성, 형평성, 지역사회 참여, 상호협력과 자원의 적절한 사용에 대한 핵심원칙을 가진 건강에 대한 세계의 해석에 혁명을 일으켰다. Box 13.1은 알마아타 선언에서의 일차보건의료를 설명한 것이다. 일차보건의료는 가정에서부터 병원에 이르기까지, 치료만큼 중요한 예방, 치료의 다른 단계에서 합리적으로 투자된 자원을 가진 보건의료의 모든 범위를 조직하는 방법을 제공한다.

그러나 불행하게도 2000년까지 "전 인류의 건강을"이라는 목표는 달성되지 못했다. 하프단 말러가 "전 인류의 건강을"의 의미에 대해 질문받았을 때, 그는 '목표는 2010년까지 모든 질병과 아픔을 뿌리 뽑는 것이 아니다; 그 목표가 당연히 불가능할 것이라는 점을 우리도 알고 있다'라고 말했다. 우리의 목표는 건강불평등에 대한 세계의 관심과 받아들여질 수 있는 건강의 수준에 도달하기 위한 노력에 집중하며, 전 세계에 동등하게 분배하는 것이다.

Box 13.1 *알마아타 선언으로부터 일차보건의료의 서술*

1. 사회적, 생물의학적 그리고 보건서비스 접근, 공공의료비와 관련된 결과의 적용을 기반으로 국가와 지역사회의 경제 상태, 사회문화적 및 정치적 특성을 반영하고 개발하라.
2. 건강증진, 예방, 치료 및 재활서비스를 제공함으로써 지역사회에서 주요한 건강문제를 다루라.
3. 적어도 유행하는 건강문제와 이를 예방하고 관리하는 방법에 대한 교육, 음식 제공과 적절한 영양의 촉진, 안전한 물과 기본적 위생의 공급, 가족계획을 포함한 모자보건, 주요 감염병에 대한 예방접종, 풍토병 예방과 관리, 일반적인 질병과 상해에 대한 적절한 치료 그리고 필수의약품의

제공 등을 포함하라.

4. 보건 분야 외에 국가와 지역사회 개발에 관련된 모든 영역 및 측면을 포함해라. 특히, 농업, 축산업, 음식, 산업, 교육, 주거, 공공업무, 의사소통과 다른 영역들; 그리고 이러한 모든 분야를 조정하는 노력을 요구한다.
5. 일차보건의료의 기획, 조직, 운영과 관리에 대해 지역사회와 개인들의 자기 신뢰와 참여를 최대한 요구하고 촉진해라; 적절한 교육, 참여하는 지역사회의 능력을 통해 개발해라.
6. 기능적이고 상호적으로 보조되는 후송체계를 통합하고, 모든 사람의 포괄적인 건강의 점진적인 향상을 유도하고, 가장 필요한 영역에 우선순위를 두는 방법에 의해 지속하라.
7. 지역과 후송 수준에서 보건 팀으로 일하며, 지역사회에서 표출된 보건의료 필요에 대응하기 위해 사회적으로, 기술적으로 교육받아야 하고, 필요로 하는 전통적인 보완대체요법사뿐만 아니라 의사, 간호사, 조산사, 보조원을 포함한 보건의료인력을 신뢰하라.

그렇다 하더라도, 알마아타의 포괄적인 접근은 거의 잘못 이해되어진 것 같다. 이는 의료기관(의원, 병원 등)에 대한 공격으로 간주되었고, 첫 번째(가장 기본적인) 수준의 보건의료에 대한 배타적인 집중이라고 혼동되었다. 또한 어떤 사람에게는 싸구려로 (가난한 사람을 위한 좋지 못한 의료, 가난한 국가를 위한 2급 해결방법이라고) 간주되었다. 선언 이후 1년 이내에, 하향식 접근법, 역학적 중요성과 기술적 가능성에 의해 납득할 수 있는 중재를 포함한 간단한 접근방법이 제안되었다. 이러한 더 선별적인 접근방법들은 지역사회에 선택을 하도록 권한을 부여하는 방법보다 더 용이하고, 측정가능하고, 빠르고 덜 위험하다고 여겨졌다. 예방접종과 가족계획 같은 이러한 중재는 지역사회의 권한 밖인 수직적 프로그램에 의해 제공되지만, 선택된 우선순위에 대한 높은 보장 수준에 빠르게 도달할 수 있다. 결핵의 부활과 말라리아의 증가와 관련된 HIV의 출현은 우선순위

질병의 선택적 관리와 사망률이 높은 응급상황에 대한 움직임을 강화시켰다. 건강 관련 새천년개발목표(MDGs)는 위와 같은 선택적인 접근방법과 긴밀히 연결되어 개발되었다. 새천년개발목표가 보건의료를 포함한 모든 분야에서 야심 찬 목표를 설정하였지만, 일차보건의료 제공에 대한 목표는 거의 없거나 아예 없다. 물론 새천년 선언(Millenium Declaration)에서도 일차보건의료에 대한 언급은 거의 없다.

이 책에서도 언급되었듯이, MDGs에 대한 진전은 불충분하다. 빈약한 보건의료체계는 모성, 신생아, 어린이 건강을 향상시키고, AIDS, 결핵과 말라리아로부터의 질병 부담을 경감하기 위한 노력의 성공을 제한시키고 있다. 감염병(급성 질병과 같이 거의 관리되고 있지만, 에이즈를 포함) 및 심혈관질환, 당뇨병, 정신질환과 암(이러한 질병들이 가난한 국가에서는 감염에 의해 발생하지만)과 같은 비감염성질환을 모두 포함한 만성질환의 새로운 유행은 얻고 있는 적은 잇점을 반전시켜 오히려 위협이 되고 있다. 게다가, 부상과 감염병 유행의 위협, 담배, 술, 마약과 같은 해로운 물품의 교역, 기후변화로 인한 건강결과, 해로운 건강생활 실천의 확산을 포함한 도시화 및 세계화와 관련된 다른 건강위험의 증가로 인한 어려움들이 나타나고 있다.

2008년 세계보건보고서(World Health Report)인 "일차보건의료: 지금부터 앞으로도(Primary Health Care: Now more Than Ever)"는 보건의료체계 발전을 저해하는 요인을 다루려는 집중이 적은 반면, 국제적, 국가적 정책 형성과정의 단일 쟁점에 대한 지속적인 집중에 관해 언급하고 있다. 하지만 반응성을 향상시키고 새로운 도전을 대비하기보다 단절되고 명확한 방향 감각 없이 한 단기 우선과제에서 다른 과제로 이동하는 것처럼 보인다. 2015년까지 새천년개발목표를 달성하기 위한 전진을 촉진하기 위해서 각 국가들은 효과적인 일차보건의료 수행을 통한 그들의 보건의료체계를 강화할 필요가 있다.

알마아타 선언의 일차보건의료 운동으로부터 무엇을 배울 수 있는가?

꿈이 될 필요가 없는 전 인류의 건강은 과거에 묻혔다.

Lancet 사설, 2008

오늘날 일차보건의료는 더 이상 불완전하게 이해되지는 않는다. 일차보건의료를 강조한 국가들에게서 낮은 비용으로 높은 결과를 얻었다는 증거는 강력하다. 태국, 베트남, 페루, 네팔, 방글라데시와 카자흐스탄과 같은 국가의 보건지표에서는 의미 있는 향상을 이루었다. 이러한 국가들의 공통된 특징은 책임 있는 리더십, 숙련된 보건의료인력의 훈련과 소유권에 있다. 일차보건의료로 인한 강건한 보건의료체계의 기본적인 특징은 뛰어난 접근성, 재정 장벽의 부재, 광범위한 일차의료서비스와 상위 단계의 보건의료를 위한 조정 등을 포함한다. 성공한 국가들의 해답은 국가적 필수 보건패키지, 비정부기관(NGO)과 다른 의료서비스 제공자에게 있다.

MDGs는 형평성과 사회정의의 가치를 다시 강조하고 있다. 만성질환의 유행은 장기요양의 부담에 대한 새로운 도전과제를 가지고 왔다. 이에 따른 관련 예산과 비용으로 인해 가정들이 빈곤화될 수 있다. 또한 이러한 문제는 형평성과 효율성이 수반된다. 예방에 대한 노력의 필요성이 있지만, 대부분 위험요인은 보건의료 부문의 통제 밖에 있다. 이것은 다중구역의 행동과 지역사회의 참여를 요청한다.

과업 이전(task shifting) 또는 과업 공유(task sharing)를 지원하는 증거도 있다. 지역사회 보건요원들은 일반적인 어린이 질환을 평가하고 분류하고 관리한다. 또한 보호자와 상담도 한다. 조산사들은 자궁의 출혈을 통제하기 위해 자궁 진공흡인법(manual vacuum aspiration)을 배운다. 훈련된 간호사와 간호조무사는 소수술(小手術)

을 할 수 있고, 더 나아가 간호조무사는 제왕절개술(caesarean sections)도 안전하게 할 수 있다. 하지만, 이런 실행은 전문의에 의해 저항을 받는다. 만약 이러한 저항이 멀리 사는 지역주민에게 효과적인 필수 의료서비스를 공급하는 것을 방해한다면, 특정 전문가집단의 경제적 이익만을 증가시키고 대중의 신뢰를 잃게 될 것이다.

일차보건의료가 비록 새롭게 등장한 의료기술의 개발보다 중요하다고는 하지만, 질병부담을 줄이는 데도 기여할 수 있다. 말라리아 처치를 위한 살충 처리된 침대용 모기장과 아르테미시닌의 혼합 처치; 집에서 출생 시 산후 출혈 예방을 위한 구강용 미소프로스톨(misoprostol) 혹은 유니제트 옥시토신(unijet oxytocin); 폐렴구균(pneumococcal), B형 간염, b형 인플루엔자균(*Haemophilus influenza* type b)과 HPV 백신; 어린 시절의 비타민 A와 아연 보충제; 결핵을 위한 DOTS; NTD 약과 항고혈압제, 콜레스테롤을 낮추는 약과 CVD의 높은 위험을 가진 개인을 위한 건강증진 충고도 그 예이다. 여기에 더 중요한 점은 핸드폰과 같은 통신의 개발이다. 이는 시내지역 종합병원 의사가 시외의 멀리 떨어진 환자를 진단하는 것을 가능하게 해준다. 적절한 의료기술이 반드시 초기의 방법과 동일하지는 않다. 변화된 의료기술은 보건의료시설을 뛰어넘는 교류를 통해 확산된다. 이것은 만성질환자들이 있는 학교, 사업장, 가정에서 포괄적인 일차보건의료에 대한 접근을 향상시키기 위해 인력과 기술을 집중해야 할 필요가 있다는 것을 의미한다.

일차보건의료: 지금부터 앞으로도

> 우리는 불균형하게 의학의 형태에 투자하였다. 편익은 종종 늦게 오기도 하며, 외부, 반대 효력을 가진 요소에 의하여 쉽게 무효화되었다. 치료적, 그리고 중재적 의학은 지역사회에서의 이환율과 사망률

경향에 적절한 역할을 하였다. 그러나 '최고의 수치로서의 최고의 건강(상태)'이라는 목표에 대한 올림피아(Olympian)의 판정은 '의학은 목표에서 벗어났다'라는 것이 틀림없다.

로이 포터_Roy Porter, 인류에 대한 최고의 편익, 2008

잘 구축된 보건의료체계에서는 지역사회 차원에서 건강증진 및 예방활동을 한다. 그러므로 환자는 일차보건의료센터에 방문할 것이다. 의원이 환자를 치료하기 위한 의료기술과 의료장비가 부족하다면, 환자는 의료전달체계를 통해 다음 단계로 의뢰될 것이다. 이런 체계에서 일차보건의료센터 시설은 작을 수도 있기 때문에 환자에게는 유리하다. 또한 이런 체계는 치료를 필요로 하는 환자만 진료하기 때문에 경제적이다. 일차보건의료센터나 지역병원에서 진료를 받은 환자가 다음 단계인 종합병원에서 진료가 허락된다면, 좀 더 값 비싼 진단검사가 환자의 상태를 확인하기 위해 사용된다.

하지만 실제로는 가난한 나라에서 이러한 의료전달체계가 의도된 대로 잘 작동하지 않는다. 병원에서 진료받은 상당수의 환자는 일차보건의료센터에서 치료될 수 있음에도 병원이 좀 더 좋은 의료시설과 좀 더 숙련된 기술을 가진 의사를 보유하고 있기 때문에 일차보건의료센터를 지나치고 병원으로 바로 간다. 또한 일차보건의료센터에서는 공급 부족 사태가 발생하지만, 병원에서는 발생하지 않는다는 점에서 병원으로 바로 간다. 그래서 병원은 일반적인 상태의 환자가 방문한다. 그러나 병원에서의 이런 일반적인 상태의 치료비용은 일차보건의료센터보다 비싸다.

최첨단 의료기술은 20세기 초반 이래로 꾸준히 진보하고 있다. 거의 대부분 질병은 치료될 수 있다. 그러나 비록 우리가 질병이 환자를 얼마나 아프게 하는지 상세히 배웠어도, 우리는 애당초 질병의 발생을 결정하는 요인에 대한 충분한 발전을 이루지 못했다. 그리고 질병관리에서 대부분의 발전은 값비싼 '임시변통(patch-up)' 절차 개발로 이루어진 것이다. 의학과 제약산업의 능력을 고려해보면, 환자를 치료하고 그들의 삶을 연장시키는 능력을 향상시키지 않을 이유는 없다. 그러나 과연 이것이 목적이 될 수 있을까? 그리고 이것을 감당할 수 있을까? 최근에 이러한 질문이 다시 제기되었다. 대부분의 이런 질문은 단순한 현실에서 발생하고 부유한 나라조차 보건의료비용의 악순환을 대처하는 방법을 발견할 수 없다. 게다가 많은 질병들은 행동, 생활습관, 환경과 관련이 있다는 증거가 있다.

보건의료체계 대부분의 재난은 질병예방과 건강증진보다 의료기술에 대한 과잉 신용과 치료효과의 과잉 추계 때문이다. 우려스러운 점은 전문화된 치료에 집중을 한 보건의료체계와 정부가 보건의료의 산업화를 위해 통제와 간섭을 하지 않는다는 것이다. 전반적인 보건의료체계의 중심에 일차보건의료를 두려는 노력이 증가하고 있다. 일차보건의료가 강력한 방향과 분절화된 실제 내용에서 통합을 제공하도록 정책결정자들이 현실 감각을 갖고 대응해야 한다.

도전: 일차보건의료와 보건의료체계

> 우리 세대에서 가장 위대한 도전은 우리가 이미 가진 지식의 가장 유용한 부분을 필요로 하는 모든 사람에게 가져다주는 것을 보는 것이다.
>
> 모리스 킹_Maurice King, 1975

개발 지원을 위한 원조는 1990년 56억 달러(US)에서 2007년 218억 달러(US)로 4배나 뛰었다. 가난한 국가의 빈곤한 자의 곤경을 넘어 밀레니엄의 전환에 대한 세계적인 외침은 국제적인 질병 퇴치 프로그램을 위한 펀드 조성을 일으킨다. 부수적으로는 수백만 명의 사람들이 HIV 약 때문에 살고 있다. 가난한 국가에서 HIV 양성반응을 보인 임산부와 자식으로의 감염을 예방하기 위한 약품의 제공은 2004년 9%에서 2007년 33%로 증가하였다. 말라리아로부터 보호된 아이들의 수는 2001년 3%에서 2006년 23%로 거의 8배 증가하였다. 새로운 결핵 환자의 발견 비율은 2002년 이후로 꾸준히 증가하여 2006년 56%이었다. 질병 퇴치 프로그램은 합당한 절차를 만들고 있다. 또한 세계적인 예방접종은 중요한 진보였다. 이러한 프로그램 중에서 약간은 즉각적인 집중보다 더 폭넓은 영향을 미친다. 예를 들어 보츠와나에서 HIV/AIDS를 위한 예방접종으로 인해 영유아사망률은 감소하였고, 기대수명은 지난 수십 년간 처음으로 증가하였다. 르완다의 경우 HIV 중재와 임산부 건강검진서비스와 유의한 상관관계가 있다고 보고되었다. 케냐에서는 임산부 건강검진센터를 통해 임산부에게 모기장의 무료 배포는 임산부 건강검진서비스의 이용 증가를 가져왔다.

재정이 유입되어 질병과 싸우기 전까지 가난한 나라에서 보건의료는 열악한 상태였다. 수십 년간 등한시되고 불충분했던 투자는 대부분 가난한 국가들의 보건의료체계를 악화시켰다. 1980~90년대 경제위기, 채무 상환, 정치적 불안, 열악한 정부와 주위의 압력은 사하라사막 이남 아프리카의 가난한 나라에서 가난과 불공평을 야기했다. 연약한 경제를 안정하게 성장시키기 위한 구조조정정책(structural adjustment polices)은 공공보건재정을 삭감시켰다. 게다가 1990년대 동안에 노동시장의 세계화는 의료기술 훈련에 투자하는 가난한 나라로부터의 보건의료 관련 인력의 이민을 증가시켰다.

질병과 싸우기 위한 재정, 프로그램과 파트너의 유입은 보건의료에 대한 부담에 도움을 준다. 보건의료체계를 강화시키기 위해 우리는 수직적으로 존재하는 프로그램 중재 간의 통합, 일차보건의료의 통합이 필요하다. 모두를 위해 입증된 편익 세트의 도입을 통해 명백한 우선순위와 자격의 설정이 필요한 것이다. 질병에 대한 수직적 집중과 보건의료체계의 수평적 강화를 통합할 수 있다. 아프가니스탄은 안전한 지역에서 기본 의료서비스의 보장을 향상시킨 나라의 좋은 예이다.

보건의료체계는 구성요소(인적 자원, 재정, 일차보건의료센터, 병원과 기술) 면에서 뿐만 아니라 구성요소 간의 관계 면에서도 도전된다. 보건의료체계는 기관과 사람 간의 구조화된 관계로 구성되어 있다. 그러나 보건의료체계의 기관과 공급 측면만 분석된다. 그러나 주민은 보건의료체계의 수혜자이면서, 또한 중요한 부분이 될 필요가 있다. 개인, 가족과 지역사회는 의료를 필요로 하는 환자로서, 치료받을 방법을 예상하는 고객으로서 중요한 역할을 한다. 그러므로 지역사회와 보건의료인력 간의 상호신뢰, 존중과 가치가 필요하다. 이전에 언급된 모두를 위해 입증된 편익 세트의 도입을 통해 명백한 자격은 보건의료에 대한 그들의 권리를 부여하게끔 기여할 수 있다. 이들은 물론 세금, 보험료 지불자로서 그리고 중요한 보건의료재정의 근원으로 참여한다. 시민으로서 이들은 보건의료에 대한 접근성, 관련 정보와 공공의 책임을 요구할 권리를 가지고 있다. 그러나 이들은 치료 순응도와 건강증진 행동을 통해 보건에 대한 공동 생산자로서의 역할에 대한 책임을 지고 있다. 지역사회 참여는 엄격한 설계를 통해 평가되어지고 있으며, 네팔과 인도에서는 신생아사망률을 개선시키기 위해 이루어진 바 있다. 이것은 지역사회의 참여를 강조하는 일차보건의료의 알마아타 선언 정의의 핵심 원칙 중 하나이다. 시민, 사회, 기관은 정부를 감독하고 지역사회의 건강 우선순위에 대한 반응성 증가에 중요한 역할을 할 수 있다.

새로운 일차보건의료는 제공자와 주민과의 관계에서 주요한 변화를 촉진시킨다. 제공자는 요구에의 반응보다 예상되는 필요에 사전 반응해야 한다. 이것은 보건서비스의 일차 수준의 접촉에 대한 좁은 시야와 일차보건의료에 대한 넓은 전망과의 주요한 차이이다. 불행하게도 알마아타 선언 이후, 보건재정은 국민의료비 측면에서 개인 의료에 치우쳤다. 개인 의료는 지역사회의 영향과 구성을 고려한다. 특히 지역사회 보건요원들은 일차보건의료체계에서 중요한 역할을 한다. 그리고 과거와는 다르게 지역사회 보건요원들은 다리 역할을 한다. 대부분 이런 중재는 비용-효과적이다. 특히 아시아에서 약간의 프로그램은 규모가 커졌다.

또한 보건의료체계 제도상의 측면은 새로운 사고를 요구한다. 지역 수준에서의 보건의료체계의 지방분권(decentralization)을 강조하고 있다. 지역 중심의 의료가 중앙 중심의 의료보다 의료 필요(needs)에 민감하고, 지역사회의 참여를 촉진시킬 것이다. 지방분권은 정책입안자들에게 정책실행에 있어서 발생되는 발전과 문제점을 제공하고 건강증진에 있어서 협력을 촉진시킨다. 이를 만족시키기 위해서 지역은 기술 및 관리 요원을 지원할 수 있는 충분한 기반을 가지고 있어야 한다. 그리고 난 후 정책은 채택되고 필요와 환경에 좀 더 민감하게 반응하면서 관련을 맺는다. 유연성을 가지고 지역사회 참여를 육성하면, 혁신과 창조는 시작되고 충분히 시험된다. 그러나 이것은 교과서 얘기일 수 있고 현실은 다르다.

많은 가난한 나라에서 지방분권이 실패한 가장 큰 이유는 보건부장관 역할의 결함 때문이다. 지방분권에 대한 복잡성을 이해하는 분석이 충분하지 않았으며, 분명한 조직구조와 지휘권의 라인이 부족하다. 물론 지역은 보건의료에 대한 필요를 파악할 수 있다. 그러나 결정은 자원 가용성, 국가와 지방의 정책 우선순위, 중앙 수준에서의 기술력, 형평성과 다른 쟁점에 대한 고려사항에 영향을 받는다. 보건의료체계 강화의 기본 요소는 보건부의 관리(청지기) 역할이다. 중앙 수준에서 관리 역할은 중재에서 중요하다. 강한 보건부는 보건

정책을 증진시킬 필요가 있다.

세계보건기구는 잘 훈련된 보건의료인력이 세계적으로 약 4백만명이 넘게 부족하다고 추정한다. 아프리카는 세계의 질병부담의 25%를 차지하고 있으며, 보건의료제공자의 1.3%만을 보유하고 있다. 전반적으로 보건인력의 밀도와 건강결과와의 관계는 강력한 상관관계가 존재한다. 따라서 새로운 일차보건의료에 대한 새로운 도전과제는 인력이다. 요구사항은 모든 수준에서의 훈련(관리적 구성요소, 기술적 숙달, 적당한 감독, 팀워크의 개발과 좋은 성과에 대한 인센티브 부여)을 포함한다. 또한 주요 도전과제는 가난한 나라로부터의 보건전문가의 유출이다. 이런 과정이 미친 결과는 상당하다. 모든 참여자의 책임감에 대한 토론은 다양한 제안을 생산하였다. 제안은 가난한 나라에서 고용 상태의 향상과 전문가 성장을 위한 환경의 개발을 포함한다.

비록 지난 20년간 보건에 대한 국제적 지원이 증가했을지라도, 여전히 불충분하고 단기적이고 충분히 협조적이지 않다고는 예상할 수 없다. 약속 이행에 대한 부유한 나라의 실패와 보건에 충분한 투자에 대한 가난한 나라의 실패는 보건의료체계 발전에 중요한 장애물이다. 세계보건을 주도하기 위한 사업 평가와 기금 배분에 따른 목표량의 활용은 도시보건사업과 쉽게 접근 가능한 주민에게 자원을 집중하도록 유도한다. 따라서 결국 불형평을 초래한다. 동시에 보건에 대한 현 기금은 세계적으로 주목받는 중요한 이슈에 투입된다. 그러나 이것만으로는 가난한 나라의 보건에 대한 필요를 가능한 가장 좋은 방법으로 제공했는지를 알지 못한다. 낮은 질병부담을 가진 어떤 나라에서 약간의 지불은 수요자 유도 공급의 경향을 보이고 있다. 예를 들어, 파소 버키노(14~49세 HIV의 유병률이 상대적으로 낮은 1.6%)의 교외지역에서 HIV에 대한 진단법이 빈혈에 대한 진단법보다 자주 행해진다.

가난한 국가에서 보건에 대한 국내 지출의 증가와 더불어 보건에 대한 개발 원조자금의 증가는 고무적이다. 그러나 보편적인 일차보건의료의 성취는 수년 간의 국제 그리고 국내 재정의 원천에 대한 꾸준한 성장을 요구한다. 국가 수준에서 건강에 대해 수립된 목표와 더불어 의료에 대한 정부 자금의 최소 15%를 투입하는 장기적 재정 전략이 필요하다. 이러한 전략은 사전 지불방식을 강조하고, 주민의 보편적인 필요와 예상에 반응적이다. 질병의 재정 부담에 대한 보장된 보호가 필요하다. 그래서 위험요인은 건강 사건에 의해 발생된 충격으로부터 가족을 보호하기 위해서 결집되어야 한다. 지역사회 중심의 건강보험이 옳은 방향의 첫걸음이더라도 우리가 단순히 가난한 사람 중에서는 연대성을 증진시킬 수 없다. 또한 새로운 일차보건의료는 지불 방식에 혁신을 도입해야 한다. 각 가정들은 건강증진 관련 행동을 통해 인센티브를 받을 수 있다. 많은 가난한 나라에서 건강에 대한 필수 투자에 부족이 생길 경우, 지역사회는 현재의 경제 상황에 관계없이 공공보건재정의 기부가 필수적이라고 인지할 필요가 있다.

보건의료체계를 강화하려는 주요 보건전문가에 의한 현재 관심은 특별한 기회를 제공한다. 우리는 21세기형 일차보건의료를 회복시키려는 이 기회를 이용해야만 한다. 우리는 지난 이념적 논쟁을 뒤로하고 전반적 보건의료체계를 균일하게 통합하는 일차보건의료 네트워크 개발에 신경을 써야 한다. 이 비전은 즉, 선호되는 치료의 지속성, 질병 예방과 건강증진에 대한 집중된 관심, 명료하고 감당할 수 있는 자격 설정, 보편적 보호의 보장과 같은 적극적인 전략을 통해 양질의 서비스가 한정된 인구를 기반으로 한 제공을 보장해주는 것이다. 이것은 거기에 알마아타 선언의 잠재력과 모두를 위한 건강 특히, 가난한 사람에게 도달하는 자물쇠를 여는 열쇠가 되어야 한다.

더 읽을거리를 위한 자료와 제안

1978년 9월 6일부터 12일까지 알마아타 USSR에서 열린 일차보건의료에 대한 국제 컨퍼런스에서 선언된 원문은 http://www.who.int.hpr/NPH/docs/declaration_almata.pdf에서 확인할 수 있다(2009년 7월 18일에 접속). 이번 장 집필을 위해 저자는 *The Lancet* (2009; 373:2137-2169)에 실린 WHO의 공동연구 논문 'An assessment of interactions between global health initiatives and country health systems' 뿐만 아니라 *The Lancet*에 실린 2008년 9월 13일자 일차보건의료에 대한 특별 이슈인 WHO의 *2008 World Health Report*의 『*Primary Health Care: Now More Than Ever*』, 그리고 *The Lancet* (2009; 374: 170-173)에 실린 Julio Frenk의 논문 'Reinventing primary health care: The need for health systems integration'을 참고하였다.

1973년부터 1988년까지 WHO 사무총장인 Hafdan Mahler와의 인터뷰는 *Bulletin of the World Health Organization* (2008;373:2137-2169)에서 찾아볼 수 있다. 1990년부터 2006년까지 매년 영아사망률이 8.5명씩 줄어든 태국은 포괄적인 일차보건의료에 헌신하고 불공평을 처리하기 위해 전진하였다. Viroj Tangcharoensathien과 그의 동료들은 건강에 대한 사회적 결정요인에 대한 WHO 위원회의 지식 네트워크에 의해 의뢰받은 태국의 경험으로부터 배운 교훈을 토대로 좋은 사례 연구를 기술하였다. 쿠바는 아메리카에서 2번째로 높은 기대수명을 가지고 경제적 실패에도 불구하고 이런 결과를 이끌었다. *Healthcare Policy* (2008;3:21-32)에 실린 'Tomas McKeown, meet Field Castro: Physicians, population health and the Cuban paradox'에서 Robert Evans는 포괄적인 일차보건의료의 몇 가지 주요 원칙이 어떻게 성공을 이루었는지를 묘사하였다.

용어사전

용어사전은 이 책의 전 과정에서 한 번 이상 사용된 매우 전문적인 (의학)용어의 의미에 대해서 짧게나마 회상할 수 있도록 정보를 제공하고자 한다. 단 한 번만 사용되었거나 이미 본문에서 설명된 용어들은 여기에 반드시 포함되지 않을 수도 있다.

영어용어	한글용어
Acid-fast bacilli (AFB)	**항산막대균, 항산균**
산 용액으로 씻은 후에 특정 염료로 염색된 균. 대부분의 항산균은 마이코박테리아이다. 가래나 다른 임상적 가검물의 염색도말검사에서 항산균이 보일 때 결핵을 진단할 수 있다. 가능하다면, 이어서 결핵균(*M. tuberculosis*)을 확인하는 배양검사로 그 진단을 확진하게 된다.	
Acute abdomen	**급성복증**
갑작스러운 발병, 복통, 압통과 (복)근육 강직 등으로 특징되는 심한 복부 질환으로 종종 응급수술을 필요로 한다.	
African trypanosomiasis	**아프리카 파동편모충증**
아프리카 수면병(sleeping sickness)으로도 불리며, 트리파노소마브루케이(*Trypanosoma brucei*) 과의 기생충에 의해 발생되고 체체파리에 물려 매개되는 전신성 질병이다.	
AIDS (Acquired Immune Deficiency Syndrome)	**에이즈, (후천성면역결핍증)**
레트로바이러스(RNA 종양 바이러스)인 인간면역결핍바이러스(HIV)에 의해 유발되는 질병이며, 감염과 특정 암에 대해 저항하는 면역체계의 손상으로 특징져진다.	
Anaemia	**빈혈**
순환하는 적혈구와/(또는) 혈색소(헤모글로빈) 양의 부족으로 전신에 산	

소 운반능력이 떨어지게 된다. 허약, 무기력, 창백함과 숨 가쁨 등의 증상이 발생한다. 주로 말라리아의 분열소체가 배출되는 동안 적혈구들이 파괴되어 빈혈이 야기된다.

Anopheles	**얼룩날개모기(속)**
인간 말라리아를 매개시킬 수 있는 모기의 한 속이다.	
Appendicitis	**충수염, 막창자꼬리염**
맹장의 첫 부위에서 작은 벌레와 같이 돌출된 충수돌기의 감염을 말한다.	
Artemisinin	**아르테미시닌**
향쑥속(Qinghao)의 식물인 *Artemisia annua*에서 추출되어 항말라리아제로 사용되는 약물이다.	
Arteriosclerosis	**동맥경화(증)**
탄력성이 손상된 결과로 동맥벽이 비정상적으로 두터워지고 딱딱해지는 만성질환이다.	
Ascaris (lumbricoides)	**회충**
인체의 장이 흔히 회충에 감염되어 이환을 유발하며, 영양상태 따위가 제대로 발휘되지 못하여 인지과정에 영향을 미치고, 조직반응을 유발하여 장폐쇄나 직장탈출(증)이 생겨 때때로 사망할 수도 있다.	
Atherosclerosis	**죽경화(증), 죽상경화(증)**
콜레스테롤과 지방의 축적으로 인해 동맥벽의 내층이 두꺼워지고 불규칙해지는 동맥경화(증)의 한 유형으로 이렇게 형성된 상태를 '플라크(판)'라고 한다.	
Autopsy	**부검, 시체해부**
사망원인(사인)을 규명하기 위해 죽은 사람의 몸을 검시하는 것을 말한다.	
Bacillus Calmette-Guérin (BCG)	**막대균, 간균 백신(비시지)**
수년 동안 인공배지에서 특별 배양하여 인체에서의 독성을 제거시킨 약독화 생우결핵간균, 즉 소결핵균(*Mycobacterium bovis*)의 주로부터 만들어진 항결핵 백신이다.	
Beriberi	**각기**
티아민(비타민 B1)의 결핍으로 발생되는 질병이며, 신경과 심장의 손상이 특징적이다. 팔다리의 무감각(저린감)과 허약, 식욕 상실과 전신적인 나른함(무기력), 소화불량 등의 증상을 호소하게 된다.	
Birth rate (or crude birth rate)	**출생률(또는 조출생률)**
특정 연도의 한 인구집단의 1,000명당 연간 출생아 수로 산출한다.	
Body mass index (BMI)	**신체비만지수, 신체질량지수**
신장$(m)^2$에 대한 체중(kg)의 비로 산출되는 신체지방의 측정치이다.	

Buruli ulcer	**부루리궤양**

궤양미코박테륨(*Mycobacterium ulcerans*)의 감염에 의해 발생되는 흉한 피부질환. *M. ulcerans* 박테리아가 피부와 피하조직을 파괴시키는 유일한 화학독소를 생성해서 부루리궤양을 일으킨다고 한다.

Carrying capacity	**(환경) 수용력(적재량)**

(특정 지역의) 생태계에서의 거주인구의 지속가능한 최대크기를 말한다.

Case-control studies	**환자-대조군연구**

인구내 두 집단을 즉, 연구하고자 하는 질병에 이환된 집단(환자군)과 그렇지 않지만 환자군과 매우 유사한 집단을 비교하는 연구. 연구자들은 (연구목적의) 질병과 관련이 있는 (위험)요인을 밝히고자 각 집단에서의 대상자의 의학적 과거력이나 생활습관 등을 조사한다.

CD4 cell count	**CD4 세포 수 산출**

혈액표본에서 CD4 세포의 개수 측정. CD4 산출은 HIV 감염의 진행과 면역체계의 중요한 보건지표이다. 하나의 CD4 세포 파악은 보건의료서비스 제공자에게 항HIV 치료를 언제 시작하였는지와 치료에의 반응이 언제되었는지를 알려준다. 상당한 변이가 있더라도 치료를 필요로 하는 AIDS환자에서는 $1mm^3$ 당 200개 미만의 세포 수에 비해 건강한 성인에서는 600~1,200개의 CD4 세포들을 갖는다.

Cephalo-pelvic disproportion	**머리골반 불균형**

산모의 골반에 대해서 태아의 머리 크기, 태아위치(태위)가 자궁경부의 확장 및/또는 태아 머리의 하강을 억제해 줄 때에 사용하는 용어이다.

Cerebral malaria	**뇌성 말라리아**

감염된 적혈구들이 뇌의 작은 혈관에서의 혈류를 막을 때 발생하는 말라리아의 심각한 합병증. 치료가 되더라도 이 합병증으로 인한 치사율이 15% 이상 발생한다.

Cervical dysplasia	**자궁경부 이형성[형성이상(증)]**

전암(풋암)성을 고려할 정도로 자궁경부에서의 이상적인 세포성장을 말한다.

Chagas disease	**샤가스병(남아메리카의 수면병의 일종)**

Reduviid bug로 알려진 작은 곤충에 의해 매개되는 기생충 크루스파동편모충(*Trypanosoma cruzi*)에 의해 유발되는 파동편모충증의 한 유형으로 중앙 및 남부아메리카에서 흔하며, 최종적으로는 심장, 위장관계 및 신경계 조직에 침윤(침입)과 악화(황폐)로 인한 임상적 특징을 보인다.

Chloroquine	**클로로퀸**

오랫동안 항말라리아제로 사용된 약물. 매우 안전하며 저렴한 약물이지

만, 클로로퀸 내성 말라리아 기생충 특히, 열대열원충(*Plasmodium falciparum*)의 출현으로 그 가치가 매우 위태롭게 되었다.

Cholera	**콜레라**

박테리아 콜레라균(*Vibrio cholera*)에 의해 발생되는 무서운 질병. 주증상으로는 탈수를 동반하는 빈번한 구토와 심각한 물 설사가 동반되는데, 즉각적으로 치료받지 않으면 치명적일 수도 있다. 콜레라를 치료하는 핵심은 대설사로 손실된 수액과 염분의 신속하고도 완전한 대체요법에 있다.

Cholesterol	**콜레스테롤**

몸에서 세포벽을 형성하는데 사용되는 왁스로 만든 지방 같은 물질. 이는 간에서 생성되어지거나 우리가 먹은 동물성 지방으로부터 흡수되어진다. 콜레스테롤은 지질단백질로 불리는 물질에 의해 혈류에서 운반된다.

Chronic bronchitis	**만성 기관지염**

기도를 좁히며 폐쇄를 유발하는 기도 내층의 감염과 부종. 감염이 더 악화되면 기도를 막을 수 있는 점액(가래)의 생성을 자극시킨다. 특히 점액으로 인한 기도 폐쇄는 박테리아성 폐렴 등을 촉진시킨다.

Civil society	**시민사회**

사회적, 정치적 및 경제적 영역에서 상호 연계하는 조직화 또는 비조직화된 개인과 단체. 시민사회는 공공 측면에서의 의견을 나타내는 관점과 가치의 동적, 다층적 부를 제공한다. 시민사회조직은 사회 그 자체를 조직화하고 폭넓은 관심(이익)과 연대를 나타내도록 해주는 다수의 연합체들이다. 이들은 지역사회-중심 조직, 토착민조직과 비정부조직 등을 포함할 수 있다.

Cohort study	**코호트연구**

많은 (생활의) 방식에서 비슷하지만 어떤 하나의 특성이 다른 집단(예를 들면, 영국 의사들에서 흡연을 하는 집단과 그렇지 않은 집단)에서의 (폐암과 같은) 특정 결과를 비교하려는 전향적 연구이다.

Coitus interruptus	**성교중단**

사정하기 전에 질에서 음경을 빼냄으로써 성교를 의도적으로 그만두는 것을 말한다.

Colposcopy	**질확대경검사, 질보개검사**

질확대경이라 불리는 특수 현미경으로 자궁경부, 질과 주위 조직들에 대한 검사. 질확대경검사의 목적은 이상한 세포의 변화가 있는지를 확인하는데 있다.

Computerized axial tomography (CAT) scan	**컴퓨터축단층촬영(술)**

다수의 방사선(X-ray) 영상으로부터 정보를 받아 화면에 사진으로 전환시

키는 컴퓨터에 의해 만들어지는 신체 내 (해부학적) 구조의 (단층)사진. CAT scan은 고전적인 방사선에서 볼 수 없는 연조직과 기타 구조들을 조명할 수 있다.

Conjunctivitis	**결막염**

눈꺼풀의 내층 표면을 덮는 막인 결막의 감염. 바이러스, 박테리아, 자극하는 물질이나 알레르기항원에 의해 발생되어진다. 눈의 충혈, 눈물의 과다생성, 분비물 배출, 눈이 가렵거나 화끈거림, 시력이 흐리거나 빛에 민감해지는 증상들이 발생한다.

Cryotherapy	**냉동요법**

자궁경부 이형성에 대해 냉각수로서 압축된 이산화탄소(CO_2)나 아산화질소(N_2O)를 이용하여 이상 조직을 얼려서 제거하는 치료방법. 냉동요법은 단순하면서도 적은 비용이 소요되므로 최소한의 자원이 갖추어진 의료기관에서의 가장 실제적인 치료방법으로 알려져 있다.

Cytology	**세포학, (세포검사)**

특히 비정상 및 종양의 진단을 위한 세포의 현미경학적 형태를 연구하는 학문이다.

Death rate (or crude death rate)	**사망률 (또는 조사망률)**

특정 연도의 한 인구집단의 1,000명당 연간 사망자 수로 산출한다.

Demographic transition	**인구변천이론, 인구학적 천이**

한 인구집단에서 고출생률과 고사망률에서 저출생률과 저사망률로의 (연대기적) 변동. 대체로 사망률의 감소는 출생률의 감소를 선행한다. 따라서 그 결과, 인구변천기 동안 급속한 인구성장이 이루어진다.

Dengue	**뎅기**

바이러스[속 플라비바이러스(*Flavivirus*)]에 의해 유발되는 감염병. 열대성 또는 아열대성 기후지역에서의 모기에 의해 매개된다. 고열, 심한 두통, 근육통 및 관절통이 특징적으로 나타난다. (발열, 복통, 구토, 출혈이 발생하는) 뎅기 출혈열은 주로 어린이에서 호발하는 뎅기의 잠재적이면서도 치명적인 합병증이다.

Diabetes mellitus (DM)	**당뇨병**

혈중에 당(포도당, 당글루코오스)이 이상적으로 높아지는 만성질환이다. 당뇨병은 두 가지 기전에 의해 발생한다: (1) 인슐린의 부적절한 생성 또는 (2) 인슐린의 작용에 대한 세포의 부적절한 과민반응. 이런 두 가지 기전에 따라 발생된 당뇨병은 인슐린-의존성(1형)과 인슐린-비의존성(2형)의 두 가지 유형으로 불린다.

Diarrhoea	**설사**

종종 감염과 연관이 있어서 발생되는 (조절이 안 되어) 제멋대로, 물기가

많고 빈번하게 일어나는 장운동(24시간의 주기 동안 3회나 그 이상의 대변을 보는 것으로 이를 조작적 정의로 종종 사용)을 말한다.

Direct causes of maternal mortality	**모성사망의 직접 원인**

임신상태(임신, 분만 및 산후)의 산과적 합병증, (산과적) 중재나 누락, 부적절한 치료 또는 상기에 제시한 일련의 사건으로부터 기인된 사망을 말한다.

Directly Observed Therapy, Short course (DOTS)	**(화학요법을 이용한) 직접 복약 확인치료, 단기요법**

복약이 올바르게 그리고 정확한 기간 동안 이행되도록 확인하기 위해 환자의 약물 복용 상태를 관찰하는 것으로 순응도를 보장하며, 약물내성을 피하기 위해 결핵과 HIV와 같은 질병을 위해 이용된다.

Diverticulitis	**결주머니염, 게실염**

대장, 즉 잘록창자(결장)에서의 결주머니[작은 팽출(외번)]의 감염을 말한다.

DNA	**데옥시리보핵산**

데옥시리보핵산(deoxyribonucleic acid). 한 세대에서 다음 세대로 이어주는 유전정보를 전달하는 세포 안에 있는 분자.

Drug resistance	**약물내성**

미생물(균)의 결과로 인해 변해서 감염을 치유하거나 예방하기 위해 사용하는 약물, 화학물질이나 기타 물질의 효과가 줄어들거나 제거되는 현상이다.

Dysentery	**이질**

복통과 혈액이나 점액을 동반한 설사를 유발하는 심한 장감염을 말한다.

Ectopic pregnancy	**자궁외임신, (딴곳임신)**

자궁 이외에서, 가장 흔하게 자궁관(난관)에서 발생한 임신. 자궁외임신은 착상되어진 조직이 찢어져 노출된 혈관으로부터 출혈이 유발된다.

Elimination	**제거, (퇴치)**

의도적인 노력의 결과로 특정 지역에서 풍토적인 매개 감염병의 발생률을 영(제로)까지 낮추는 것; 재발현을 방지하기 위해 지속적인 중재방법을 필요로 한다.

Emphysema	**폐기종(폐공기증), 기종(공기증)**

폐의 폐포(아주 작은 공기주머니)에서 발생하는 질병. 폐에서 산소와 이산화탄소의 교환이 이 폐포의 벽에서 이루어진다. 폐기종인 경우, 폐포가 비정상적으로 감염되어 벽이 손상되어 호흡이 어렵게 된다. 흡연하는 사람이나 만성기관지염이 있는 환자에서 폐기종이 발생할 위험이 높아진다.

Equality	**평등**

건강불평등이라는 용어가 건강불형평과 동의어로써 종종 사용되지만, 건강불평등이 항상 불공평하지 않다는 측면에서 그렇지 않기도 하다. 평등은 특정 측정 가능한 결과에 의해 평가되어질 수 있는데, 그 과정이 공평한지 아니면 그렇지 않은지를 판단하는 자체가 더더욱 공개되어 해석되어진다. 예를 들면, 노인인구보다 더 건강한 젊은 성인층이나 전립선의 문제를 갖고 있는 남성과 그렇지 않은 여성은 건강불평등이지만, 건강불형평은 아니다.

Equity	**형평**

정의되고 인정된 가치(관)로써 모두에게 공평해야 한다는 원칙. 건강에서의 형평은 모두가 그들의 완전한 건강(잠재능력)에 이르도록 공평한 기회를 가져야 하며, 어느 누구도 이런 건강잠재능력을 달성하는데 불이익을 받지 않아야 한다.

Eradication	**박멸, (근절)**

의도적인 노력의 결과로 감염병의 세계적 발생률을 영(제로)까지 영원히 낮추는 것; 지속적인 중재방법을 더 이상 필요로 하지 않는다.

Famine	**기근**

영양 필요에 충족할만한 충분한, 안전한, 영양가가 높은 그리고 문화적으로 수용할 수 있는 식품에 대해 (지역)주민들이 가질 자격이 없거나 물리적 및 경제적 접근성이 없어서 초래되는 심각한 식량위기와 식량 이용가능성의 저하 상태를 말한다.

Fertility rate (total)	**(합계) 출산율**

현재의 출산율을 유지하고 평생(가임연령기간) 동안 모성사망률이 없다(0)고 가정할 때의 여성 한 명당 낳을 수 있는 (평균)자녀의 수를 말한다.

Food fortification	**식품의 영양소 강화, (영양강화식품)**

한 식품에 하나의 영양소(영양분)를 추가하는 것. 운반체로 선정된 음식은 목표인구집단을 충족시킬 수 있는 양질의 재료로서 준비될 필요가 있다.

Gametocytes	**생식모세포**

말라리아 기생충의 생식단계. 생식모세포들은 (인간의) 혈중에서 순환하다가 얼룩날개모기(*Anopheles*)에 의해 물려 흡입되어 모기의 중장에서 생식을 하여 번식하다가(붙어 있다가) 난포체를 형성한 후 결국에는 포자소체를 생성한다.

Global Fund to fight AIDS, Tuberculosis and Malaria	**에이즈, 결핵 및 말라리아 퇴치를 위한 세계기금**

2002년에 창설된 세계적 공공-민간 파트너십으로 HIV/에이즈, 결핵 및 말라리아를 예방하고 치료하기 위해 추가적인 재정자원을 모금하고 지출하는 국제기구이다.

Guinea worm	메디나충
열대성 아프리카와 아시아권에 서식하는 실 같은 기생충(메디나충, *Dracunculus medinensis*)으로 인간과 다른 포유류들의 피하조직에 기생하며, 다리와 발 부위에 궤양을 유발한다.	
Haemorrhage	**출혈**
출혈 또는 실혈. 임신 20주 이후에 여성의 생식관에서 출혈이 발생하면 분만 전 출혈이라고 칭하고, 분만 이후 (대체적으로 500 mls 이상의) 과다한 출혈을 하면 분만 후 출혈이라고 한다.	
Health systems	**보건(의료)체계**
일차적인 의도가 건강을 증진, 회복 또는 유지하고자 하는 모든 조직, 국민 및 행동강령을 의미한다.	
Helminth	**연충**
성충단계에서는 일반적으로 육안에 의해 볼 수 있는 크고, 다세포의 조직체('기생충'). 연충은 자유롭게 (홀로) 살거나 기생할 수도 있다.	
Highly active antiretroviral therapy (HAART)	**고활성항레트로바이러스치료**
세 가지나 그 이상의 약제들로 시행하는 항HIV복합치료방법을 일컫는 용어이다.	
Hookworm	**십이지장충, 구충**
숙주의 소장에서 생활하는 기생충인 선충. 만약에 수많은 구충이 존재한다면, 숙주의 장벽에 붙어 혈액을 빨아먹어서 발생하는 철결핍빈혈을 초래한다.	
Hypertension	**고혈압**
반복적인 (혈압) 측정 시 수축기혈압이 140mmHg 이상, 이완기혈압이 90mmHg 이상일 때 고혈압이라 정의한다.	
Hypertension in pregnancy	**임신성 고혈압**
이미 기저질환으로 만성 고혈압이 있거나 임신으로 초래된 (대개 임신 20주 이후부터 시작된) 고혈압. 이런 두 가지 유형의 고혈압은 모두 자간전증과 자간의 발생위험을 높이며, 뇌졸중과 신장부전을 포함한 모성사망의 기타 원인에도 영향을 미친다. 자간전증은 임신성 고혈압에 소변에서 단백질이 배출되는 경우를 말하며, 자간은 자간전증을 가진 환자에서 설명할 수 없는 전신발작이 발생하는 경우이다.	
Incidence	**발생률**
질병이나 (만성)질환이 얼마나 자주 발생하는지를 알려주는 지표. 좀 더 명확하게 말하자면, 특정 시기에 특정 인구집단 중에서 발생한 질병이나	

(만성)질환의 신환자 수를 의미한다.

Indirect causes of maternal mortality	모성사망의 간접원인

이미 존재하는 기저 질병이나 임신 동안에 발현된 질병으로부터 기인된 사망을 의미하며, 직접적인 산과적 상태의 결과라기보다는 임신의 생리적 효과에 의해 더 악화된다.

Infant mortality rates	영아사망률

특정 연도 동안에 특정 지역에서 태어난 출생아(1,000명의 출생아수로 표시) 중 1년 미만의 사망자 수를 말한다.

Insulin	인슐린

췌장의 베타세포에 의해 분비되는 호르몬. 인슐린은 단백질과 지질대사의 중요한 조절자일 뿐만 아니라 포도당대사의 조절에 있어서도 주요 역할을 한다. 인슐린은 인슐린-의존성 당뇨병(1형)을 조절하기 위한 약물로서 사용되어진다.

Intestinal obstruction	장폐쇄, (창자막힘)

소화 산출물의 정상적인 통과를 방해하는 장의 기계적 또는 기능적 폐쇄를 말한다.

Intestinal perforation	장천공

장벽에 발생한 구멍으로 인해 복강 내로 장의 내용물이 흘러나오게 된 상태를 말한다.

Intrauterine devices ('IUD')	자궁내장치

질을 통해 자궁내로 집어넣는 플라스틱 또는 금속의 조각으로 (종종 T-형태로) 만들어진 피임기구를 말한다.

Kaposi's Sarcoma	카포시육종

피부 및/또는 내부 기관 부위에서 발생하는 혈관의 비정상적인 성장으로 인한 특징을 보이는 암의 유형이다.

Kwashiorkor	단백열량부족증, 크와시오르코르

부종, 과민성, 식욕 부진, 피부 이상증 및 간비대 등의 특성을 보이는 어린이 영양결핍의 형태로 영양상태가 나빠서 초래되는 부종을 말한다. 이 질병의 원인은 단지 불충분한 단백질 소비로 인한 것으로 생각되었지만, 감염과 같은 스트레스 인자가 있을 때 소량영양소와 항산화제 부족이 크와시오르코르의 발생과 연관이 있으며, 현재로는 더 중요한 가설로 받아들여진다.

Leishmaniasis	리슈만편모충증

원충[리슈만편모충(속), *Leishmania*]에 감염된 모래파리(흡혈성 파리)에 물려서 전염되는 기생충 질병. 리슈만편모충증은 여러 가지 유형이 있는

데, 그 중 피부리슈만편모충증과 내장리슈만편모충증이 가장 흔하다. 피부리슈만편모충증은 피부궤양(욕창)을 초래하는 반면, 내장리슈만편모충증은 비장, 간장, 골수와 같은 내부 장기에 침윤하여 치명적일 수 있다.

Leprosy | **나병**

신체의 여러 부위, 특히 피부와 신경을 침윤하는 나병균(*Mycobacterium leprae*)에 의해 발생하는 만성감염이다.

Life expectancy | **기대수명**

연령별 사망률이 일정하다고 가정할 때 동일 해에 태어난 특정 인구집단의 추정된 생존할 가능성이 있는 평균 연수를 말한다.

Loop electrosurgical excision procedure (LEEP) | **고리전기절제술**

고리모양의 가느다란 전기선을 이용한 지짐술에 의한 비정상적인 조직의 절제술. 냉동요법과 비교하여 전기를 필요로 하기 때문에 비용이 비싸며, 더 많은 기술적 전문지식이 요구된다. 이 처치로 인해 출혈 합병증을 초래할 위험이 높다.

Low birthweight | **출생 시 저체중(아)**

출생 시에 2.5kg 미만의 체중으로 태어난 신생아는 출생 시 저체중아로 분류된다.

Lymphatic filariasis | **림프사상충증**

림프계에서 서식하는 사상충으로 알려진 실 같은 기생충에 의해 발생하는 질병. 사상충은 상하지의 임파부종(코끼리피부병), (물음낭종을 포함한) 생식기(관) 질병 및 '급성발작'으로 잘 알려진 급성, 재발성 박테리아감염 등의 다양한 임상 특성을 보여준다.

Macrophages | **큰포식세포, 대식세포**

단핵구로 생애를 시작하는 백혈구의 한 유형. 단핵구는 골수에서 생성되어 혈류로 들어와 전신으로 순환한다. 감염이라는 반응이 유발될 때, 단핵구들이 혈류를 빠져나와 체내 해당 조직과 기관으로 들어간다. 즉, 혈류를 빠져나온 단핵구들이 큰포식세포들을 만들어낸다.

Marasmus | **소모증**

만성 에너지결핍에 의해 기인되며, 해당 연령대에 비해 저체중을 특징으로 하는 영양부족의 한 유형. 소모증에 걸린 어린이는 피하지방과 근육의 소모로 얼굴 등이 수척해지며, 체중이 해당 연령대의 정상 체중의 80% 미만으로 감소된다.

Maternal mortality | **모성사망**

임신기간과 위치에도 불구하고 사고나 그 부수적인 원인이 아닌 특정 원인과 연관성이 있거나 임신 또는 (산전)관리에 의해 악화되어 임신 그 자체 또는 분만 후 산욕기인 42일 이내에 속하는 여성의 사망을 말한다.

Maternal mortality ratio — **모성사망비**

출생아 100,000명 당 모성사망자 수로 정의된다. 이 지표는 임신한 그리고 최근에 임신했던 모성 중의 사망위험을 알려준다. 즉, 이는 여성의 기본적인 건강상태, 보건의료에의 접근성 및 여성이 제공받는 서비스의 질 등을 반영한다.

Merozoites — **분열소체, 메로조이트**

말라리아기생충의 생애주기 과정에서 무성생식에 의해 형성된 딸세포. 간장-단계 및 (조)혈-단계에 속하는 말라리아기생충은 수많은 분열소체들을 포함한 분열체들로 발육한다. 분열체들이 성숙하면 이들(과 그 숙주세포들이) 파괴되면서 분열소체들이 유리되어 적혈구들을 감염시킨다.

Micro-health insurance — **미시-건강보험**

낮은 보험료(개인 분담금)로 인해 제한된 급여를 제공(이런 이유로 '미시'라는 용어 사용)하는 건강보험의 한 유형. 이는 빈곤계층을 목표로 하며, 파국적인 의료비용에 대비하여 집중적으로 보호할 수 있도록 설계되어 있다. 종종 그 틀은 지역사회 및 시민단체와 밀접하게 연계되어 있다.

Millennium Development Goals (MDGs) — **새천년개발목표, 밀레니엄개발목표**

2000년 9월 유엔(UN)에서 (모든) 국가들에 의해 지지된 목표. 이는 빈곤, 굶주림, 어린이와 모성 사망을 감소하고, 모든 이에게 교육을 보장하고, 질병을 조절하며 관리하고, 성-격차를 막고, 지속적인 개발을 가능케 하며, 세계적 파트너십을 추구하여 인류의 안녕을 증진시키고자 하는 목적에 있다.

Multidrug resistant tuberculosis (MDR-TB) — **다제약제내성결핵**

하나의 항결핵제 이상에 내성을 보이는 결핵균(*Mycobacterium tuberculosis*)에 의해 초래되는 활동성 결핵; 실제 임상에서는 종종 이소니아지드(isoniazid)와 리팜피신(rifampicin)에 모두 내성을 보이는 결핵균과 연관이 있다. 결국, MDR-TB는 결핵 치료에 사용되는 거의 모든 의약품에 내성이 있다.

Mycobacterium tuberculosis — **결핵균**

결핵을 일으키는 세균. 결핵균(*M. tuberculosis*)은 특이하게 왁스 같은 벽을 갖고 있어 느리게 자라며, 치료에 가장 흔히 저항하는 세균이다.

Neonatal deaths — **신생아사망**

출생아 중에서 생애 첫 28일 동안에 발생한 사망을 말한다.

Nuclear magnetic resonance scan (NMR scan) — **핵자기공명스캔**

신체구조와 어떠한 기능을 하는지를 형상화하기 위해 (CAT scan에서 사용하는 방사선 대신에) 자기장과 전파를 사용한다.

Obesity	**비만**

체지방의 과다한 상태. 통상적으로 체지방이 측정되지 않기 때문에 신장에 대한 체중의 비로 표현되는 신체비만지수[BMI, 체중(kg)/신장(m)^2]가 대신에 흔히 사용되어진다. 'BMI 30 이상'인 성인을 비만하다고 정의한다.

Onchocerciasis	**회선사상충증**

회선사상충증(river blindness)이 시각 상실(실명)에 있어 전 세계적으로 두 번째로 가장 흔한 감염 원인으로 알려져 있다. 이는 체내에서 15년 이상이나 살 수 있는 기생충인 회선사상충(*Onchocerca volvulus*)에 의해 초래된다. 이는 [먹파리(속), *Simulium*]인 흑파리에 물려서 체내로 매개된다. 기생충이 전신에 퍼지게 되는데, 이들이 죽을 때, 심한 가려움증, 눈과 같은 인근의 조직을 파괴시킬 수 있는 강한 면역반응이 유발된다.

Oocysts	**난포체**

난포체는 포자소체 발육이 일어나는 모기의 중장이나 위장의 외벽에 위치하는 열원충(*Plasmodium*) 낭종이다. 성숙될 때 난포체가 터트려지면서 포자소체들이 유리된다. 가느다란 회전심봉 모양인 포자소체들은 혈체강을 통해 모기의 침샘(타액선)으로 이동하며, 모기가 먹이를 먹을 때 숙주 내로 주입된다.

Oral contraceptive pills	**경구피임제, 먹는 피임제**

난소에서 난자를 방출하지 못하도록 하는 호르몬(대개는 합성 에스트로겐과 프로게스틴)을 포함하는 산아제한 피임제. 난자가 방출되더라도 산아제한 피임제는 정자가 난자에 수정하려는 것을 어렵게 한다.

Palliative care	**[말기(末期) 환자의] 고통 완화의료**

진행되는 난치병을 가진 환자에게 (제공되는) 총체적인 의료. 완화의료에 있어서, 그 초점은 (환자의) 삶의 질에 있다. 정신적, 사회적 및 영적 문제들을 다루면서 고통과 다른 신체적 증상들의 조절이 가장 중요하게 고려된다.

Parasite	**기생충**

다른 생체들에서 편익을 취하는 균. 여기서 다른 생체는 대개 '숙주'라 명명되며, 기생충의 작용은 대체적으로 숙주에게 해롭다. 의학적으로 중요한 기생충에는 수많은 원충들과 연충들이 있다.

Partograph	**분만기록기**

진통과 분만의 과정을 기록하는 의무기록으로 산모, 태아 및 진통의 진행을 모니터하는데 핵심적인 관찰에 해당된다.

Pellagra	펠라그라

니아신(비타민 B3) 결핍에 의해 초래되는 질병. 증상으로는 설사, 피부감염(피부염) 및 치매를 포함한다. 치료하지 않은 상태로 두면, 통상의 결과로 사망을 초래한다.

PEPFAR	(미국대통령) 에이즈구제응급계획

2003년에 시작된 미국대통령의 에이즈구제응급계획(US President's Emergency Plan For AIDS Relief)은 HIV/AIDS를 방지하기 위한 목표가 있는데, 역사적으로 단일 질병을 방지하기 위해 한 국가에서 구성된 가장 큰 규모의 위원회로 알려져 있다.

Plasmodium	열원충(속)

말라리아를 일으키는 원충 기생충의 속. 이 속에는 인간을 감염시키는 네 가지의 유형이 있다: 열대열원충(*Plasmodium falciparum*), 삼일열원충(*Plasmodium vivax*), 난형열원충(*Plasmodium ovale*) 및 사일열원충(*Plasmodium malariae*). 최근에는 동남아시아의 수많은 사람들이 원숭이 말라리아(*Plasmodium knowlesi*)에 자연스럽게 감염되었다는 보고가 있었는데, 이는 현재 다섯 번째의 인간말라리아 종으로 판단되고 있다.

Pneumocystis carinii	쥐폐포자충

폐렴을 유발하는 곰팡이(진균)로서 면역력이 억제된 사람들과 미성숙하고 영양실조의 신생아들에서 주로 발생한다. 새로운 용어로는 사람폐포자충(*Pneumocystis jiroveci*)도 있다.

Prevalence	유병률

특정 시기(한 시점이나 기간 동안)에 어떤 질병에 걸린 개인의 비율을 말한다.

Protectionism	보호(무역)주의

보다 값싼 가격으로 경쟁력 있는 수입품에 대해 수입 관세, 수입 할당, 수출보조금, 보건 및 환경규제와 같은 수단으로 국내산업의 보호정책을 말한다.

Protozoa	원생동물, 원충

대사와 생식에 필요한 능력을 모두 수행할 수 있는 단세포인 미생물. 어떤 원충들은 자유롭게 생활하는 반면, 다른 원충들은 자신의 영양과 생애주기를 위해 특정 생체들에 기생하기도 한다.

Pyrethroids	피레드로이드(피레드린 비슷한 합성 살충제)

천연 피레드린[제충국(除蟲菊)의 살충 성분]에서 파생된 살충제의 한 유형이다.

Quinine	퀴닌

기나(幾那)나무의 껍질(기나피)에서 얻어진 항말라리아제이다.

Randomized controlled trials	**무작위대조임상시험**

연구대상자들이 여러 가지 임상중재 중 한 가지를 받도록 무작위로 배정되어지는 연구. 연구에서의 대상자들은 (모두) 시험 시작 당시에 가능한 한 많이 (거의) 유사하며, 시험을 통해서는 동일한 방법에 의해 치료받아야 한다. 그러면 그 차이점들이 바이어스나 우연이 아닌 단지 중재에 의해서만 기인된 차이일 수 있다.

Residual insecticide spraying	**잔여(류) 살충제 분무법**

사람들이 자신의 밤 시간을 보내는 집에 대해 잔여(즉, 모기에 수개월 동안 지속적으로 영향을 미치는) 효과를 갖는 살충제로 분무하는 처치. 잔여 살충제 분무법은 모기들이 대체로 혈액을 빨아 먹은 후에 벽에 붙어 쉬고 있을 때 그 모기들을 죽이는 것을 목표로 삼는다.

Rhythm method	**(생리주기를 활용한) 주기피임법**

자연 가족계획이라고도 불리는 주기피임법은 여성이 자신의 가임시기를 알도록 배워서 그 전과 가임기간 동안에는 성행위를 피하도록 하는 산아제한의 한 방법이다.

Rickets	**구루병**

신생아와 소아에서 정상 뼈 형성의 장애를 동반하는 비타민 D의 결핍으로 초래되는 질병. 이 질병은 근육(계) 작용 하에 뼈가 굽히고 비틀리는, 뼈의 말단부위와 측면부위에 결절 비대가 형성되는, 숫구멍(천문)의 폐쇄가 지연되는, 그리고 근육통 등의 특성을 보인다.

RNA	**리보핵산**

리보핵산(ribonucleic acid). 모든 세포에서 발견되는 핵산의 두 가지 유형 중 하나이며, 다른 하나는 DNA이다. RNA는 세포에서 생성되는 DNA로부터 단백질에 유전정보를 전달해준다.

Scabies	**옴**

인간 옴좀진드기, 옴진드기(*Sarcoptes scabiei*)에 의한 피부감염. 옴의 초기 증상으로는 극도로 가려우면서 적색의 (주변보다) 높은 범프들이 나타난다. 확대경(돋보기)으로 적색 피부의 짧은 물결무늬들을 보게 되는데, 이는 좀진드기에 의해 만들어진 굴들이다.

Schistosomiasis	**주혈흡충증**

또 다른 주혈흡충증(bilharzia 또는 snail fever)으로도 알려져 있으며, 기생충 주혈흡충(속)(*Schistosoma*)의 5종 중 하나가 민물달팽이에 의해 매개되어 감염되는 기생충병이다. 요로주혈흡충증은 방광과 신장에 상처가 나고 찢어지기도 하며, 방광암을 유발하기도 한다. 창자주혈흡충증(장주혈흡충증)은 간장, 폐와 비장의 비대를 초래할 수 있고, 복부출혈과 장의 손상

을 유발시키기도 한다.

Schizonts	**분열체**

많은 분열소체들을 갖고 있는 말라리아 기생충의 성체. 분열체는 간장-단계 및 혈류-단계 기생충에서 관찰된다.

Scurvy	**괴혈병**

아스코르빈산(비타민 C)의 결핍으로 초래되는 질병. 쇠약, 잇몸의 연화와 출혈, 관절 및 근육의 골막출혈과 통증, 비정상적인 골과 치아 성장 등의 증상들이 발현된다.

Sensitivity	**민감도, 감수성**

관심 있는 질병에 걸린 상태를 정확하게 진단할 수 있는 검사방법의 특성에 대한 용어. 민감도는 질병에 걸린 사람을 양성의 검사결과로 판단하는 비율로 표현된다.

Social health insurance	**사회건강보험**

잠재적 참여 대상자들이 보험에 강제적으로 가입되거나 권장되어지는 제도. 예를 들면, 정부가 모든 근로자들에게 사회보장프로그램에의 가입을 의무화시킨다; 고용주들은 근로자들이 고용주에 의해 특화된 보험프로그램에 가입해야 한다는 것을 고용의 조건으로 하도록 한다; 고용주는 근로자를 대신하여 개인 분담금을 내주므로 근로자들이 프로그램에 가입하도록 권장한다; 또는 노동조합이 노동조합의 조합원들에게만 이용가능한 수익성 보험 담보를 마련한다.

Social marketing	**사회마케팅**

사회적 목적을 달성하기 위해 상업적인 마케팅기법의 활용. 세계보건에서의 사회마케팅 프로그램들은 살충제가 처리된 침대용 모기장 및 피임제와 같은 건강용품들의 입수 가능성과 이용을 촉진하도록 집중화되어야 한다.

Specificity	**특이도**

관심 있는 질병에 걸리지 않은 상태를 정확하게 진단할 수 있는 검사방법의 특성에 대한 용어. 특이도는 질병에 걸리지 않은 사람을 음성의 검사결과로 판단하는 비율로 표현된다.

Sporozoites	**포자소체, 홀씨소체**

모기의 침샘에서 인간 숙주로 전달되어진 말라리아 기생충의 감염단계. 포자소체들은 30분 이내에 혈류에서 사라져 간세포들을 감염시킨다. 혈류로부터 간으로 이렇게 놀라울 정도로 빠르게 사라지는 현상의 기전은 아직까지 알려져 있지 않다.

Staging in oncology	**종양에서의 병기 설정(분류)**

크기, 주위 조직 내로의 침윤 정도 및 인근의 림프절로의 전이 등을 확인하

여 종양을 분류하는 과정을 말한다.

Structural adjustment programmes	구조조정사업

1980년대 초반 이후로 세계은행(World Bank)과 국제통화기금(International Monetary Fund)에 의해 저-소득 및 중-소득 국가들에 대해 특정 정책의 채택에 따른 조건부차관의 제공을 장려해주는 경제정책. 프로그램들은 공개 시장, 자유무역을 유도하며, 정부 예산과 경상계정 부족을 완화하도록 설계되어져 있다.

Stunting	발육 저지

영양결핍과 성장 지연이 과거의 어느 한 순간에 발생되거나 지속적으로 발생되어 일어난 해당 연령대에 비해 키가 작은 상태를 말한다.

Trachoma	트라코마

클라미디아트라코마티스(*Chlamydia trachomatis*) 세균에 의해 초래된 눈의 감염병. 장시간에 걸쳐 이 질병에 노출되면, 결국에는 눈꺼풀의 안쪽이 내측(코쪽)으로 돌아가며-이런 상태를 속눈썹증이라 함-, 그 속눈썹이 각막을 긁어내어 흔적이(흉터가) 생겨 마침내 실명을 초래하기도 한다.

Trichiasis	속눈썹증, 첩모난생증

하나 또는 그 이상의 많은 속눈썹들이 눈꺼풀(안검)의 트라코마 관련 흔적(흉터)에 따라 눈에 닿는 상태를 말한다.

Trichuris	편충(속)

편충(*Trichuris trichura*)에 의한 인체 편충은 장기생충 감염병이다. 편충 감염병의 증상들로는 설사, 이질과 빈혈 등이 있다.

Typhoid	장티푸스

직접적으로 하수(오물)에 의하거나 간접적으로 파리 또는 개인위생이 나쁜 결과로 장티푸스균(*Salmonella typhi*)에 감염된 음식, 우유나 물 공급에 의해 대체로 유행하는 감염성 발열 질병이다.

Under-five mortality rate	5세 이하 영유아(소아)사망률

1,000명의 출생아 당 율로서 산정되는 출생 시부터 5세의 연령까지의 기간 동안 죽는 확률. 달리 소아사망률이라고도 말한다.

Undernutrition	영양부족, (영양결핍)

부적절한 음식 섭취와 반복되는 감염병으로 인해 발생된 결과. 해당 연령대에 비해 저체중, 저신장(발육 저지), 심하게 마른(여윈) 상태(소모병)를 보이며, 비타민과 무기질의 결핍(소량영양소 결핍)도 포함된다.

Underweight	저체중, (체중미달, 무게미달)

소아의 연령에 비해 체중이 낮은 상태이며, 성인에서는 신체비만지수가 18.5 미만인 경우를 말한다. 이는 부적절한 음식 섭취, 과거에 영양부족이

발생했거나 건강상태가 나빠지므로 인해 일어난 현재의 결과이다.

User fees	(공공서비스에 대한) 수익자 부담금, 수수료

보건의료서비스의 이용 시점에 내는 요금; 수익자 부담금은 심각한 재정 부족을 막기 위해 1980년대와 1990년대에 세계은행과 다른 기부기관들의 방침에 따라 빈국에서 보건과 교육의 공공서비스를 제공할 때 도입되었다.

Varicose veins	정맥류

흔히 정맥의 밸브 (작동) 불능과 연계되어 대개는 다리의 표면에 있는 정맥에서 보이는 확장되고(늘어나고) 휜(비틀린) 상태의 정맥. 이렇게 보일 정도로 부풀어 오른 정맥류가 발생하면, 흔히 다리가 지치거나, 무겁거나 통증이 유발된다.

Verbal autopsy	언어(구두) 부검(시체해부)

사망자의 친척들이나 돌보는 사람들에게 정보를 수집하고자 특별히 개발된 일련의 설문지를 이용하는 과정. 사망을 초래한 증상, 징후 및 상황에 대한 관찰과 기록에 대해 친척들이나 돌보는 사람들을 면접하는 과정도 포함된다. 이렇게 모아진 정보는 가능한 사인을 규명하는 의학전문가에 의해 이용되어진다.

Vesicovaginal fistula	방광질 누관(공)

지속적이고 끊임없는 요실금(오줌 지림)을 초래하는 방광과 질 사이에 비이상적으로 생긴 구멍을 말한다.

Wasting	소모병

소아가 '쪼글쪼글해지는' 특징을 보이는데, 흔히 급성 또는 만성 에너지 결핍의 원인에 의해 발생되며, 신장 대비 저체중으로 표현된다.

Yellow fever	황열

플라비바이러스(*Flavivirus*)라 불리는 바이러스에 의해 초래되는 급성 전신성 질병이다. 심한 경우, 바이러스성 감염은 고열, 피부에서 발생하는 출혈, 신장과 간장에서의 세포의 괴사(사멸)를 유발하기도 한다. 바이러스에 의해 간장에 발생한 손상은 피부를 노랗게 변색시키는 심한 황달을 초래한다.

국문색인

영문색인

인명색인